Bildung und Gesellschaft

Herausgegeben von
U. Bauer, Essen, Deutschland
U. H. Bittlingmayer, Freiburg, Deutschland
A. Scherr, Freiburg, Deutschland

Weitere Bände in dieser Reihe
http://www.springer.com/series/12722

Die Reihe Bildung und Gesellschaft bietet einen Publikationsort für Veröffentlichungen, die zur Weiterentwicklung sozialwissenschaftlicher Bildungsforschung beitragen. Im Zentrum steht die Untersuchung der gesellschaftlichen Voraussetzungen, Bedingungen, Formen und Folgen von Bildungsprozessen sowie der gesellschaftlichen Hintergründe und Rahmenbedingungen institutioneller und außerinstitutioneller Bildung. Dabei wird von einem Bildungsverständnis ausgegangen, das Bildung nicht mit den Organisationen und Effekten des sog. „Bildungssystems" gleichsetzt. Vielmehr verstehen wir Bildung als Oberbegriff für Lern- und Entwicklungsprozesse, in denen Individuen ihre Fähigkeiten und ihre Autonomiepotenziale entfalten. Die Reihe ist sowohl für empirisch ausgerichtete Arbeiten als auch für theoretische Studien offen. Überschneidungen mit dem Gegenstandsbereich der Sozialisations-, Kindheits-, Jugend-, Erziehungs- und Familienforschung sind damit im Sinne einer produktiven Überschreitung gängiger Grenzziehungen durchaus beabsichtigt. Die Reihe will damit nicht zuletzt zur interdisziplinären Kommunikation zwischen der sozial- und erziehungswissenschaftlichen Bildungsforschung beitragen.

Therese Trauschein

Die soziale Situation jugendlicher „Sinti und Roma"

Therese Trauschein
Freiburg im Breisgau
Deutschland

ISBN 978-3-658-01865-8   ISBN 978-3-658-01866-5 (eBook)
DOI 10.1007/978-3-658-01866-5

Die Deutsche Nationalbibliothek verzeichnet diese Publikation in der Deutschen Nationalbibliografie; detaillierte bibliografische Daten sind im Internet über http://dnb.d-nb.de abrufbar.

Springer VS
© Springer Fachmedien Wiesbaden 2014
Das Werk einschließlich aller seiner Teile ist urheberrechtlich geschützt. Jede Verwertung, die nicht ausdrücklich vom Urheberrechtsgesetz zugelassen ist, bedarf der vorherigen Zustimmung des Verlags. Das gilt insbesondere für Vervielfältigungen, Bearbeitungen, Übersetzungen, Mikroverfilmungen und die Einspeicherung und Verarbeitung in elektronischen Systemen.

Die Wiedergabe von Gebrauchsnamen, Handelsnamen, Warenbezeichnungen usw. in diesem Werk berechtigt auch ohne besondere Kennzeichnung nicht zu der Annahme, dass solche Namen im Sinne der Warenzeichen- und Markenschutz-Gesetzgebung als frei zu betrachten wären und daher von jedermann benutzt werden dürften.

Lektorat: Dr. Cori Mackrodt, Stefanie Loyal

Gedruckt auf säurefreiem und chlorfrei gebleichtem Papier

Springer VS ist eine Marke von Springer DE. Springer DE ist Teil der Fachverlagsgruppe Springer Science+Business Media
www.springer-vs.de

Danksagung

An dieser Stelle möchte ich mich bei all den Personen bedanken, die zum Gelingen dieser Arbeit beigetragen haben. Einen besonderen Dank möchte ich den Mitarbeitern/innen der sozialen Einrichtungen und Bildungsinstitutionen aussprechen, welche mir durch ihre Einsatzbereitschaft den Kontakt zu den, in dieser Arbeit interviewten Kindern, Jugendlichen und jungen Erwachsenen, erst ermöglicht haben.

Herrn Professor Dr. Albert Scherr bin ich für seine Erstbetreuung und wertvollen Ratschläge dankbar sowie für sein Engagement bezüglich der Thematik.

Meinen engsten Freunden danke ich für ihren Rückhalt.

Nicht zuletzt gilt mein Dank allen Interviewteilnehmenden, die mir Einblick in ihr Leben gewährt haben.

Inhaltsverzeichnis

1 Einleitung 1

Teil I Theoretische Grundlagen

2 Begriffsbestimmung „Sinti und Roma" und deren geschichtlicher Hintergrund 11

3 Rechtlicher Status als „nationale Minderheit" 23

4 Gesetzliche Antidiskriminierungsbestimmungen in Deutschland 27

5 Zur Rede über „Ethnizität" 31

6 Forschungslage 37

7 Bisherige empirische Ergebnisse zur sozialen Situation von „Sinti und Roma" 41
   7.1 „Soziale Situation der Sinti in der Bundesrepublik Deutschland" ... 41
   7.2 „Die Lage der Sinti und Roma in Deutschland" 47
   7.3 „Studie zur aktuellen Bildungssituation deutscher Sinti und Roma" 57

8 Strategien zur Verbesserung der Bildungsbeteiligung von „Sinti und Roma" 69
   8.1 Muttersprachlicher Unterricht in Romanes 69
   8.2 „Sinti und Roma" als Lehrpersonal 71

9 Zusammenfassender Überblick 73

Teil II Forschungsdesign der empirischen Untersuchung

10 Methodischer Zugang und methodisches Vorgehen 79
   10.1 Erhebungsmethode 80
   10.2 Fallauswahl 81
   10.3 Zugang zum Feld 82
       10.3.1 Bildungsinstitutionen 84
       10.3.2 Sozialpädagogische Einrichtungen 85
       10.3.3 Sonstige Zugänge 89
   10.4 Auswertungsmethode 89

11 Reflexion des Forschungsverlaufs 93

12 Empirisches Material 97
   12.1 Fall 1: Jerklo (*Sinto*) 97
       12.1.1 Objektive Daten 97
       12.1.2 Zusammengefasste konstitutive Merkmale des Falles 99
   12.2 Fall 2: Juvena (*Sinteza*) 107
       12.2.1 Objektive Daten 107
       12.2.2 Zusammengefasste konstitutive Merkmale des Falles 108
   12.3 Fall 3: Leyla (*Sinteza*) 117
       12.3.1 Objektive Daten 117
       12.3.2 Zusammengefasste konstitutive Merkmale des Falles 118
   12.4 Fall 4: Amer (*Rom*) 127
       12.4.1 Objektive Daten 127
       12.4.2 Zusammengefasste konstitutive Merkmale des Falles 128
   12.5 Fall 5: Mano (*Sinto*) 134
       12.5.1 Objektive Daten 134
       12.5.2 Zusammengefasste konstitutive Merkmale des Falles 135

13 Kontrastierender Vergleich der Einzelfälle 145

14 Schlussfolgerungen 159

Literatur 169

Einleitung 1

Unsere offiziell als „Sinti und Roma" bezeichneten Mitbürger/innen, lassen sich, wie wohl Deutschlands Bevölkerung insgesamt, als sehr heterogen kennzeichnen. Bei aller Heterogenität teilen sie allerdings vor allem eine Erfahrung: immer wieder durch gängige Stereotype und Vorurteile als „Zigeuner/innen" stigmatisiert zu werden und dabei auf tradierte Befürchtungen und Bedrohungsvorstellungen in den Köpfen verschiedenster Menschen zu stoßen. „Sinti und Roma" gelten in der Bundesrepublik Deutschland als die mit Abstand unbeliebteste aller Volksgruppen (vgl. Bundeszentrale für politische Bildung 2006, S. 1). Eine Eurobarometer-Umfrage aus dem Jahre 2007 ermittelte, dass sich von 1562 befragten Personen in Deutschland lediglich 33 % bei dem Gedanken „wohlfühlen" würden, „Sinti und Roma" als Nachbar/innen zu haben, 25 % würden sich sogar „unwohl" fühlen (vgl. Europäische Kommission 2008, S. 40).

Dabei können in Deutschland wohl nur die wenigsten auf persönliche Erfahrungen mit „Sinti und Roma" zurückgreifen. Es gibt keine gesicherten Zahlen über ihre Population, jedoch gehen unterschiedliche Schätzungen davon aus, dass in Deutschland 70.000 bis 140.000 „Sinti und Roma" leben (vgl. Europäische Kommission 2011, S. 17).

Die in Deutschland beheimateten „Sinti und Roma" lassen sich grob in vier Gruppen unterteilen. Neben den unterschiedlichen Zeitpunkten der Einwanderung nach Deutschland unterscheiden sie sich unter anderem auch in ihren Lebenslagen und ihrem rechtlichen Status. Wohlfahrtsstaaten, wie Deutschland, regeln die Bedingungen der Teilnahme an ihren Funktionssystemen und Organisationen für verschiedene Gruppen von Migranten/innen unterschiedlich. Dadurch erhalten die jeweils eingeteilten Menschengruppen unterschiedliche soziale Rechte und unterschiedliche Chancen, Inklusionen zu realisieren (vgl. Bommes 1999, S. 177 ff.).

Die *alteingesessenen* „Sinti und Roma" leben bereits seit dem 14. Jahrhundert auf deutschen Gebieten und besitzen die deutsche Staatsangehörigkeit. Ihre Zahl wird auf 70.000 geschätzt (vgl. Bundesministerium des Inneren 2011a, S. 21). Die Bundesregierung nimmt an, dass davon 60.000 deutsche Sinti und 10.000 deutsche „Roma" sind (vgl. Bundesministerium des Inneren 2011b, S. 12). Seit 1998 gelten sie in Deutschland als nationale Minderheit und fallen unter die Bestimmungen des „Rahmenübereinkommens des Europarates zum Schutz nationaler Minderheiten" und der „Charta des Europarates der Regional- und Minderheitensprachen". Diese besondere Stellung wird mit einer nationalen Verantwortung gegenüber den „deutschen Sinti und Roma" erklärt, von denen über 500.000 dem Nationalsozialismus in Deutschland zum Opfer fielen (vgl. Bundesministerium des Inneren 2011a, S. 23 ff.).

Im Zuge der Rekrutierung von Arbeitskräften aus dem ehemaligen Jugoslawien sind, gegen Ende der 1960er Jahre, „Roma" hauptsächlich aus Serbien, Bosnien und Mazedonien nach Deutschland eingewandert. Mit dem Nachzug ihrer Familien, Anfang der 1970er Jahre, stieg der Anteil der Frauen und Kinder deutlich an. Mittlerweile leben einige Zehntausend „Roma" in zweiter und dritter Generation in Deutschland, teilweise mit deutscher Staatsbürgerschaft, teilweise mit Erlaubnis, dauerhaft in Deutschland bleiben zu können. Lange Zeit blieb verborgen, dass viele Arbeitsmigranten/innen „Roma" waren. Deshalb gibt es nur wenige Erkenntnisse über diese zweite Gruppe. Erst seit Mitte der 1990er Jahre bekennen sich die nachfolgenden Generationen zu ihrer „Roma-Identität" (vgl. Zentrum für Antisemitismusforschung der Technischen Universität Berlin 2007, S. 6).

Ab 1990 wanderte die dritte Gruppe von „Roma", infolge von Bürgerkriegen, aus dem ehemaligen Jugoslawien als Flüchtlinge bzw. Asylbewerber/innen nach Deutschland ein. Sie kamen aus unterschiedlichen Herkunftsregionen und haben sehr verschiedene Fluchtbiografien. Manche sind seit 1990 in Deutschland, andere sind zwischen 1991 und 1993 als bosnische Bürgerkriegsflüchtlinge eingewandert, weitere sind erst 1999 infolge des Kosovokonflikts gekommen und wieder andere stammen aus Serbien-Montenegro. Die geschätzte Zahl der „Roma"-Flüchtlinge in Deutschland liegt bei 40.000 bis 50.000 Menschen. Davon haben etwa zwei Drittel einen unsicheren Aufenthaltsstatus (vgl. Zentrum für Antisemitismusforschung der Technischen Universität Berlin 2007, S. 7 ff.).

Eine letzte Gruppe bildete sich durch die Erweiterung der Europäischen Union. Im Zuge dieser traten im Jahr 2004 u. a. Polen, Slowenien, die Tschechische Republik, Slowakei und Ungarn der EU bei und im Jahr 2007 kamen Rumänien und Bulgarien hinzu (vgl. Landeszentrale für politische Bildung 2012, S. 1). Die Erweiterung der EU machte es möglich, dass die dort beheimateten Menschen legal in andere Mitgliedstaaten immigrieren konnten. Dadurch bekamen die in den Beitrittsländern beheimateten „Roma", welche dort einer massiven Diskriminierung und sozialer Not ausgesetzt waren (vgl. Europäische Kommission 2003, S. 5), die

1 Einleitung

Chance ihre Lebenssituation, durch die Einwanderung nach Deutschland und in andere Länder Westeuropas, zu verbessern.

Mittlerweile existieren eine Vielzahl von eigenen Organisationen aller Gruppen der in Deutschland lebenden „Sinti und Roma". Auf Bundesebene bestehen zwei Interessenvertretungen der seit Generationen in Deutschland ansässigen und als nationale Minderheit anerkannten „deutschen Sinti und Roma". Dabei handelt es sich um den 1982 errichteten und durch die Bundesregierung finanzierten „Zentralrat Deutscher Sinti und Roma" sowie um die in den Jahren 1999 und 2000 gegründete und aus Eigenmitteln finanzierte „Sinti Allianz Deutschland" (vgl. Bundesministerium des Inneren 2011a, S. 23 ff.). Dennoch wendet sich der Zentralrat in Stellungnahmen z. B. gegen Abschiebungen von „Roma" aus Deutschland in den Kosovo, solange die Lage dort für Rückkehrer unsicher ist. Er appelliert an die Bundesregierung und die Regierungen der Länder, das Rückführungsabkommen auszusetzen und den bereits lange in Deutschland lebenden „Roma" aus dem Kosovo dauerhaften Aufenthalt zu gewähren (vgl. Bayerischer Flüchtlingsrat 2010, S. 5). Ferner sind die „Rom e. V. Köln", der „Roma-National-Congress" (RNC) in Hamburg und die „Romani Union Berlin" zu nennen, die vor allem die Gruppen der ab den 1970er Jahren zugewanderten „Roma" vertreten (vgl. Schuch 2003, S. 102).

In der Literatur wird meist ein sehr undifferenziertes Bild von „Sinti und Roma" gezeichnet. So werden sie als „Zigeuner/innen" oder als „ethnische" Minderheit beschrieben (vgl. Koch 2005, S. 11 ff.). Dabei werden einseitig „kulturelle" Merkmale betont, die vermeintlich alle „Zigeuner/innen" teilen. Auch wenn sich zahlreiche Studien über „Sinti und Roma" finden lassen, gibt es bis heute nur wenig fundiertes Material zu den Lebensbedingungen deutscher Sinti, geschweige denn Untersuchungen über deutsche oder eingewanderte „Roma". Über ihren Alltag und wie sie diesen selbst wahrnehmen ist nur wenig bekannt, denn es gibt kaum empirische Forschungen die etwa auf Basis qualitativer Erhebungen durchgeführt worden sind (vgl. Koch 2005, S. 35 ff.).

Im Vergleich zu Ländern wie England oder den Niederlanden wird die „ethnische" Zugehörigkeit der Bevölkerung in Deutschland nicht erfasst (vgl. Heinrich Böll Stiftung 2009, S. 4). Trotz des Fehlens statistischer Daten macht die Europäische Union die deutsche Bundesregierung bereits seit dem Jahr 2000 regelmäßig darauf aufmerksam, dass „Sinti und Roma" immer wieder über eine weitverbreitete Benachteiligung, insbesondere beim Zugang zu (Aus-)Bildung, Beschäftigung und bei der Versorgung mit Wohnraum, berichten, und spricht Empfehlungen aus, die Lage der Betroffenen zu verbessern (vgl. Europäische Kommission 2001, S. 12 ff., 2004, S. 24, 2009, S. 8). Deutschland hat bisher jedoch nur sehr zögerlich Schritte unternommen, um diese Umstände zu ändern. Im Sommer 2011 verabschiedete die EU die so genannte „Roma-Strategie", welche ihre Mitgliedsstaaten dazu auffordert bis 2020 Reformprogramme vorzulegen, die den jeweils dort beheimateten „Sinti und Roma" einen diskriminierungsfreien Zugang zu (Aus-)Bildung, Beschäftigung, Gesundheitsdiensten, Sozialschutz und Wohnraum gewähren sollen (vgl. Europäische Kommission 2011, S. 3).

Untersuchungen, die (selbst in guter Absicht) versuchen die Lebenszusammenhänge von „Sinti und Roma" abzubilden, sind aufgrund der unbekannten Population immer kritisch zu betrachten. Sie stehen in der Gefahr die *unsichtbaren* „Sinti und Roma", die in der Gesellschaft nicht etwa als „bildungsfern" oder benachteiligt auffallen oder sich nicht als „Sinti und Roma" zu erkennen geben, vielfach zu übersehen. Das Spektrum der Lebensrealitäten von „Sinti und Roma" wird somit auf bestimmte Facetten reduziert, welche wiederum Vorschub für Vorurteile und Diskriminierung seitens der weiteren Bevölkerung leisten können. Randjelovic (2007, S. 267) verweist darauf, dass bedacht werden muss, welche Personen auf welche Weise in einer Gesellschaft *sichtbar* werden. Gemäß ihm bewegen wir uns in einem diskursiven Spannungsfeld, in dem sichtbare Repräsentation immer auch Verleumdung beinhaltet, *Unsichtbarkeit* hingegen einen existenziellen Schutz vor struktureller Ausgrenzung und entsprechenden Zuschreibungspraxen zu bieten vermag.

Oftmals habe ich mit verschiedensten Menschen über das Thema dieser Arbeit gesprochen, etwa mit Sozialpädagogen/innen, Lehrenden, Studierenden, Jugendlichen, Freunden, Bekannten und Familienangehörigen. Deutlich wurde hierbei, dass der Begriff „Sinti und Roma" teilweise nicht bekannt war, dass Mythen über deren angenommene Lebensweisen kursierten und Stereotype vorherrschten und reproduziert wurden.

Die vorliegende Arbeit will nicht dazu beitragen, Erkenntnisse zu sammeln, wie sie bei „Sinti und Roma" allgemein relevant werden, sondern lediglich Erkenntnisse über die in dieser Untersuchung befragten Personen herausarbeiten. Ich distanziere mich von der Annahme „kulturell" vorbestimmten Handelns von Individuen und Gruppen. Vielmehr gilt es, die unterschiedlichen sozialen Bezüge und Netzwerke derjenigen Menschen beschreibbar zu machen, die hier als „Sinti und Roma" betrachtet werden. Jedoch wandeln wir bei diesem Thema stets auf einem schmalen Grat, in dem die Gefahr, Zuschreibungen und „Kulturalisierungen" (zum Begriff siehe etwa Kalpaka 2009, S. 26 f.) zu produzieren bzw. zu reproduzieren, immer präsent ist. In dieser Untersuchung soll die gegenwärtige soziale Situation von in Deutschland lebenden Kindern und Jugendlichen im Alter von 12 bis 21 Jahren beleuchtet werden, die offiziell mit dem vereinfachenden Begriffspaar „Sinti und Roma" bezeichnet werden.

1 Einleitung

Insbesondere sollen die Aspekte (Aus-)Bildung, Freizeit- und Familiensituation sowie Selbstverortung und soziale Beziehungen innerhalb der Gesellschaft Berücksichtigung finden. Wie stellen sich die Lebensverhältnisse der Befragten dar? Welche Erfahrungen machen sie mit Bildungsinstitutionen? Welche Bedeutung messen sie (Aus-)Bildung selbst zu und welche Rolle spielt die Familie bei ihren Bildungsbemühungen? Wie lassen sich familiäre Bildungsverläufe beschreiben? Wie verbringen die Befragten ihre Freizeit und welche Erfahrungen machen sie mit der sogenannten Mehrheitsbevölkerung? Welche Relevanz hat die Sinti- oder „Roma"-Zugehörigkeit für die Befragten? Das sind Fragen, die es in dieser Arbeit zu klären gilt. Dies soll und muss (!) meiner Ansicht nach unter Bezugnahme der eigenen Perspektive, der hier zu untersuchenden Gruppen geschehen.

Es erweist sich von besonderem Interesse sowohl Sinti als auch „Roma" zu deren sozialen Situation zu interviewen, da „Sinti und Roma" innerhalb der Gesellschaft eher einheitlich wahrgenommen werden. Darüber hinaus bin ich innerhalb meiner Kontakte zu Sozialpädagogen/innen der Annahme begegnet, dass eine grundsätzliche Abneigung zwischen Sinti und „Roma" herrscht.

Die in dieser Arbeit verwendete Bezeichnung „Sinti und Roma" bildet eine gesellschaftlich bestehende Kategorie ab, auf die zur Beschreibung bestimmter Bevölkerungsgruppen zurückgegriffen wird. Explizit möchte ich hier jedoch darauf hinweisen, dass die Zuordnung von Menschen zu einer „ethnischen" Kategorie, wie es der Begriff „Sinti und Roma" nahelegt, Gefahren mit sich bringt, die in deren Stigmatisierung und Ausgrenzung sowie einer „Selbstethnisierung" (zum Begriff siehe etwa Kubisch 2008, S. 55) resultieren können. Dies sollte stets mitgedacht werden. Dabei gilt es, in dieser Arbeit übergeordnete Zusammenhänge, die mit der Verwendung der Begrifflichkeit in Verbindung stehen, genauer herauszustellen. Der Terminus „Zigeuner/innen" wird in Anführungszeichen gesetzt und soweit benutzt, wie er bei anderen Autoren/innen zur Bestimmung von Gruppen und Individuen Verwendung findet. Darüber hinaus ist er der Begriff, mit dem sich manche meiner Interviewpartner/innen selbst bezeichnen. Als Überbegrifflichkeiten werden zudem die Termini „Sinti und Roma" als auch „Roma" in Anführungszeichen gestellt, da diese verschiedene, und nicht nur die im Namen stehenden, Bevölkerungsgruppen umfassen können. Hiervon ist der Begriff Sinti ausgenommen. Des Weiteren werden in dieser Arbeit bewusst Begriffe wie „Kultur", „ethnisch" bzw. „ethnischer" sowie „Migrationshintergrund" in Anführungszeichen gesetzt. Unabhängig davon, ob „kulturelle" Unterschiede zwischen Menschen bestehen oder nicht, gehe ich davon aus, dass diese für Erklärungen sozialer Prozesse belangloser sind, als es oft, selbst im wissenschaftlichen Diskurs, postuliert wird. Vielmehr werden diese Begrifflichkeiten überbetont und hochstilisiert und als potenzielles

Problem in einer Gesellschaft begriffen. Ich teile die Auffassung, dass durch die Artikulation solcher oben genannter Kategorien soziale und ökonomische Phänomene bzw. soziale Ungleichheit kaschiert werden, was auch als „Kulturalisierung des Sozialen" verstanden werden kann (vgl. Jonuz 2009, S. 72).

In dieser Arbeit kann es nicht darum gehen, sich mit allen Grundbegriffen und Deutungsmöglichkeiten derartiger Kategorisierungen auseinanderzusetzen, dazu lässt die Arbeit auch nicht genügend Raum. Stellvertretend widmet sich ein Abschnitt in dieser Arbeit besonders dem Thema „Ethnizität". Dabei möchte ich dazu anregen, sich mit der Frage auseinanderzusetzen, weshalb etwa Sinti, welche bereits über 600 Jahre in Deutschland leben, als „ethnische Minderheit" bzw. sogar als „Ausländer/innen" wahrgenommen werden und sich auch teilweise selbst als solche wahrnehmen. Müsste die „ethnische" Herkunft in der Abfolge der Generationen nicht belanglos werden bzw. erlöschen? Zu dessen Aufklärung ist ein Blick in historische und gesellschaftspolitische Entwicklungen unerlässlich, die ich in dieser Arbeit zusammenfassend nachzuzeichnen versuche. Ich möchte bemerken, dass es, unter den gegebenen Rahmenbedingungen dieser Arbeit, ein unmögliches Unterfangen ist, alle Aspekte der Thematik lückenlos zu erfassen.

In meiner Arbeit beschränke ich mich auf die Bundesrepublik Deutschland, da sich die sozialpolitische Lage der „Roma" in den einzelnen Ländern Europas in einigen Aspekten erheblich voneinander unterscheidet. Zudem grenze ich meine Arbeit auf „Sinti und Roma" ein, die in Deutschland geboren sind oder zumindest einen dauerhaften Aufenthalt mit längerer (langjähriger) dauerhafter Aufenthaltsgenehmigung bzw. Niederlassungserlaubnis aufweisen. Ersteres soll deutsche Sprachkenntnisse und Einblicke insbesondere in institutionelle Kontexte wie dem Bildungssystem gewährleisten. Zweiteres nimmt Bezug auf rechtliche Voraussetzungen – die legale Ausschließung bestimmter Gruppen in der Bundesrepublik Deutschland. Menschen, die hier lediglich als geduldet gelten, müssen in dieser Arbeit außen vor bleiben, da ihnen aufgrund aufenthaltsrechtlicher Bestimmungen der Zugang zu vielen gesellschaftlichen Teilbereichen verwehrt wird. Im Folgenden sollen jedoch einige empirische Ergebnisse auf deren prekäre Situation aufmerksam machen. Der Großteil der „Roma"-Flüchtlinge in Deutschland wird bis heute nur geduldet und ist somit ständig von Abschiebung bedroht. Die Flüchtlingsgruppen müssen oft isoliert in abgelegenen Gegenden in provisorischen Unterkünften leben. Die Erwachsenen dürfen keine Arbeit aufnehmen und auch keine Sprach- oder Integrationskurse besuchen. Darüber hinaus erhalten sie nur 70 % des Sozialhilfesatzes und haben keinen Anspruch auf Kinder- oder Erziehungsgeld. In manchen Bundesländern unterliegen geduldete Flüchtlingskinder keiner Schulpflicht. Somit wachsen in Deutschland Kinder auf, ohne je eine Schule besucht zu haben. Deren Schulbesuch und -erfolg hängt vom Engagement der Eltern,

1 Einleitung

Lehrkräfte und Sozialarbeiter/innen ab. Ferner ist es den „Roma"- Jugendlichen verboten, eine Ausbildung und Arbeit aufzunehmen. Damit verhindert die Regierung jegliche berufliche Perspektive, nicht nur für ihren Verbleib in Deutschland, sondern selbst bei einer möglichen Rückkehr in die ehemaligen Herkunftsländer (vgl. Zentrum für Antisemitismusforschung der Technischen Universität Berlin 2007, S. 11).

Diese Arbeit ist in zwei Teile gegliedert. Im theoretischen Teil soll die Thematik historisch und gesellschaftspolitisch eingebettet werden. Dabei beginne ich zunächst mit der Bestimmung des Begriffspaares „Sinti und Roma". Danach folgt in groben Zügen die Darstellung der Geschichte der „Sinti und Roma", da sie auch Hinweise zur Erklärung der gegenwärtigen Situation in Deutschland liefert. Anschließend widme ich mich dem rechtlichen Status der *alteingesessenen* „Sinti und Roma" als nationaler Minderheit. Weiter möchte ich betrachten, welche gesetzlichen Bestimmungen bestehen, die Diskriminierung innerhalb der Gesellschaft verhindern bzw. bekämpfen sollen. Sodann folgt eine Auseinandersetzung mit dem Thema „Ethnizität", da „Sinti und Roma" überwiegend unter diesem Aspekt betrachtet werden. Meines Erachtens fehlt diese Auseinandersetzung innerhalb der bestehenden Fachliteratur zum Thema weitgehend. Nachfolgend beleuchte ich die bisherige Forschungslage zur Lebenssituation von „Sinti und Roma". Dem folgt die Betrachtung zweier Strategien, die in der Diskussion zur Verbesserung der Bildungsbeteiligung von „Sinti und Roma" eine herausragende Rolle einnehmen. Abgeschlossen wird der theoretische Teil mit einer kurzen Zusammenfassung der wichtigsten bisher ausgearbeiteten Aspekte zur Thematik.

Die theoretische Auseinandersetzung schafft die Grundlage für den empirischen Teil, der die Lebenssituation von jugendlichen „Sinti und Roma" beschreiben will, die in der „Stadt A" in Baden-Württemberg leben. Aufgrund des empirischen Datenmaterials kam eine Befragte aus einer Stadt in Rheinland-Pfalz hinzu, „Stadt B". Im praktischen Teil stelle ich zunächst das Forschungsdesign der empirischen Untersuchung vor, in dem der methodische Zugang und das methodische Vorgehen beschrieben werden. Danach gehe ich auf die Auswertungsmethode der qualitativen Untersuchung ein, worauf die Reflexion des Forschungsverlaufs anschließt. Folgend widme ich mich der Darstellung der jeweils ausgewerteten Interviews. Diese Darstellungen basieren auf ausführlichen Sequenzanalysen. Am Ende der Auswertung steht der kontrastierende Vergleich der herausgearbeiteten Einzelfälle. Abschließend stelle ich die prägnantesten Ergebnisse aus der Untersuchung vor und versuche hieraus Schlussfolgerungen, insbesondere für die pädagogische Arbeit mit „Sinti und Roma", zu ziehen und pädagogisch Tätige zur Reflexion der eigenen Haltung und des Umgangs mit dem Thema anzuregen. Dies soll auf einer weiteren Ebene zu einer generellen Reflexion des Umgangs mit dem Thema „Ethnizität" und „Kultur" beitragen.

Teil I
Theoretische Grundlagen

Begriffsbestimmung „Sinti und Roma" und deren geschichtlicher Hintergrund

2

Im Rahmen der in den 1970er Jahren entstandenen Bürgerrechtsbewegung der „Sinti und Roma" wurde auf dem ersten „Weltkongress der Roma" im Jahre 1971 in London der internationale Sammelbegriff „Roma" als allgemeingültiger Terminus festgelegt, um alte diskriminierende Fremdbezeichnungen, wie etwa das negativ besetzte Wort „Zigeuner/in", zu ersetzen (vgl. Europarat o. J., S. 3). Im „Romanes", was sich als Oberbegriff für die Sprache(n) der „Roma" durchgesetzt hat, bedeutet das Wort „Roma" oder „Rom" Mann bzw. Ehemann. Romanes wurde bisher nur mündlich tradiert und von Sprachforschern/innen nur fragmentarisch zusammengetragen. Auch sind gegenwärtig keine schriftlich verfassten literarischen Texte bekannt (vgl. Bogdal 2011, S. 15 ff.). Angenommen wird, dass Romanes aus vielen einzelnen Dialekten besteht (vgl. Gesellschaft für bedrohte Völker 1995, S. 1).

„Roma" stellen keine einheitliche Gruppe dar. Sie umfassen eine Vielzahl nationaler Bevölkerungsgruppen, welche sich in ihrer Sprache, „Kultur" und Religion voneinander unterscheiden. Diese bezeichnen sich selbst etwa als Roma, Sinti, Manouche, Kale, Ashkali. Sie teilen jedoch vor allem die Erfahrung, als „Zigeuner/innen" beobachtet und aufgrund dieser Kategorisierung in der öffentlichen Wahrnehmung auf Ablehnung, Diskriminierung und Verfolgung zu stoßen (vgl. Koch 2011, S. 52).

In Deutschland wurde der internationale Terminus „Roma" um die Selbstbezeichnung der in Deutschland seit Jahrhunderten ansässigen Gruppe Sinti erweitert, wofür sich der „Zentralrat Deutscher Sinti und Roma" eingesetzt hat (vgl. Emisch 2000, S. 88). Die Doppelbezeichnung verweist vor allem auf unterschiedliche Zeitpunkte der Zuwanderung. So werden diejenigen, die bereits seit dem späten Mittelalter auf deutschen Gebieten leben, als „Sinti" bezeichnet. Der Begriff „Roma" wird in Deutschland meist für später zugewanderte Gruppen gebraucht, sowie für diejenigen, die bis heute vor allem in Südosteuropa beheimatet sind (vgl. Fürstenau und Von Redecker 2010, S. 154). Die Bezeichnung „Roma" wie auch „Sinti und Roma" ist jedoch auch umstritten, da sie nur eine bzw. zwei von den vielen in Deutschland lebenden Gruppen umfasst (vgl. Sinti Allianz Deutschland e. V. o. J., S. 1).

Es ist erforderlich, auf die Geschichte der „Sinti und Roma" einzugehen, soweit dies zur Erklärung der gegenwärtigen Situation in Deutschland dienen kann. Nachfolgend wird diese in groben Zügen nachgezeichnet. Die Geschichte der „Sinti und Roma" ist nicht eindeutig geklärt. Von ihnen selbst wurde sie nicht niedergeschrieben. Das Wissen um ihre Geschichte setzt sich in erster Linie durch die Verbreitung wissenschaftlicher Erkenntnisse durch. Herkunft, Zeitpunkt und Ursachen der Abwanderung ihrer Vorfahren sind nach wie vor strittig (vgl. Reemstma 1996, S. 17). Gängige Theorien gehen davon aus, dass „Romanes", die Sprache der „Sinti und Roma", mit der Sprache „Sanskrit" verwandt ist. Dies deutet auf eine indische Herkunft der „Sinti und Roma" hin (vgl. ebd. S. 69 f.). Angenommen wird, dass die erste Wanderungsbewegung in kleinen Gruppen und zu unterschiedlichen Zeiten erfolgt ist. Dabei verließen die Betroffenen ihre Heimatorte nicht, wie häufig behauptet wird, aus einem „Wandertrieb" heraus, sondern sie flohen vielmehr vor Krieg, Verfolgung und Vertreibung oder emigrierten aus wirtschaftlichen Motiven.

Man geht davon aus, dass etwa zwischen dem 4. und dem 13. Jahrhundert verschiedene Gruppen durch Persien, Afghanistan, Kurdistan, Armenien, die Türkei, Griechenland und den Balkan nach Mittel-, West- und Nordeuropa migrierten (vgl. Djuric et al. 1996; Krause 1989, S. 38 f.). Als die ersten „Sinti und Roma" in Deutschland eintrafen, befand sich die mittelalterliche Ordnung im Umbruch: Die christliche Gesellschaft war in Auflösung begriffen und das Kaisertum verlor an Einfluss, gleichzeitig begannen sich die Städte mit restriktiven Aufnahmebedingungen vor ungewolltem Zuzug, vor allem der armen Landbevölkerung, zu verschließen. Durch das Land umherziehende Menschengruppen, wie Kaufleute, Handwerker/innen, Gaukler/innen, Büßer/innen und Flüchtlinge, wurden zunehmend als bedrohlich empfunden. Epochengeschichtlich fällt die Zuwanderung der „Sinti und Roma" nach Westeuropa mit den Eroberungsversuchen Wiens durch Truppen des Osmanischen Reiches im Jahr 1529 und den zahlreichen Glaubenskriegen des 16. und 17. Jahrhunderts zusammen (vgl. Jonuz 2009, S. 22 ff.). Aufgrund der politischen Angst gegenüber den vordringenden „Türken" wurde den Vorfahren der Sinti unterstellt, als deren Spione im Land umherzuziehen. Ihr Aussehen, ihre fremde Sprache und ihre für die Obrigkeit als „fremd" definierten Gebräuche führten dazu, dass sie aus den Gebieten vertrieben wurden (vgl. Hohmann 1988, S. 16 f.).

Im Mittelalter bestand der Nationalstaat Deutschland noch nicht. Dieser hat sich erst im Laufe der Jahrhunderte aus dem damaligen „Heiligen Römischen Reich", ab 1512 „Heiliges Römisches Reich Deutscher Nation", herausgebildet. Zu dieser Zeit ähnelte das „Staatengebilde" eher einem Vielstaatensystem", das auch „nichtdeutsche" Völkerschaften, wie Böhmen/innen, Langobarden/innen, Polen/innen, Italiener/innen und Burgunder/innen, umfasste (vgl. Baumann et al. 1999, S. 12 f.). Gemeinhin wird angenommen, dass „Zigeuner/innen" in Deutschland erstmals 1407 in Hildesheim auftauchten. Dabei wurden sie bereits 1418 in Sachsen als „untreues" Volk beschrieben, welches von einem Ort zum nächsten und wieder zurück getrieben wurde. Ab 1419 lassen sich in den Chroniken der meisten größeren deutschen Städte Eintragungen über „Zigeuner/innen" finden (vgl. Hohmann 1988, S. 13 ff.). Hinweise auf die Selbstbezeichnung Sinti oder „Roma" tauchen in einigen wenigen europäischen Quellen bereits 1384 auf. Von den Chronisten wurden sie zunächst für „Pilger/innen" bzw. „Büßer/innen" gehalten und in ihnen bekannte Kategorien als „Ägypter/innen", „Heiden/innen", „Tartaren/innen" bzw. „Tateren" eingeordnet (vgl. Kenrick und Puxon 1981, S. 20). Diese Einordnungen erwiesen sich für „Sinti und Roma" als hilfreich, da die Bevölkerung verpflichtet war, Pilger/innen und Büßer/innen mit Nahrung, Verpflegung und Obdach zu unterstützen (vgl. Reemtsma 1996, S. 28). Als Büßer/innen wurden sie einerseits in den christlichen Zusammenhang eingeordnet. Die Betätigung als Wahrsager, um ihren Lebensunterhalt zu verdienen, und die Annahme angeblicher „Zauberei" siedelten die „Sinti und Roma" andererseits außerhalb des Christentums an, was zu einer feindseligen Einstellung seitens der christlichen Kirche und zum Erlass von Gesetzen gegen sie führte. Sinti waren zum Beispiel in vielfältigen handwerklichen Berufen tätig, arbeiteten im Pferdehandel, waren Musiker/innen und verdienten ihr Geld mit dem zur Schau stellen von Bären. Den Berichten verschiedener Chronisten/innen ist zu entnehmen, dass die „Zigeuner/innen" bei ihrer Ankunft mit Geleitbriefen unter anderem des römischen Herrschers König Sigismund ausgestattet waren, welche zu ihrem Schutze ausgestellt wurden und ihr Umherziehen ausdrücklich billigten. Nahezu all diese Schutzbriefe wurden jedoch im Laufe der Zeit für falsch erklärt, um polizeilich gegen die Zugezogenen vorgehen zu können. Im Zeitraum zwischen 1497 und 1774 wurden nachweislich insgesamt 146 Edikte im Gebiet des Deutschen Reiches erlassen. Diese Gesetzesbestimmungen reichen von Vertreibungsvorschriften bis hin zur Gewährung von Straffreiheit bei der Tötung von „Sinti und Roma". Hinzu kam es zu einer Einschränkung der Erwerbsquellen im Bereich Handelsgewerbe und Handwerk, indem ihnen ein zunftmäßiges Gewerbe untersagt wurde. Dies führte manchmal dazu, dass auch kriminelle Delikte zur notwendigen Existenzsicherung angewendet werden mussten, was wiederum die zunehmende Verfolgung verstärkte (vgl. Krause 1989, S. 40 ff.).

Im Spätmittelalter und in der Zeit des Absolutismus entwickelten sich die noch räumlich unklar verlaufenden Grenzen der territorialen Staaten zu scharf umrissenen Grenzen. Die Zugehörigkeit von Bevölkerungsgruppen erhielt damit eine territoriale Dimension. Dennoch blieben die Territorialstaaten sowohl „kulturell" als auch sprachlich weiterhin heterogen. Neben die bis dahin praktizierte Verfolgung und Vertreibung von „Sinti und Roma", trat ab der zweiten Hälfte des 18. Jahrhunderts die vom Staat verordnete Assimilation ein. Es wurden Maßnahmen geschaffen, um „Sinti und Roma" zu einer sesshaften Lebensweise zu bewegen und sie durch christliche Erziehung zu arbeitsamen Untertanen/innen zu machen (vgl. Schopf 1994, S. 14). Die Gesetze verboten das „Nomadisieren". „Sinti und Roma" waren jedoch nirgendwo über einen längeren Zeitraum geduldet. Darüber hinaus wurde ihnen verboten, die Sprache Romanes zu sprechen, sie durften untereinander keine Ehen schließen und keinen Berufen, wie dem Pferdehandel, Musizieren, Kesselschmieden, etc. und auch nicht dem Betteln, nachgehen. Die Kinder sollten ihnen entzogen werden, um in staatliche Fürsorgeerziehung zu kommen und die Schule zu besuchen (vgl. Krause 1998, S. 42). Die Erlasse verlangten z. B., dass vor allem die „Zigeuner/innen" in Banat sesshaft zu machen seien, obwohl etwa 97 % der „Roma" in Ungarn und auch die in deutschen Ländern lebenden „Sinti und Roma" sesshaft waren, „binationale" Ehen eingingen und ihren Lebensunterhalt selbstständig verdienten. Diese Entwicklungen wurden von den Forscher/innen, die sich mit „Zigeuner/innen" beschäftigten, jedoch nicht berücksichtigt. Angereichert durch moderne naturwissenschaftliche Klassifikationssysteme, die körperlichen Merkmale von Menschen mit „kulturellen", sozialen und ökonomischen Verhaltensweisen in Verbindung brachten, entwickelte sich im 19. Jahrhundert im deutschsprachigen Raum ein „ethnischer" Nationalismus (vgl. Jonuz 2009, S. 26 f.). Der Historiker Heinrich Grellmann hatte mit seiner Schrift „Ein historischer Versuch über die Zigeuner" nachhaltigen Einfluss auf die Etablierung eines einheitlichen Bildes von „Zigeunern/innen", in dem er verschiedene Bevölkerungsgruppen unter dieses Etikett zusammenfasste und mit einer „ethnischen Identität", typischen Sitten und einer einheitlichen Geschichte versah. Sich stützend auf bereits früher veröffentlichte Beiträge, vor allem über die „Zigeuner/innen" Ungarns und Siebenbürgens, und ohne je selbst persönlichen Kontakt zu „Zigeunern/innen" gehabt zu haben, entwarf er in seiner Arbeit das Bild eines homogenen Volkes, welches durch seine indische Herkunft, seiner mit dem Hindustani verwandten Sprache, durch sein orientalisches Aussehen und eine nomadisierende Lebensweise, gekennzeichnet sei. Zu diesem Zeitpunkt waren die „Zigeuner/innen" selbst, insbesondere aber ihre Herkunft, von einigem akademischen Interesse. Grellmans ethnographische Charakterisierung der „Zigeuner/innen" war so nachhaltig, dass sie die „Zigeunerforschung" zwei Jahrhunderte lang prägte. Erfolg hatte sie vor allem, da sie dem politischen Klima dieser Epoche entsprach. Bereits existierende Klischees über „Zigeuner/innen", wie sie sich in der Literatur und der bildenden Kunst niedergeschlagen hatten, wurden somit zur wissenschaftlichen Realität. Ganz im Geiste des Aufklärerischen Denkens gelangte Grellmann zur Überzeugung, dass die „Zigeuner/innen" allein schon aus wirtschaftlichen Gründen umerzogen werden müssten, auch wenn ihre orientalische Herkunft dieser Assimilation prinzipiell im Wege stünde. Deutlich wird hier Grellmans Glaube an einen unveränderbaren Nationalgeist und die Vorstellung, „Zigeuner/innen" seien erziehungsbedürftige Mängelwesen. Nach Grellmann seien sie nur durch eine zielgerichtete Zivilisationspolitik zum Guten veränderbar. Vorbilder hierfür waren die Initiativen der österreichisch-ungarischen Fürstin Maria Theresia und ihres Nachfolgers Josef II (vgl. Koch 2005, S. 19 f.).

Mit der Romantisierung des „Zigeunerlebens" im 19. Jahrhundert setzte zwar eine Gegenbewegung zum bisher vorherrschenden „Zigeunerbild" ein, jedoch hatte auch dies wenig mit ihrer Lebensrealität gemein. So wurde das „Zigeunerleben" als Gegenentwurf zu den Zwängen der bürgerlichen Gesellschaft stilisiert und ihnen Ungebundenheit, Spontanität, Wildheit, Gleichgültigkeit gegenüber Besitzt und Bildung oder auch Naturverbundenheit zugeschrieben. Im Zuge der Reichsgründung 1871 kamen verschiedene Gebiete zum Deutschen Reich, wie etwa Schleswig-Holstein und seine dänischen Bevölkerungsgruppen. Als „ethnische" Minderheit wurden sie ebenfalls zur Zielscheibe der vorherrschenden Assimilationspolitik. Zu dieser Zeit bevölkerten außerdem noch Polen/innen, polnisch sprechende protestantische Masuren/innen, Kaschuben/innen, Litauer/innen, Sorben/innen, Wallonen/innen, Elsässer/innen sowie Juden, „Sinti und Roma" das Deutsche Reich. Ökonomische Umbrüche durch den Wandel von einer Agrar- zur Industriegesellschaft führten dazu, dass das Reich sowohl Auswanderungs- als auch „Arbeitseinfuhrland" wurde. Urbanisierungsprozesse und die Entwicklung industriestädtischer Standorte wurden, durch massenhafte Binnenwanderungen, veränderte Erwerbsstrukturen und Mobilität, vorangetrieben. Mit der Reichsgründung setzte die sukzessive Etablierung eines modernen Verwaltungsstaates mit einheitlichem Strafrecht, Reichsgewerbeordnung, Passgesetzen und Meldepflicht sowie Schul- und Wehrpflicht ein, was den Zugriff auf „Sinti und Roma" stärker ausweitete (vgl. Jonuz 2009, S. 29 ff.). In der Bekämpfung des „Zigeunerwesens" war die bayrische Polizei die treibende Kraft. Sie verbot das Umherziehen und versuchte größere Gruppen zu zersplittern, um sie besser disziplinieren zu können. 1899 wurde in München ein „Zigeunernachrichtendienst" geschaffen, der den ersten Ansatz in der systematischen Erfassung von „Sinti und Roma" darstellt (vgl. Schopf 1994, S. 14). Dabei hatte die beginnende Totalerfassung ihren Ursprung in der grundsätzlichen Gleichsetzung der „Sinti und Roma" mit Kriminellen.

In der Weimarer Republik, der ersten deutschen Demokratie, änderte sich an den Lebensbedingungen der „Sinti und Roma" kaum etwas. Hatten die verschiedenen bisherigen Gesetze für „Zigeuner/innen" der Länder den „Sinti und Roma" zumindest noch die Möglichkeit gegeben der Verfolgung zu entfliehen, strebten die Länderregierungen nun ein einheitliches Vorgehen gegen die „Plage der Zigeuner/innen" an. 1926 verabschiedete der bayrische Landtag das Gesetz zur Bekämpfung von „Zigeunern/innen", Landfahrern/innen und Arbeitsscheuen, das in den nächsten Jahren auch von den anderen vormaligen Bundesländern übernommen wurde. Eingeführt wurden nun bspw. eine Erlaubnispflicht für das Umherziehen und eine Schulpflicht für Kinder. „Sinti und Roma" mussten sich sofort bei den Ortspolizeibehörden melden und ihre Papiere hinterlegen. Darüber hinaus konnten „Sinti und Roma" unter 16 Jahren, die keiner geregelten Arbeit nachgingen, in ein Arbeitshaus eingewiesen werden. Der Münchner „Zigeunernachrichtendienst" bzw. die „Zigeunerpolizeistelle" bestand auch weiterhin und umfasste nunmehr 14.000 Akten von „Zigeunern/innen", welche auch die Fingerabdrücke aller Erfassten, selbst von Säuglingen und Alten, enthielten. Ab 1929 koordinierten die Länder ihr Vorgehen gegen die „Plage der Zigeuner/innen". Die „Zigeunerpolizeistelle" wurde zur „Zentralstelle der Bekämpfung der Zigeuner/innen" im Deutschen Reich (vgl. Krause 1989, S. 45).

Die vielen bereits bestehenden Gesetze gegen „Zigeuner/innen" machten es der Nationalsozialistische Partei leicht, daran anzuknüpfen. Mit ihrer Machtübernahme 1933 wurde die Ausgrenzung und Verfolgung von „Sinti und Roma", vor allem auf Grundlage rassenideologischer Kriterien, weitergeführt. Die „Zigeunernachrichtenzentrale" wurde 1938 in die „Reichszentrale zur Bekämpfung des Zigeunerwesens" umgewandelt. Die bis dahin aufgenommenen Akten über „Zigeuner/innen" wurden Dr. phil. Dr. med. habil. Robert Ritter zur Verfügung gestellt, um eine lückenlose Zusammenstellung von Genealogien (Stammbäumen) zu ermöglichen (vgl. ebd. S. 46). Ritter gründete 1936 die wichtigste nationalsozialistische Institution, die sich mit Forschungen über „Sinti und Roma" beschäftigte. Sie wurde 1937 als „Rassenhygienische und Bevölkerungsbiologische Forschungsstelle" beim Reichsgesundheitsamt in Berlin etabliert. Ritter und seine Mitarbeiter/innen veröffentlichten zahlreiche Beiträge zur „Lösung der Zigeunerfrage". Sein Ziel war es, jeden/jede „Zigeuner/in" im Land aufzuspüren und als „stammecht" oder „Mischling" zu kategorisieren. Die Rassenforscher/innen stellten die Behauptung auf, „Sinti und Roma" seien Kriminelle und arbeitsscheue Asoziale und nicht zu erziehen. Sie nahmen entscheidenden Einfluss auf ihre polizeiliche Behandlung und die gesetzlichen Erlasse gegen sie. Neben Ritter war Eva Justin eine der bekanntesten Rassenforscher/innen, die sich mit „Sinti und Roma" beschäftigte (vgl. Kenrick und Puxon 1981, S. 54 ff.). Die Einteilung nach dem „Rassegrad" der „Sinti und Roma" bildete die ausschlaggebende Grundlage für die Maßnahmen der Verfolgung – von Zwangssterilisation, Deportation bis zur gezielten Vernichtung. Die bereits 1935 erlassenen „Rassengesetze" richteten sich nicht nur gegen die jüdische Bevölkerungsgruppe, sondern wurden auch auf „Sinti und Roma" ausgeweitet. Infolgedessen wurde den meisten deutschen Sinti, die größtenteils seit mehreren Generationen die deutsche Staatsbürgerschaft besaßen, diese wieder aberkannt. Das bereits 1933 erlassene „Erbgesundheitsgesetz" unterstellte „Sinti und Roma" einen angeborenen Schwachsinn und sollte zu deren zwangsweiser Sterilisation führen. Schon 1935 wurden mancherorts in Wohnwagen lebende „Sinti und Roma" in Lager speziell für „Zigeuner/innen" zwangsumgesiedelt, später auch „Sinti und Roma", die vorher in festen Wohnungen lebten. Diese Lager erleichterten den Behörden ihre Überwachung und polizeiliche Erfassung. Erlaubnisscheine, wie Wandergewerbe- oder Führerscheine, durften ab 1938 erst nach einer „rassebiologischen" Untersuchung durch die „Rassenhygienische Forschungsstelle" des Reichsgesundheitsamtes ausgehändigt werden. Zum Nachweis dieser Untersuchung wurden Ausweise speziell für „Zigeuner/innen" ausgestellt. Ab 1939 wurden „Sinti und Roma" meistens grundsätzlich das Wandergewerbe untersagt, häufig die einzige Möglichkeit zum Lebenserwerb. Zu Verhaftungen und Einweisungen in Konzentrationslager nach Sachsenhausen, Dachau und Buchenwald kam es bereits 1937 und 1938, im Zuge der sogenannten „Vorbeugenden Verbrechensbekämpfung", mit dem Ziel, Arbeitskräfte für den Auf- und Ausbau von Konzentrationslagern zu schaffen. Die erste große Deportation „deutscher Sinti und Roma" erfolgte im Mai 1940. Fast 2.500 „Sinti und Roma" der süd- und nordwestlichen Grenzgebiete wurden familienweise, von zentralen Sammelstellen in Hamburg, Köln und Stuttgart aus, in Arbeitslagern oder Gettos im besetzten Polen untergebracht. Mit dem „Festsetzungsunterlass" war ihnen seit Oktober 1939 verboten, ihren jeweiligen Aufenthaltsort zu verlassen. In den Arbeitslagern mussten sie Zwangsarbeiten, wie Erd- und Bauarbeiten, verrichten. Ihre Unterkünfte waren nicht wetterfest, die Ernährung, medizinische Versorgung und die hygienischen Bedingungen unzureichend. Im Frühjahr 1941 wurden „Sinti und Roma" mit der Anweisung zur Beschulung von „Zigeunern/innen und Negermischlingen" im gesamten Reich mehrheitlich aus den Schulen ausgeschlossen. Mancherorts blieben sie in den Schulen, wurden aber grundsätzlich von den anderen Schülern/innen abgesondert. Ab 1942 hob man auch das Jugendschutzgesetz für die jugendlichen „Sinti und Roma" auf und stellte sie explizit den jüdischen Jugendlichen gleich. Ihnen wurde das Antreten einer Lehrstelle untersagt, ab dem 14. Lebensjahr wurden sie dienstverpflichtet, wie beim Straßenbau, in Druckereien und Wäschereien. „Spurten" die Jugendlichen nicht wurden sie in sogenannten „Jugendschutzlagern" oder in „Arbeitserziehungslagern" inhaftiert. Im März 1943 sollten innerhalb von einigen Wochen „Sinti und Roma", ohne Rücksicht auf den „Mischlingsgrad", in geschlossenen Familienverbänden nach Auschwitz gebracht werden. Noch vor Verhaftung und Deportation wurden deren Besitz und Vermögen kurzerhand zu „volksschädlichem Eigentum" erklärt und vom Staat eingezogen. Auch „Sinti-

und Roma"-Kinder wurden nach Auschwitz-Birkenau verschleppt, denn ab 1943 wurden sie von der Unterbringung in Heimen und Pflegefamilien ausgeschlossen (vgl. Krokowski 2000, S. 38 ff.). Die Zahl der im Nationalsozialismus ermordeten „Sinti und Roma" wird auf 500.000 Menschen geschätzt.

Mit dem Ende des Nationalsozialismus endete die Verfolgung der Überlebenden jedoch nicht – sie wurde nach 1945 lediglich mit anderen Mitteln betrieben. Unter dem Namen „Landfahrerzentrale" wurde die Arbeit der ehemaligen „Reichszentrale zur Bekämpfung des Zigeunerwesens" mit den NS-Aktenbestand im Landeskriminalamt (LKA) in München fortgesetzt. Das 1926 erlassene bayrische „Gesetz zur Bekämpfung der Zigeuner, Landfahrer und Arbeitsscheuen" wurde 1947 von der amerikanischen Besatzungsmacht annulliert. Stattdessen wurde 1953 in Bayern die „bayerische Landfahrerverordnung" erlassen, die inhaltlich jedoch an das vorherige Gesetzt anknüpfte. Im eingeführten „Landfahrerbuch", mit Fingerabdrücken bis hin zu Sondererlaubnisscheinen für Messer und Hunde, wurden „Sinti und Roma" weiterhin in ihren Grundrechten eingeschränkt (vgl. Krause 1998, S. 55). Als Landfahrer/innen wurden alle die bezeichnet, die aus „eingewurzeltem Hang" zum Umherziehen oder aus „eingewurzelter Abneigung" gegen eine Sesshaftmachung, mit Fahrzeugen, wie etwa Wohnwagen oder mit sonstiger beweglicher Habe im Land umherzogen. Auch galten diejenigen als Landfahrer/innen, die im Gefolge eines Landfahrers/in umherzogen. Wie im Nationalsozialismus wurden „Sinti und Roma" durch die Polizeibehörden nicht als Bürger/innen, sondern als asoziales Kollektiv betrachtet, welches es zu überwachen und kontrollieren gilt. Die Rede- und Schreibweise polizeilicher Autoren/innen war in den 1950er und 1960er Jahren oftmals nahezu identisch mit der rassistischen Terminologie der NS-Zeit. Die Kenntnis über das Schicksal von „Zigeuner/innen" im Nationalsozialismus stritt das bayrische Landeskriminalamt einfach ab. Die Landfahrerverordnung wurde erst 1970 wegen Grundgesetzwidrigkeit aufgehoben (vgl. Hohmann 1988, S. 186). Der Mediziner Hermann Arnold übernahm, nach dem Tod Ritters ab den 1950er Jahren, Materialien der NS-rassenhygienischen Forschungsstelle und avancierte zum bedeutendsten Kenner der „Zigeuner/innen" von der Nachkriegszeit bis in die 1980er Jahre. Vom Innen- und Familienministerium des Bundes, von der Caritas, der „Katholischen Zigeuner- und Nomadenfürsorge", dem Bundeskriminalamt und der Polizei wurde er als Experte gehört und empfohlen. In zahlreichen und viel zitierten Beiträgen Arnolds sprach er Ritter von einer Mitverantwortung an der NS-Verfolgung der „Zigeuner/innen" frei, forderte noch 1973 Sondergesetze gegen sie und prägte das Bild der „Zigeuner/innen" als „kindhafte Naturmenschen", die einer Spezialfürsorge bedürfen. Seine Arbeit widmete er der genetischen Bestimmung des als typisch geltenden Wandertriebs bei den „Zigeunern/innen" und beeinflusste somit das Bild von der ewigen Wanderschaft dauerhaft. Dadurch wirkte er auch nachhaltig auf das Bild von „Zigeunern/innen", wie es in der deutschen Sozialarbeit lange Zeit, teilweise sogar bis heute, vorherrschte. Erst als Vertreter/innen des „Verbandes deutscher Sinti" auf die Verwendung des NS-Aktenmaterials durch Arnold öffentlich aufmerksam machten, büßte er seine Position als „Fachmann" der „Zigeuner/innen ein (vgl. Koch 2005, S. 27 f.).

Die wenigen Überlebenden der „Sinti und Roma", die nach 1945 in ihre Heimatstädte zurückkehrten, trafen in den Behörden oftmals auf die ehemaligen Angehörigen von Kriminalpolizei und „Rassenhygienischer und Bevölkerungsbiologischer Forschungsstellen", die während des Nationalsozialismus ihre Verfolgung betrieben hatten (vgl. Jonuz 2009, S. 40). Ausgleichende Ersatzleistungen für die Gräueltaten, die ihnen unter dem faschistischen Regime widerfahren waren, blieben in den ersten Jahren nach Kriegsende, und selbst viel später, oftmals aus. Viele deutsche Gerichte wollten den Wiedergutmachungsforderungen so spät wie möglich nachgeben, um diese gering zu halten. Sie stritten die rassistische Motivation der NS-Verfolgungen ab und erklärten die Zwangsmaßnahmen gegen „Sinti und Roma" zu sicherheitspolitischen und kriminalpräventiven Maßnahmen (vgl. Kenrick und Puxon 1981, S. 65; vgl. Krokowski 2000, S. 52; vgl. Krause 1989, S. 55; vgl. Lehmann-Richter 2007, S. 253). 1956 entschied der Bundesgerichtshof als höchste richterliche Instanz, dass „Sinti und Roma" frühestens ab März 1943 als rassistisch Verfolgte anzusehen sind, was erst 1965, 20 Jahre nach Kriegsende, revidiert wurde. Diejenigen, deren Entschädigungsansprüche für die zwischen 1938 und 1943 erlittene Verfolgung abgelehnt worden war, konnten nun eine Wiederaufnahme des Verfahrens beantragen. Jedoch waren viele ältere und kranke Überlebende bereits gestorben, andere hatten resigniert und enttäuscht die Versuche auf die geringe finanzielle Anerkennung ihrer Leiden aufgegeben. Die sozialen und psychischen Folgen für die Überlebenden waren immens (vgl. Krokowski 2000, S. 52 f.). Zudem bestand auch eine Angst gegenüber fortsetzender bürokratischer Diskriminierung, zumal viele der „Sinti und Roma" nur über rudimentäre Lese- und Schreibkenntnisse verfügten. Die Staatsbürgerschaft wurde allen in Konzentrationslagern internierten „Sinti und Roma" aberkannt und deren sämtliche Urkunden und entsprechende Dokumente abgenommen und vernichtet. Für den Versuch ihre Staatsbürgerschaft wiederzuerlangen, verlangten die Behörden jedoch Geburtsurkunden oder andere Ausweispapiere und verweigerten ihnen somit die Anerkennung. Wer die deutsche Staatsangehörigkeit wiedererlangen wollte, musste sich einem für „Ausländer" festgelegten „Neutralisierungsprozess" unterziehen, indem Kenntnisse der deutschen Sprache in Wort und Schrift nachgewiesen werden mussten. Bedenkt man, dass die betreffenden „Sinti und Roma" während der NS-Zeit vom Bildungswesen ausgeschlossen waren, grenzt dies an purem Zynismus. Erst ab 1974 wurde dieses Verfahren entschärft (vgl. Krause 1989, S. 59 f.).

In den 1970er Jahren wurde verstärkt auf die „kulturbewahrenden" Mechanismen der „zigeunerischen" Lebensweise und auf ihre Integration unter der Wahrung „kultureller Identität" hingewiesen. Zum einen markiert dies die Annahme, dass die Integration von „Zigeunern/innen" durch gesellschaftliche Vorurteile erschwert wird. Zum anderen wird die Integrationsproblematik auf eine „kulturelle" Differenz zurückgeführt, die trotz Aufgabe verschiedener Traditionen gelebt wird. „Kulturelle Identität" wird hier generell als ein Bestandteil der Identität von „Zigeunern/innen" angenommen und die Integration von Gruppen mit einer anderen „Kultur" in der Gefahr gesehen, einen Identitätsverlust zu bergen. Damit verlangte die praktische, pädagogische und sozialpolitische Umsetzung solch einer Integration eine angemessene Kenntnis über die vermeintlichen „kulturellen" Lebenszusammenhänge von „Zigeunern/innen", die man Ende der 1970er Jahre verstärkt durch ethnografische Untersuchungen versuchte zu erforschen (vgl. Koch 2005, S. 31 ff.).

Nach massivem öffentlichem Druck wurde der Völkermord der „Sinti und Roma" im März 1982 offiziell, durch den damaligen Bundeskanzler Helmut Schmidt, anerkannt. Kurz zuvor war der „Zentralrat Deutscher Sinti und Roma" mit Sitz in Heidelberg gegründet worden. Er und seine neun Landesverbände, das „Dokumentations- und Kulturzentrum Deutscher Sinti und Roma" und weitere regionale Mitgliedsvereine, bemühen sich seitdem der ständigen Diskriminierung und Kriminalisierung von „Sinti und Roma" entgegenzuwirken (vgl. Zentralrat Deutscher Sinti und Roma o. J., S. 1). Während in der polizeilichen und kriminologischen Arbeit zunächst eine strenge Analogie zur NS-Rassenideologie bestehen blieb, wurde das Kriterium der „Rasse" später als Zugehörigkeit zu einer „ethnischen" Gruppe umgedeutet. 1984 erklärte der Staatssekretär Spranger die „Landfahrer/innen"-Erfassung und auch den internen Sprachgebrauch dieser Bezeichnung für beendet. Jedoch fand die neue diskriminierende Bezeichnung „HAWO" (häufig wechselnder Aufenthaltsort) Eingang in das polizeiliche Überwachungs- und Informationssystem aller Bundesländer. Argumentiert wurde, dass diese Bezeichnung notwendig zur Erfassung des kriminologisch so bedeutsamen Phänomens des Umherreisens von Tatverdächtigen sei (vgl. Strauß 2003, S. 163 f.).

Während der 1990er Jahre beendeten die meisten deutschen Bundesländer die rassistische Sondererfassung von „Sinti und Roma". Der Freistaat Bayern setzte diese Praxis bis 2001 (!) fort. Einige Vertreter/innen von „Sinti und Roma" vermuten jedoch, dass die Polizeibehörden die Kennzeichnung von „Sinti und Roma" inoffiziell fortsetzen (vgl. Open Society Institute – EU Accession Monitoring Program 2002, S. 85 ff.).

Die Geschichte der Zuwanderung von „ausländischen Roma" nach Deutschland begann Mitte des 19. Jahrhunderts infolge ökonomischer und politischer

Umbrüche auf dem Balkan und der Abschaffung der Leibeigenschaft 1855 in der Moldau und 1856 in der Walachei (vgl. Reemtsma 1995, S. 144). Nach dem Zweiten Weltkrieg kamen zu den seit Generationen in Deutschland beheimateten „Sinti und Roma", welche die schrecklichen Folgen des Nationalsozialismus am eigenen Leibe zu spüren bekommen hatten, verstärkt „Roma" hinzu, welche als sogenannte Arbeitsmigranten/innen auf der Grundlage staatlicher Anwerbung nach Deutschland migrierten. Sie wanderten hauptsächlich aus Serbien, Bosnien und Mazedonien aus. Der Nachzug ihrer Familien, Anfang der 1970er Jahre, erhöhte den Anteil von „Roma"-Frauen und -Kindern in Deutschland (vgl. Zentrum für Antisemitismusforschung der Technischen Universität Berlin 2007, S. 6). Darüber hinaus gewann die Zuwanderung von asylsuchenden „Roma", von den späten 1970er Jahren bis zu den frühen 1990er Jahren, an Umfang und Bedeutung. Infolge der post-jugoslawischen Kriege und Bürgerkriege setzte jedoch die bislang größte Zuwanderungs- und Fluchtbewegung von „Roma" nach Deutschland ein (vgl. Koch 2005, S. 9). Sie kamen aus Bosnien, dem Kosovo oder auch aus Serbien-Montenegro. Der Großteil dieser „Roma" wird in Deutschland nur geduldet, dennoch wurden sie zu Zuwanderern mit langen Aufenthaltszeiten (vgl. Zentrum für Antisemitismusforschung der Technischen Universität Berlin 2007, S. 7 ff.). Die Ursachen ihrer Abwanderung reichten von wirtschaftlicher Verelendung über Diskriminierung bis zu schweren Menschenrechtsverletzungen. Die politischen Reaktionen der deutschen Kommunen auf die Zuwanderung dieser „Roma" waren jedoch davon motiviert, die Inanspruchnahme kommunaler Ressourcen zu limitieren. So wurden Asylanträge regelmäßig abgelehnt und „Roma" abgeschoben. Nur wenigen Familien gelang es einen legalen Aufenthalt in Deutschland zu erkämpfen(vgl. Reemtsma 1995, S. 147).

Im Zuge der Erweiterung der Europäischen Union im Jahr 2004 traten u. a. Polen, Slowenien, die Tschechische Republik, Slowakei und Ungarn der EU bei und im Jahr 2007 kamen Rumänien und Bulgarien dazu (vgl. Landeszentrale für politische Bildung 2012, S. 1). Die Erweiterung der EU machte es möglich, dass die dort beheimateten Menschen legal in andere Mitgliedstaaten immigrieren konnten. Dadurch bekamen die in den Beitrittsländern beheimateten „Roma", die dort einer massiven Diskriminierung und sozialer Not ausgesetzt waren (vgl. Europäische Kommission 2003, S. 5), die Chance ihre Lebenssituation durch die Einwanderung nach Deutschland und in andere Länder Westeuropas zu verbessern.

Rechtlicher Status als „nationale Minderheit" 3

Seit Mai 1995 sind deutsche „Sinti und Roma" als nationale Minderheit in Deutschland anerkannt (vgl. Zentralrat Deutscher Sinti und Roma o. J., S. 1). Als nationale Minderheiten werden in Deutschland Gruppen deutscher Staatsangehörigkeit angesehen, die in der Bundesrepublik traditionell heimisch sind und dort in angestammten Siedlungsgebieten leben. Die dänische Minderheit, das sorbische Volk und die Friesen in Deutschland gelten als drei weitere anerkannte Minderheiten (vgl. Friedrich-Ebert-Stiftung 2010/2011, S. 1).

Deren besonderer rechtlicher Status beruht insbesondere auf zwei Abkommen des Europarates, die für Deutschland bindend sind: dem „Rahmenübereinkommen des Europarates zum Schutz nationaler Minderheiten" und der „Europäischen Charta der Regional- oder Minderheitensprachen". In Gesetzen, Verordnungen, Satzungen und Verwaltungshandeln auf Bundes- wie auch Länderebene, wird der dort festgeschriebene Schutz nationaler Minderheiten konkretisiert und ausgebaut (vgl. Bundesministerium des Inneren 2011a, S. 2). Das Rahmenübereinkommen ist für Deutschland am 1. Februar 1998 in Kraft getreten und die Sprachencharta am 1. Januar 1999. Ersteres enthält völkerrechtlich verbindliche Grundsätze zugunsten nationaler Minderheiten und verpflichtet die Mitgliedsstaaten außerdem zu Schutz- und Fördermaßnahmen für ihre jeweiligen Minderheiten (vgl. Bundesministerium des Inneren 1999, S. 12 f.). So soll in allen Bereichen des wirtschaftlichen, sozialen, politischen und kulturellen Lebens eine „*vollständige und tatsächliche Gleichheit*" zwischen den „Minderheiten" und den „Mehrheitsangehörigen" geschaffen werden (vgl. Europarat 1995, S. 1). Unter anderem soll den Minderheiten ermöglicht werden, ihre Identität, Religion, Sprache, Traditionen und ihr „kulturelles" Erbe zu bewahren. Auch ist ein „interkultureller" Dialog zu fördern, insbesondere in den Bereichen Bildung, „Kultur" und Medien. Darüber hinaus wird gefordert, dass der Bildungs- und Forschungsbereich sachkundiges Wissen über „Kultur", Geschichte, Sprache und Religion ihrer nationalen Minderheiten vermittelt, dass es angemessene Möglichkeiten für die Lehrkräfte-Ausbildung und den Zugang zu Lehrbüchern gibt und, dass Chancengleichheit, vor allem beim Zugang zu allen Bildungsstufen, besteht. Ferner soll sichergestellt werden, dass, bei ausreichender Nachfrage, Minderheitsangehörige im Rahmen des bestehenden Bildungssystems ihre Minderheitensprache erlernen oder in dieser Sprache unterrichtet werden können. Die Durchführung des Rahmenübereinkommens wird durch das Ministerkomitee des Europarats überwacht. Regelmäßig müssen die Vertragsstaaten vollständige Informationen über die Gesetzgebungs- und andere Maßnahmen, die zur Durchführung dieses Rahmenübereinkommens wichtig sind, an den Generalsekretär des Europarates übermitteln. Dieser leitet die Informationen an das Ministerkomitee weiter, welches bei der Beurteilung der Angemessenheit der Maßnahmen von einem beratenden Ausschuss unterstützt wird (vgl. Europarat 1995, S. 1). Regelmäßig verfasst die „European Commission against Racism and Intolerance" (ECRI) bzw. die „Europäische Kommission gegen Rassismus und Intoleranz" einen Bericht über die Situation von „ethnischen" Minderheiten in Deutschland (vgl. Europarat o. J., S. 1).

Die „Europäische Charta der Regional- oder Minderheitensprachen" sieht den Schutz und die Förderung der geschichtlich gewachsenen Regional- und Minderheitensprachen Europas vor. Sie verpflichtet die Vertragsparteien auf verschiedene Ziele. Unter anderem sind dies: Achtung des Verbreitungsgebiets jeder dieser Sprachen, die Notwendigkeit ihrer Förderung, die Erleichterung des Gebrauchs und/oder die Ermutigung zu ihrem Gebrauch in Wort und Schrift im öffentlichen Leben und im privaten Bereich, Schaffung geeigneter Maßnahmen für ihren Unterricht im Bereich der vorschulischen Bildung bis hin zur Erwachsenenbildung/Weiterbildung und ihr Studium sowie die Förderung des grenzüberschreitenden Austauschs dieser Sprachen. Dabei sollen für eine entsprechende Aus- und Weiterbildung des Lehrpersonals gesorgt und Aufsichtsorgane eingesetzt werden, welche die getroffenen Maßnahmen und erzielten Fortschritte überwachen. Weiter werden Maßnahmen aufgeführt, um den Gebrauch von Regional- oder Minderheitensprachen im öffentlichen Leben zu fördern. Sie erstrecken sich auf die Bereiche Bildungswesen, Justiz, Verwaltungsbehörden und öffentliche Dienstleistungsbetriebe, Medien, „kulturelle" Tätigkeiten und Einrichtungen, wirtschaftliches und soziales Leben und „grenzüberschreitender" Austausch. Dabei verpflichtet sich jede Vertragspartei mindestens 35 Paragraphen oder Absätze aus dem Maßnahmenkatalog anzuwenden, einschließlich einer gewissen Zahl zwingender Maßnahmen, die aus einem „Kernbereich" auszuwählen sind. Zudem muss jede Vertragspartei in ihrer Ratifikations-, Annahme- oder Genehmigungsurkunde alle in ihrem gesamten Hoheitsgebiet, oder einem Teil davon, verbreiteten Regional- oder Minderheitensprachen angeben, auf welche

3 Rechtlicher Status als „nationale Minderheit" 25

die ausgewählten Bestimmungen Anwendung finden. Auch hier müssen die Vertragsparteien dem Generalsekretär des Europarates die Informationen über die Gesetzgebungs- und andere Maßnahmen, die zur Durchführung der Sprachcharta wichtig sind, übermitteln. Diese Berichte werden von einem Sachverständigenausschuss geprüft, der darüber ebenfalls einen Bericht verfasst. Er enthält insbesondere die Vorschläge des Sachverständigenausschusses an das Ministerkomitee für die Ausarbeitung von etwa erforderlichen Empfehlungen des Ministerkomitees an eine oder mehrere Vertragsparteien (vgl. Europarat 1992, S. 1).

In Deutschland werden als Regionalsprache Niederdeutsch sowie die Minderheitensprachen Dänisch, Ober- und Niedersorbisch, Nord- und Saterfriesisch sowie das Romanes der „deutschen Sinti und Roma" geschützt (vgl. Bundesministerium des Inneren 2011c, S. 1).

Bezüglich des Status als Minderheit führt die Bundesregierung an, betrachtet der „Zentralrat Deutscher Sinti und Roma" mit den angeschlossenen Landesverbänden, Vereinen und Institutionen, die deutschen „Sinti und Roma" als nationale Minderheit in Deutschland aber zugleich als Teil des deutschen Volkes. Diese Haltung stellt sie auch für andere Vereine deutscher „Sinti und Roma" bzw. deutscher „Roma" fest. Vereine deutscher Sinti jedoch, die in der „Sinti Allianz Deutschland" zusammenarbeiten, sehen sich als Sinti-Volksgruppe im deutschen Volk, welche ohne Diskriminierung, aber auch ohne Sonderrechte, in Deutschland leben und die eigene Sprache und „Kultur" ohne staatliche Maßnahmen auf privater Ebene pflegen will. Einen Schutz als nationale Minderheit lehnen diese Sinti ab. Deshalb argumentiert die Bundesregierung, dass aus der Verpflichtung aus § 3 Abs. 1 des Rahmenübereinkommens ein besonderer Schutz und die Förderung einzig als Angebot gestaltet werden können. Demnach kann jeder/jede einzelne Betroffene das Angebot für sich in Anspruch nehmen oder auf seine Anwendung verzichten (vgl. Bundesministerium des Inneren 1999, S. 10).

Auf der Landesebene Deutschlands lässt sich bei der Durchsicht der jeweiligen Verfassungen der Bundesländer feststellen, dass lediglich fünf Länder gesetzliche Bestimmungen für Minderheiten erlassen haben und diese unter einen besonderen Schutz stellen. Zwar werden hier die sorbische, dänische und friesische Minderheit benannt, „Sinti und Roma" finden jedoch in keiner der Verfassungen explizite Erwähnung (vgl. Ministerium für Bildung, Jugend und Sport des Landes Brandenburg 2011, S. 1; vgl. Landtag Mecklenburg-Vorpommern 2011, S. 25; vgl. Ministerium der Justiz und für Verbraucherschutz Rheinland-Pfalz 2012, S. 1; vgl. Freistaat Sachsen 1992, S. 1; vgl. Landesregierung Schleswig-Holstein 2011, S. 1).

Gesetzliche Antidiskriminierungsbestimmungen in Deutschland

4

In Deutschland gibt es einige gesetzliche Bestimmungen, welche Diskriminierungen aufgrund verschiedener „Kategorien" verbieten. Gemäß § 3 Abs. 1 Satz 1 des Grundgesetzes, darf niemand wegen seines Geschlechts, seiner Abstammung, seiner „Rasse", seiner Sprache, seiner Heimat und Herkunft, seines Glaubens, sowie seiner religiösen oder politischen Anschauungen benachteiligt oder bevorzugt werden. Weiter enthält § 3 Absatz 1 des Grundgesetzes den Gleichheitssatz: „*Alle Menschen sind vor dem Gesetz gleich*" und gilt somit für alle in Deutschland lebenden Personen (vgl. Deutscher Bundestag 2010, S. 1).

Auf internationaler Ebene ist Deutschland seit 1966 Beitrittspartner im „Internationalen Pakt über bürgerliche und politische Rechte" (vgl. Auswärtiges Amt 1966a, S. 1), dem „Internationalen Pakt über wirtschaftliche, soziale und kulturelle Rechte" (vgl. Auswärtiges Amt 1966b, S. 1) und dem „Internationalen Übereinkommen zur Beseitigung jeder Form von Rassendiskriminierung" (CERD), welche allesamt Diskriminierungsfreiheit gewährleisten sollen (vgl. Auswärtiges Amt 1966c, S. 1). Auch in der „Europäischen Konvention zum Schutz der Menschenrechte und Grundfreiheiten", welche am 3. September 1953 für die Bundesrepublik Deutschland in Kraft getreten ist, finden sich Diskriminierungsverbote (vgl. Kanzlei des Europäisches Gerichtshofs für Menschenrechte 2010, S. 1).

Ebenso verbietet der „Vertrag von Lissabon" – der derzeit geltende Vertrag der Europäischen Gemeinschaft – seinen Mitgliedsstaaten Diskriminierungen insbesondere wegen des Geschlechts, der „Rasse", der Hautfarbe, der „ethnischen" oder sozialen Herkunft, der genetischen Merkmale, der Sprache, der Religion oder der Weltanschauung, der politischen oder sonstigen Anschauung, der Zugehörigkeit zu einer nationalen Minderheit, des Vermögens, der Geburt, einer Behinderung, des Alters oder der sexuellen Ausrichtung (§ 21 Abs. 1) sowie Diskriminierung aus Gründen der Staatsangehörigkeit (§ 21 Abs. 2) (vgl. Amtsblatt der Europäischen Gemeinschaften 2010, S. 396).

4 Gesetzliche Antidiskriminierungsbestimmungen in Deutschland

Im Jahr 2000 beschloss der Rat der Europäischen Union vier Richtlinien, mit denen der Grundsatz der Gleichbehandlung umgesetzt werden soll. Dies sind: die „Richtlinie zur Anwendung des Gleichbehandlungsgrundsatzes ohne Unterschied der Rasse oder der ethnischen Herkunft" (Antirassismusrichtlinie) (vgl. Amtsblatt der Europäischen Gemeinschaften 2000a, S. 22), die „Richtlinie zur Festlegung eines allgemeinen Rahmens für die Verwirklichung der Gleichbehandlung in Beschäftigung und Beruf" (Rahmenrichtlinie Beschäftigung) (vgl. Amtsblatt der Europäischen Gemeinschaften 2000b, S. 16), die „Richtlinie zur Änderung der Richtlinie über die Gleichbehandlung von Männern und Frauen hinsichtlich des Zugangs zur Beschäftigung, zur Berufsbildung und zum beruflichen Aufstieg sowie in Bezug auf die Arbeitsbedingungen" (Gender-Richtlinie) (vgl. Amtsblatt der Europäischen Gemeinschaften 2002, S. 15) und die „Richtlinie zur Verwirklichung des Grundsatzes der Gleichbehandlung von Männern und Frauen beim Zugang zu und bei der Versorgung mit Gütern und Dienstleistungen" (Richtlinie zur Gleichstellung der Geschlechter auch außerhalb der Arbeitswelt) (vgl. Amtsblatt der Europäischen Gemeinschaften 2004, S. 37). Diese vier EU-Richtlinien wurden am 18. August 2006 endgültig im „Allgemeinen Gleichbehandlungsgesetz" (AGG) in deutsches Recht umgesetzt. Im Jahr 2002/2003 scheiterten die Umsetzungsversuche an energischen Widerständen, unter anderem seitens der damaligen Bundestagsopposition CDU und FDP und der von ihnen geführten Landesregierungen. Kritiker/innen eines Antidiskriminierungsgesetzes verwiesen vor allem auf die bereits im Grundgesetz verankerte Vorschrift gegen Diskriminierung. Allerdings richtet sich dieses Diskriminierungsverbot primär an die Gesetzgebung, die Behörden und die Gerichte und ist zwischen Privatpersonen nur eingeschränkt anwendbar. Mit dem Antidiskriminierungsgesetz (AGG) soll diese Lücke geschlossen werden (vgl. Bundesministerium des Inneren 2007, S. 9). Ziel des AGG ist es, Benachteiligungen aus Gründen der „Rasse" oder wegen der „ethnischen" Herkunft, des Geschlechts, der Religion oder Weltanschauung, einer Behinderung, des Alters oder der sexuellen Identität zu verhindern oder zu beseitigen (§ 1). Bisher unterscheidet das Antidiskriminierungsrecht fünf unterschiedliche Formen der Diskriminierung bzw. Benachteiligung (§ 3 Abs. 1 bis 5). Eine *unmittelbare Benachteiligung* liegt vor, wenn eine Person aufgrund bzw. wegen einer bestimmten Merkmalsausprägung in einer vergleichbaren Situation eine weniger günstige Behandlung als eine andere Person erfährt, erfahren hat oder erfahren würde. Selbst wenn ein Arbeitgeber/in öffentlich äußert, er/sie werde keine Arbeitnehmer/innen einer bestimmten „ethnischen" Herkunft einstellen, begründet eine unmittelbare Diskriminierung (vgl. Bundesministerium der Justiz 2006, S. 1). Eine solche öffentliche Äußerung, selbst wenn sie keine identifizierbaren Adressaten/innen hat, stellt bereits eine unmittelbare Diskriminierung dar (vgl. Gerichtshof der Europäischen Union 2008, S. 1).

Eine mittelbare Benachteiligung liegt vor, wenn dem Anschein nach neutrale Vorschriften, Kriterien oder Verfahren, die Personen mit einer bestimmten Merkmalsausprägung (siehe § 1 AGG) in besonderer Weise benachteiligen können, es sei denn, die betreffenden Vorschriften, Kriterien oder Verfahren sind durch ein rechtmäßiges Ziel sachlich gerechtfertigt und die Mittel sind zur Erreichung dieses Ziels angemessen und erforderlich (vgl. Bundesministerium der Justiz 2006, S. 1).

Eine Belästigung wird als Benachteiligung angesehen, wenn die Würde der betreffenden Person verletzt und ein feindliches Umfeld für die Betroffenen geschaffen wird. Dabei muss das hierfür ursächliche unerwünschte Verhalten mit einem der Gründe gemäß § 1 in Zusammenhang stehen (vgl. ebd.).

Von sexueller Belästigung spricht das AGG, wenn das unerwünschte Verhalten, das sich in verbaler, nicht verbaler oder physischer Form äußern kann, sexueller Art ist (vgl. ebd.).

Schließlich gilt auch die Anweisung zur Benachteiligung einer Person aus einem in § 1 genannten Grund als Benachteiligung (vgl. ebd.).

Das Verbot der Diskriminierung gilt umfassend für den Zugang zur Erwerbstätigkeit, die Beschäftigungs- und Arbeitsbedingungen, die Berufsberatung, -bildung und -ausbildung, die Mitgliedschaft und Mitwirkung in einer Vereinigung von Beschäftigten oder Arbeitgeber/innen, den Sozialschutz, die Bildung sowie den Zugang zu und die Versorgung mit Gütern und Dienstleistungen, die der Öffentlichkeit zur Verfügung stehen, einschließlich Wohnraum. Jedoch enthält das AGG auch viele Ausnahmen von Verboten der Ungleichbehandlung. So gibt es etwa Ausnahmen aufgrund wesentlicher und entscheidender beruflicher Anforderungen (§ 8 AGG), aufgrund der Religion oder Weltanschauung bei einer Beschäftigung in einer Religionsgemeinschaft (§ 9 AGG) oder aufgrund des Alters, wenn sie objektiv, angemessen und durch ein legitimes Ziel gerechtfertigt sind (§ 10 AGG). Weiter bestehen auch Ausnahmen bezüglich des Zugangs zu Wohnraum. So ist eine Ungleichbehandlung bei der Vermietung in *„Hinblick auf die Schaffung und Erhaltung sozial stabiler Bewohnerstrukturen und ausgewogener Siedlungsstrukturen sowie ausgeglichener wirtschaftlicher, sozialer und kultureller Verhältnisse zulässig"* (§ 19 Abs. 3 AGG) (Bundesministerium der Justiz 2006, S. 6).

Zur Rede über „Ethnizität" 5

Innerhalb der bestehenden gesellschaftlichen Strukturen findet sich eine zunehmende Argumentation mit „Differenz" bzw. dem Recht auf Differenz, insbesondere in den aktuellen Diskursen um eine „multikulturelle" Gesellschaft, die als Gegenmodell zum Neorassismus angeboten wird. Der Begriff „Kultur" wird dabei zum Schlüsselbegriff der Analyse gesellschaftlicher Verhältnisse, was als „Kulturalisierung" beschrieben werden kann. Dabei steht der Begriff „Kultur" in enger Verbindung mit dem der „Ethnizität". In den Medien und politischen Einschätzungen wird zunehmend und immer selbstverständlicher von „nationaler", „kultureller", „ethnischer", „religiöser" etc. Identität gesprochen, aber auch in den Sozialwissenschaften sind die Veröffentlichungen über „kulturelle" oder „ethnische" Identität(en) von Individuen und Minderheiten inzwischen unüberschaubar. Jedoch wird die häufige Verwendung von Begriffen wie „Kultur", „Ethnizität", Nation etc. nur äußerst selten begleitet von erläuternden Hinweisen hinsichtlich ihres theoretischen Inhalts und ihres sozialen Bezugs. Dabei liegt die Gefährlichkeit der Dominanz dieser Begriffe darin, dass sie die Auffassung über die „Identität" von Minderheiten beeinflussen, was wiederum Einfluss auf die Umgangsweisen, Politiken und pädagogischen Maßnahmen gegenüber diesen Minderheiten hat (vgl. Maravakis und Parsanoglou 2009, S. 41 ff.).

Alltagstheoretisch gilt „ethnische" Zugehörigkeit als ein grundsätzlich unverändertes Merkmal von Personen, dessen Zuweisung per Geburt geschieht. Dieser Diskurs lässt sich auch teilweise in der wissenschaftlichen Literatur wiederfinden. „Ethnische" Differenzierungen können darüber hinaus zu sozialen Folgen, wie z. B. politischen Vergemeinschaftungen, der Bildung von Nationalstaaten, Diskriminierungen und der sozialen Exklusion bis hin zur Verfolgung und Auslöschung „ethnischer" Kollektive, führen. In der Wissenschaft besteht jedoch überwiegend die Auffassung, dass es für das Zustandekommen „ethnischer" Zugehörigkeit weniger auf ein tatsächliches Blutverwandtschaftsverhältnis ankommt, als vielmehr auf den subjektiven Glauben an eine Abstammungsgemeinsamkeit (vgl. Müller und Zifonun 2010, S. 11). Darauf hat Max Weber bereits 1922 hingewiesen. Gemäß ihm sind „ethnische", „rassische" bzw. kollektive Selbstzuschreibungen einerseits Anlass bzw. Motiv des Zusammenschlusses von „Gleichgearteten", andererseits bringen sie zugleich den Ausschluss anderer hervor. Er weist darauf hin, dass ein ggf. „ethnisch" bedingtes Handeln einer Gruppe mit anderen sozialen Tatsachen, wie der der sozialen Ungleichheit, zusammenhängt und nicht allein durch „ethnische" Differenzen begründet werden kann. Für Weber ist das entscheidende konstruierende Kriterium „ethnischer" Zugehörigkeit der Gemeinsamkeitsglaube, den die jeweilige Gruppe selbst durch Zuschreibungs- und Definitionsprozesse praktiziert und so zur sozialen Tatsache transformiert (vgl. Jonuz 2009, S. 59). Dieser Glaube dient der Bildung einer Gruppenidentität. Die Zugehörigkeit zur „ethnischen" Gruppe spiegelt sich im Wechselverhältnis zwischen Selbst- und Fremdzuschreibung und bezeichnet somit ein Verhältnis, welches dynamisch ist. Denn es wandelt sich im Hinblick auf Zugehörigkeit und Abgrenzung. „Ethnizität" kann nicht mit „Kultur" und schon gar nicht mit „einer Kultur" gleichgesetzt werden. Dass „ethnische" Gruppen meist eine umfangreiche „kulturelle" Vielfalt zeigen, lässt sich mit Bezug auf das zentrale Merkmal der Selbstdefinition erklären (vgl. Rompel 2008, S. 657 ff.).

Unsere gesamte Wahrnehmung, unser Denken und unser Handeln basieren auf dem Prozess der Kategorisierung von Personen, Dingen und Handlungen, da somit kognitive und soziale Komplexitäten reduziert werden. Sie strukturiert unsere Welt, indem sie uns bestimmte Sichtweisen vorgibt und damit Erwartungssicherheit schafft. Unter welchen sozialen Bedingungen, wann und warum kommt es aber überhaupt zur Entstehung und Reproduktion „ethnischer" Differenzierungen? Nach Berger und Luckmann ist hier der Prozess der Institutionalisierung „ethnischer" Typisierungen von Bedeutung. „Ethnische" Kategoriesysteme bzw. Typisierungen von Menschen und deren Verhaltensweisen verfestigen sich so zum Modell. Dies beginnt mit der Habitualisierung bestimmter Verhaltensweisen und meint die routinemäßige Übernahme bestimmter wiederholter Handlungen, damit für den Menschen Entlastung und Erwartungssicherheit im Alltag eintritt. Darüber hinaus muss das habitualisierte Handeln typisiert werden. Dabei orientiert sich der Mensch an den Reaktionen anderer auf sein Verhalten und umgekehrt. Er nimmt also auch die „ethnischen" Kategorisierungen seiner Person und Handlungen durch andere wahr und integriert sie in sein Verhalten und vice versa. So kommt es zu einem Wechselspiel „ethnischer" Selbst- und Fremdinterpretationen und der Zuschreibung damit verbundener typischer Verhaltensweisen (vgl. Müller und Zifonum 2010, S. 9 ff.).

Zwei weitere Bedingungen für die Institutionalisierung sind Historizität und Kontrolle. Historizität meint das Überdauern eines typisierten Verhaltensmusters

5 Zur Rede über „Ethnizität"

über einen längeren Zeitraum hinweg. Einen Kontrollcharakter erhält Institutionalisierung, da aus den beliebig vielen Verhaltensmöglichkeiten in einer Situation eine ganz bestimmte festgelegt wird, an die sich alle Interaktionspartner mit großer Wahrscheinlichkeit halten (vgl. Miebach 2010, S. 366 f.).

Spätestens wenn sich die institutionalisierten Kategoriesysteme objektivieren, etwa durch die sprachliche Weitergabe an die nächsten Generationen, werden sie zu Selbstläufern, die sich zu einem gemeinsamen Wissensvorrat akkumulieren. Dieses objektivierte, kollektive „Ethnowissen" einer Gesellschaft umfasst etwa einen ganzen Sprachkomplex „ethnischer" Kategorien, die damit verbundenen Rollen- und Verhaltenszuschreibungen sowie deren moralische Bewertung in Form von Stereotypisierungen. Sie werden im Rahmen unmittelbarer Interaktion mit Anderen von den neuen Generationen übernommen. Gleichzeitig findet in diesem Prozess eine Platzzuweisung in der „ethnischen" Ordnung der Gesellschaft statt. Eine „ethnische Identität" sowie damit verbundene Erwartungen werden subjektiv angeeignet. Insbesondere offizielle formalisierte Kategorisierungsverfahren wissenschaftlicher, politischer oder anderer mächtiger Institutionen, etwa in Form offizieller Statistiken oder dem staatlichen Zwang zur „ethnischen" Identifikation (Nationalität) in Ausweisdokumenten, machen aus „ethnischen" Differenzen objektive Wirklichkeit. „Ethnizität" wird somit als naturgegebene Realität erlebt. Es gibt zahlreiche Untersuchungen, die detailliert nachweisen können, wie solche institutionellen Kategorisierungen auf die Muster sozialer Identifikation bzw. auf das „ethnische" Selbstverständnis zurückwirken und dadurch zur Entstehung (neuer) „ethnischer" Gruppen führen. Hier muss auch die Rolle der Sozialwissenschaften bzw. der Ethnizitätsforschung selbst hinterfragt werden, die zur Institutionalisierung „ethnischer" Differenzen und auch zur Legitimation „ethnischer" Wirklichkeit beitragen, z. B. wenn sie im Rahmen sozialwissenschaftlicher Analysen die Annahme naturgegebener „ethnischer" Differenzen unreflektiert übernehmen. Analytisch unterscheiden Berger und Luckmann unterschiedliche Ebenen der Herstellung „ethnischer" Wirklichkeit. Demnach beginnt die Legitimation von „Ethnie" mit deren Objektivierung in Form von Sprache, die zu einer kognitiven Gültigkeit und ersten Begründung für ihre Existenz führt. Weiter wird „Ethnie" durch zahlreiche Volksmärchen und Mythen, wie etwa Sammlungen angeblich uralten „deutschen" Volksguts in Form von Liedern oder Märchen, legitimiert, die maßgeblich an der „Erfindung" der Nationen beteiligt waren. Zudem tragen historische Werke, die durch symbolische Erzählungen gemeinsamer Herkunft retrospektiv die historische Kontinuität einer Nation oder „Ethnie" konstruieren, zur Existenz eines bestimmten „ethnischen" Kollektivs bzw. „ethnischer" Differenzen bei. Dabei legitimieren sich „ethnische" Kollektive, indem sie sich als Fortschreibungen traditioneller Gemeinschaften und als naturgegebene Gruppen definieren. Die Legitimation „ethnischer"

Differenzen basiert vielfach auf der Verbreitung von „Rassekonzepten", die im 18. und 19. Jahrhundert entstanden sind. Mithilfe der neu etablierten Deutungsmacht der (Natur-)Wissenschaften entwickelte sich die Annahme, dass körperliche Unterschiede kausal mit charakterlichen und intellektuellen Eigenschaften zusammenhängen. So wurde versucht Unterschiede zwischen den Menschen zu finden, die mit der Zeit zu Determinanten und damit auch zu Legitimationen sozialer Ungleichheit wurden. Die Festlegungen entscheidender Merkmale für die Klassifikation als auch die Bildung verhaltener „Rassekategorien" verlief jedoch auch kontrovers und war mit politischen und ästhetischen Werteurteilen verbunden, was erneut auf die Kontingenz „ethnischer" Typisierungen verweist (vgl. Müller und Zifonun 2010, S. 14 ff.).

Im Zusammenhang mit der Entstehung von Nationalstaaten und der Verfestigung der nationalstaatlichen Ordnung gewann die Unterscheidung von „fremden" Zugewanderten und Einheimischen an gesellschaftspolitischer Bedeutung (vgl. Grimmig 2006, S. 35). Territorien wurden nach dem Prinzip „Ethnie" zugeschrieben und grenzziehende Kollektivbegriffe geschaffen. „Ethnien" bzw. „ethnische" Gruppen sind somit keine transhistorischen Einheiten, sondern vielmehr historische Konstrukte und Produkte. Auch wenn Migrationsprozesse historisch gesehen kein neues Phänomen sind und selbst die „deutsche" Geschichte, die Geschichte einer „ethnisch" pluralen Gesellschaft ist, gründen Nationalstaaten ihr eigenes Bestehen auf der Basis einer klaren Unterscheidung zwischen „Wir" und „den Anderen". Ideen einer nationalen Einheit bzw. von „nationalen Identitäten" bleiben jedoch nach wie vor zweifelhaft, zumal bis heute nicht geklärt ist, was „diese Identität" ausmacht und wer sie repräsentieren soll. „Ethnizität" und Nationalität sind also nicht dasselbe, denn die „ethnische" Abgrenzung überschreitet oftmals nationale und staatliche Grenzen. Dabei wird der Begriff „ethnisch" oftmals benutzt um eine Andersartigkeit zu markieren und selten auf die eigene (Mehrheits-)Gruppe angewendet. Bukow formuliert die These, dass der „Ethnizitätsbegriff" in Anspruch genommen wird, wenn vermeintliche oder tatsächliche Unterschiede zum eigenen Vorteil gewichtet werden sollen. Obwohl „Sinti und Roma" seit Jahrhunderten in Deutschland leben, besteht immer noch die Zuschreibung durch die „Mehrheitsgesellschaft", sie seien Nomaden/innen bzw. „Zigeuner/innen", welche die Arbeit scheuen, betteln und wahrsagen. Jedoch wird in diesem Zusammenhang anstelle des Erfordernisses, Migrations- und Minderheitenforschung an sozialstrukturelle Fragestellungen anzubinden, verstärkt auf die „ethnische" Zugehörigkeit und damit auch auf eine „ethnische" Differenzierung Bezug genommen. Die „Kultur" der Menschen wird dabei in den Mittelpunkt der Analyse gestellt, insbesondere wenn es um die Erklärung gelungener oder misslungener Integration geht. Dabei zielt deren Gebrauch nach Elias und Scotson (2002) darauf, von den eigentlichen und ursächlichen Aspekten, insbesondere Machtunterschieden, abzulenken und somit die eine Gruppe mit noch größeren Machtmitteln auszustatten und die andere in eine Außenseiterposition zu verbannen. Der Machterhalt wird dadurch gesichert, dass der Zugang zu bestimmten sozialen bzw. ökonomischen Positionen verwehrt und die andere Gruppe als Außenseiter stigmatisiert wird. Elias und Scotson verweisen darauf, dass immer wieder auf diese Stigmata, welche die Etablierten den „Außenseitern" zuschreiben, Bezug genommen wird und sie selbst im Wandel von sozialen Kontexten nicht verschwinden. Der wiederkehrende Hinweis auf bestimmte Merkmale der „Außenseiter" objektiviert und konserviert die sozialen Stigmata, die bestehende Ungleichheiten legitimieren und die „Etablierten" von Schuld entlasten. In der Migrationsgeschichte wurden so einzelne Gruppen, wie etwa „Juden", „türkische und italienische Arbeitsmigranten/innen", „Russland- und Rumäniendeutsche" aber auch „Ossis", selbst trotz deutscher Staatsbürgerschaft und unabhängig von ihrer (un-)gleichen „ethnischen" Herkunft, keineswegs als zugehörig angesehen, sondern als Außenseiter stigmatisiert. Zwar kamen im Laufe der Zeit „neue Außenseiter" hinzu, die durch Zuschreibungsprozesse den Platz der „alten Außenseiter" einnahmen, Letztere konnten jedoch trotzdem nur einen partiellen sozialen Aufstieg realisieren. In diesem Prozess gelang es den Etablierten stets, den vordersten Platz in der Reihe zu verteidigen. In diesem Sinn lässt sich sagen, dass das Konstrukt „Ethnie" nach dem Zweiten Weltkrieg die auch in der Wissenschaft geächtete Kategorie „Rasse" ersetzt hat und bis heute der sozialen Ausgrenzung bestimmter Menschengruppen dient. Somit wirkt sie lediglich als Variante im neuen Gewand. Welche Position und welches Ansehen eine Person in der Gesellschaft erhält, ist also nicht nur etwa von Schulbildung, beruflicher Qualifikation oder Besitz abhängig, sondern auch von „ethnischer" Zugehörigkeit und dem Platz, den eine bestimmte „ethnische" Gruppe innerhalb der Gesellschaft einnimmt. „Sinti und Roma" haben den Status einer Minderheit in Deutschland. Zu einer Minderheit wird man durch Umstände gemacht, auf die man selbst nur wenig Einfluss hat. Reiterer zufolge besteht das entscheidende Kriterium aller Minderheiten in einem „hegemonialen Verhältnis" zur Mehrheitsbevölkerung, die aufgrund ihrer Zahl und der damit verbundenen höherrangigen politischen Legitimation und angenommenen herrschenden „Kultur" die Befugnis erhält, richtungsweisend für alle zu sein. Diese Hegemonialstruktur kann sich in unterschiedlichen Ausprägungen soziostruktureller und wirtschaftlicher, politischer und „ethnischer" oder auch religiöser und sexistischer Benachteiligung manifestieren und dabei Minderheiten als minderwertige Minderheiten diskreditieren (vgl. Jonuz 2009, S. 45 ff.).

Einige Interessenvertreter/innen der „Sinti und Roma", immer häufiger auch „ethnische" Intellektuelle, heben mit Nachdruck „ethnisch-kulturelle" Gemeinsamkeiten hervor, welche von politischen Organisationen als die grundlegende

Form der Selbstbeschreibung betrachtet werden. Dabei wird versucht das „Volk" zur objektiven Gegebenheit mit gemeinsamer Geschichte und „ethnischer Identität", verbindlicher Sprachform und gemeinsamen „ethnischen" Traditionen zu beschreiben. Diese Selbstinszenierung zeigt sich zwar hilfreich Forderungen an die Politik stellen zu können, doch der Versuch eine deutschlandweite „kulturelle Identität" zu etablieren bedeutet die Verkürzung der tatsächlichen Heterogenität der einzelnen „Sinti und Roma" Gruppen. Ein homogenes Auftreten wird bereits durch die kontroversen Ansichten der unterschiedlichen Interessenvertreter/innen erschwert. Durch die Erinnerung an eine allgegenwärtige Diskriminierung wird zwar ein möglicher Handlungsspielraum für die Politik gestaltet und eingefordert, gleichzeitig wird dadurch aber auch die kritisierte „Ethnisierung" sozialer Verhältnisse gestützt (vgl. Koch 2005, S. 53 ff.).

Forschungslage 6

Bisherige wissenschaftliche Beiträge über „Sinti und Roma" liefern primär einen Überblick über eine „kulturelle Identität" und die historischen Wurzeln von „Sinti und Roma" (vgl. Frese 2011, S. 13). Zudem gibt es Veröffentlichungen zur nationalsozialistischen Verfolgung oder über den Minderheitenschutz der „Sinti und Roma" in Europa. Dabei stellen die bestehenden Untersuchungen „kulturelle", soziale, „ethnische" oder regierungs- und kommunalpolitische Elemente unterschiedlich stark in den Vordergrund; so wird das eine Mal eine Anpassung der „Sinti und Roma" gefordert und ein anderes Mal eine Integration ohne Preisgabe der eigenen Identität. Fast allen Untersuchungen ist gemeinsam, dass „Sinti und Roma" selbst kaum oder gar nicht zu Wort kommen (vgl. Strauß 2011, S. 49).

Lucassen (1996, S. 8) verweist darauf, dass diejenigen, die in historischen Quellen als „Zigeuner/innen" bezeichnet werden, nahezu ausnahmslos mit den heutigen „Sinti und Roma" gleichgesetzt und als eine einheitliche „ethnische" Gruppe beschrieben werden.

Der Großteil wissenschaftlicher Beiträge über „Sinti und Roma" hält allenfalls gewisse wissenschaftliche Mindeststandards ein und weist Kulturalisierungstendenzen auf, welche mit vereinfachenden Annahmen über eine klar abgrenzbare und beschreibbare „Kultur", eine theoretisch und empirisch differenzierte Auseinandersetzung mit den Lebenszusammenhängen der jeweils untersuchten Gruppe blockiert. Bislang existieren kaum empirische Erhebungen, die auf der Basis von teilnehmender Beobachtung und Interviews durchgeführt worden sind. Dabei weisen einige Arbeiten darauf hin, dass Widerstände gegen empirische Erhebungen im Feld bestehen. Diese werden jedoch nicht auf ihre Beschaffenheit hin analysiert. Auch lassen sich Untersuchungen finden, welche a priori auf eigene empirische Untersuchungen verzichten und dies mit dem Schutz von „Sinti und Roma" begründen. Durch die pauschale Verwendung dieses Verweises könnte jedoch auch versucht werden, einen gescheiterter Feldzugang zu verbergen, in dem methodische und methodologische Probleme zu einer historischen Theorie der Unterdrückung und Benachteiligung umgebaut werden. So konzentrieren sich Sozial- und Kulturwissenschaftler/innen vielmehr auf die Rekonstruktion von Wanderbewegungen, auf die Verfolgungsgeschichte, Diskriminierung und Ausgrenzung von „Sinti- und Roma" oder auf allgemeine Überblicksdarstellungen und beschränken sich somit auf eine fortwährende Reproduktion desselben Datenmaterials. Damit immunisiert sich der Forschungsbereich weitgehend gegenüber möglichen Irritationen durch empirische Sachverhalte. Das Bild, das die westeuropäische Wissenschaft seit Mitte des 18. Jahrhunderts von den „Zigeunern/innen" entwarf, ist bisher nicht umfassend revidiert worden. Bis heute gibt es nur wenig fundiertes Material zu den Lebensbedingungen „deutscher" Sinti, geschweige denn Untersuchungen über „deutsche" oder eingewanderte „Roma". Dabei ist es vor allem die fehlende Vertrautheit mit der Alltagswelt der „Sinti und Roma", die dazu führt, dass Handlungsweisen fehlinterpretiert, Lesarten vernachlässigt und interessante Ergebnisse in ihrer Bedeutung verkannt werden (vgl. Koch 2005, S. 11 ff.).

Immer wieder wird auf die mangelnde Datenlage zu den Lebenslagen von „Sinti und Roma" im deutschsprachigen Raum hingewiesen (vgl. Open Society Institute – EU Accession Monitoring Program 2002, S. 95; vgl. Strauß 2011, S. 48). Zudem kritisieren internationale Antirassismus-Institutionen des Europarates und der Vereinten Nationen regelmäßig das Fehlen von Statistiken über die „ethnischen" Zugehörigkeiten der Bevölkerung und empfehlen die Erhebung entsprechender differenzierter Daten unter Berücksichtigung der Freiwilligkeit und unter Achtung der Privatsphäre und der Anonymität der betroffenen Personen (vgl. Ausschuss für die Beseitigung der Rassendiskriminierung 2008, S. 3). Argumentiert wird, dass Daten über die Lebenssituation von „ethnischen" Gruppen und Minderheiten zur Sichtbarmachung und Bekämpfung struktureller Diskriminierung beitragen können (vgl. Heinrich Böll Stiftung 2009, S. 27 ff.).

Deutschland entgegnet, seit dem Ende des Zweiten Weltkrieges keine bevölkerungsstatistischen- und sozioökonomischen Daten auf „ethnischer" Basis erheben zu dürfen und begründet dies mit den historischen Erfahrungen in Deutschland, insbesondere im Zusammenhang mit der Verfolgung von Minderheiten in den Zeiten des Nationalsozialismus (vgl. Bundesministerium des Inneren 2011b, S. 12 f.). Die Bundesregierung hebt hervor, dass gegebene gesetzliche Regelungen es verunmöglichen, sensible „ethnische" Daten zu sammeln, so etwa § 3 Absatz 1 des „Rahmenübereinkommens zum Schutz nationaler Minderheiten", die „Bonn-Kopenhagener Erklärungen" aus dem Jahr 1955, § 8 der „Datenschutzrechtliche der Europäischen Gemeinschaft" sowie weitere nationale Vorschriften. Weiter führt die Bundesregierung aus, dass die Erfassung nationaler Minderheiten in den amtlichen Statistiken in Deutschland nicht oder nur mit unverhältnismäßig

6 Forschungslage

hohem Aufwand möglich ist (vgl. Bundesministerium des Inneren 202, S. 10 f.). Hier muss angemerkt werden, dass die statistischen Erhebung „ethnischer" Zugehörigkeiten eine nicht zu unterschätzende Möglichkeit des Missbrauchs der Daten beinhaltet (vgl. Deutsches Institut für Menschenrechte 2008, S. 1 ff.). Problematischerweise weist die Bundesregierung bestimmte Sachverhalte, wie etwa, dass „Roma"-Kinder überproportional in „Sonderschulen" vertreten sind, mit der Argumentation einer nicht verlässlichen statistischen Nachweisbarkeit zurück (vgl. Open Society Institute – EU Accession Monitoring Program 2002, S. 95; vgl. Strauß 2011, S. 49).

Im Gegensatz zu Deutschland hat die Erhebung von statistischen Daten über die Lebenslage von „ethnischen" Minderheiten („Ethnic Monitoring") in Ländern wie England oder den Niederlanden eine lange Tradition. Dabei wird die Möglichkeit hervorgehoben, z. B. das Ausmaß und die Mechanismen von „ethnischen" Diskriminierungen sichtbar machen zu können, aber auch die Wirksamkeit von Gleichstellungsmaßnahmen und Integrationsstrategien verfolgen und nachweisen zu können (vgl. Heinrich Böll Stiftung 2009, S. 4).

Neben der Möglichkeit Erkenntnisse über „ethnisierende" Grenzziehungen bei der sozio-kulturellen Verteilung von Lebenschancen wiederzugeben und tatsächliche Ungleichheitsstrukturen sichtbar zu machen, läuft dieser Ansatz jedoch Gefahr „ethnisierende" Kategorien selbst zu reproduzieren. Da die Bevölkerung dadurch in unterschiedliche „ethnische" Gruppen eingeteilt wird, werden „ethnisierende" Zuschreibungen und Konstruktionen, im schlimmsten Fall, unhinterfragt bestätigt und somit weiter verfestigt. Vielmehr sollte ein selbst-reflexives Selbstbewusstsein in der Bevölkerung gefördert werden, in dem sichtbar gemacht wird, dass Individuen in ihrer Komplexität das Fassungsvermögen eindimensionaler Gruppenzugehörigkeiten überschreiten, sodass sie sich nie ausschließlich einer Kollektividentität zugehörig fühlen (können) (vgl. Nghi Ha 2009, S. 1).

Um den bisherigen Kenntnisstand über die soziale Situation „deutscher Sinti und Roma" darzulegen, stelle ich im Folgenden einige der wenigen Untersuchungen vor, die sich mit der Lebenssituation von „Sinti und Roma" beschäftigt haben. Dabei werde ich zusammenfassend auf ausgewählte Ergebnisse dieser Studien eingehen. Angesichts der Kritik zur bisherigen Forschung, der ein Vorgehen nach unwissenschaftlichen Kriterien vorgeworfen wird, versuche ich auch die jeweiligen Rahmenbedingungen der hier vorgestellten Studien näher zu beleuchten. Vor dem Hintergrund, dass die Untersuchungen besondere öffentliche Aufmerksamkeit erlangt haben, erweist sich dies als besondere Notwendigkeit. Bei der Darstellung beschränke ich mich nicht nur auf die Ergebnisse, die Aussagen über die Altersspanne machen, welche in dieser Forschungsarbeit untersucht wird.

Bisherige empirische Ergebnisse zur soziale Situation von „Sinti und Roma" 7

7.1 „Soziale Situation der Sinti in der Bundesrepublik Deutschland"

Einen ersten genaueren Einblick in die Lebensverhältnisse „deutscher" Sinti versuchte Hundsalz (1982) in seiner sozialwissenschaftlichen Studie „Soziale Situation der Sinti in der Bundesrepublik Deutschland" zu geben. Diese ist im Auftrag des „Bundesministeriums für Jugend, Familie und Gesundheit" entstanden, angeregt durch die Kritik des Europarates von 1975 an den unzureichenden sozialen Bedingungen von „Sinti und Roma" in Europa. Dadurch wurden die Mitgliedsstaaten aufgefordert „Zigeuner/innen" gezielte Hilfen zur Erleichterung der gesellschaftlichen Eingliederung unter Berücksichtigung ihrer „kulturellen" Eigenständigkeit zu bieten, damit ihre Lebensbedingungen der übrigen Bevölkerung angepasst werden (vgl. Hundsalz 1982, S. 27).

Hundsalz führte in seiner Untersuchung, neben der Befragung von Sinti durch 48 Sozialämter, mittels halbstandardisierter Fragebögen, unstrukturierte Gespräche und teilnehmende Beobachtungen mit „deutschen" Sinti durch. Gemäß ihm galt das Hauptinteresse den Familien, die in relativ gesicherten wirtschaftlichen Verhältnissen und weitgehend unabhängig von „Hilfen zum Lebensunterhalt" (HZL) lebten (vgl. ebd., S. 149 ff.). Um „kulturelle" Zuschreibungen nicht zu reproduzieren, verzichte ich hier auf die Wiedergabe der in der Untersuchung gemachten Aussagen, die sich auf eine angenommene „Kultur" der Sinti beziehen, und richte mein Augenmerk auf die anderweitigen Ergebnisse der Studie.

In Bezug auf den Behördenkontakt hatten vornehmlich ältere Familien Schwierigkeiten mit Entschädigungsstellen aus den verschiedensten Gründen geäußert. Da sie nicht lesen und dadurch den Stichtag nicht einhalten konnten, wurden die Ansprüche vieler Sinti von vornherein nicht anerkannt. Viele Betroffenen hatten aus Furcht jegliche Kontakte mit den Behörden gemieden und überhaupt erst keine Entschädigungsansprüche gestellt. Die Schäden derjenigen, die Wiedergutmachungsanträge stellten, wurden vielfach nicht anerkannt. Diejenigen, die Wiedergutmachungsleistungen erhielten, mussten diese größtenteils für Rechtsanwaltskosten einsetzen. Zudem wurden davon erhaltene Sozialleistungen durch das Sozialamt abgezogen, sodass nur noch wenig bis gar kein Geld mehr übrig blieb. Aufgrund ihrer, in der Regel besseren Schulbildung und einer besseren finanziellen Ausgangslage, war es für die finanziell besser gestellten Familien einfacher ihre Interessen bei Behörden durchzusetzen. Negative Erfahrungen wurden von den Befragten aber auch im Umgang mit anderen Behörden geschildert. Insbesondere ärmere Familien sahen sich durch das Sozialamt einer ständigen Kontrolle ausgeliefert. Darüber hinaus wurden Diskriminierungserfahrungen mit dem Wohnungsamt gemacht (vgl. Hundsalz 1982, S. 32 ff.).

Weiter stellte Hundsalz in der Studie, vor allem bei den älteren und finanziell schlechter gestellten Befragten, eine geringe Teilnahme an Politik und politischen Wahlen fest. Dies resultierte oftmals aus Angst vor Diskriminierung. Entsprechendes Engagement beobachtete Hundsalz dort, wo Zusammenhänge und die Bedeutung für die eigene Situation durch die Befragten erkannt wurden, was vornehmlich bei den besser ausgebildeten jüngeren und finanziell besser gestellten Familien der Fall war (vgl. ebd., S. 37).

Mitglied in einem öffentlichen Verein waren nur wenige Befragte. Von insgesamt 700 Haushalten war nur in 61 (8,3 %) mindestens eine Person Mitglied in einem Verein. Dies waren vornehmlich Angel- oder Sportvereine. Dabei waren mehr als dreimal so viele Personen aus finanziell und sozial bessergestellten Familien Vereinsmitglieder, als diejenigen, die HZL bezogen haben (vgl. ebd., S. 38).

Der Kontakt zu Nicht-Sinti gestaltete sich bei den finanziell bessergestellten Familien weitreichender als bei den Familien, die oft „isoliert" in Gettos lebten und oftmals von HZL abhängig waren. Letztere hatten manchmal weder Radio noch Fernsehen, sodass sie auch von den Nachrichten abgeschnitten waren. Jedoch hatten auch sie den Wunsch nach Kontakten und Beziehungen zu „Deutschen" geäußert, insbesondere die jüngeren Befragten. Mischehen unter den Befragten bestanden etwa zu 15 %, vornehmlich unter den jüngeren Personen. Hier war der Ehemann meist ein Sinto und die Frau eine Deutsche (vgl. ebd., S. 39 ff.).

Bezüglich des Reisens waren, von 681 befragten Haushalten, über 50 % weniger als durchschnittlich einen Monat im Jahr mit ihren Familien in einem Wohnwagen unterwegs. In dieser Form gingen 15 % der Familien überhaupt nicht mehr auf die Reise. Die Meisten reisten nur noch während der Ferienmonate ihrer Kinder. Da weniger als 10 % der Familien das ganze Jahr hindurch auf der Reise waren bezeichnete Hundsalz sie als sesshaft. Dabei waren die finanziell bessergestellten Familien früher sesshaft geworden als diejenigen, die HZL bezogen. Auch war unter den Ersteren der Anteil an ständig reisenden Familien geringer, was Hundsalz auf eine bessere und schnellere Anpassung ihrer Tätigkeiten an die veränderte wirtschaftliche Situation in Deutschland zurückführte. Jedoch gingen diese tendenziell länger auf die Reise als die ärmeren Familien. Gründe des Nicht-Reisens waren ein hohes Alter, gesundheitliche Beschwerden, unzureichende finanzielle Mittel zum Erwerb eines Fahrzeuges sowie Diskriminierung und Behinderungen sowohl während der Reise als auch auf der Suche nach geeigneten Stellplätzen. Die Motive des Reisens reichten von Verwandtschaftsbesuchen, dem Handel mit Waren, Urlaub und Erholung bis hin zu Wallfahrten. Die Bezeichnungen „Fahrendes Volk" und die amtliche Bezeichnung „Landfahrer" wurden von allen Befragten als diskriminierend bewertet (vgl. Hundsalz 1982, S. 45 ff.).

Bezüglich des Schulbesuchs der Kinder der befragten Sinti-Familien stellte Hundsalz fest, dass von 861 nur 6 Kinder (ca. 1 %) ihrer Schulpflicht gar nicht nachkamen, 25 bis 30 % der Kinder besuchten die Schule nur unregelmäßig oder sogar sehr unregelmäßig. Dabei ließ der Schulbesuch mit zunehmendem Alter nach, was Hundsalz mit deren, im Vergleich zu „deutschen" Kindern, stärkeren Einbindung in das Familiensystem begründete. So mussten die älteren Kinder oftmals die Verantwortung für ihre jüngeren Geschwister übernehmen, aber auch zum Unterhalt der Familie beitragen, indem sie ihre Eltern in der Erwerbstätigkeit unterstützen. Dies wurde bei Mädchen und Jungen gleichermaßen angetroffen. Jedoch bestand die Tendenz, dass vor allem die Eltern aus finanziell und sozial bessergestellten Familien, der Schule eine stärkere Bedeutung beimaßen und darauf achteten, dass auch die älteren Kinder regelmäßig den Unterricht besuchen. Von 855 befragten Haushalten hatten 268 Kinder die Sonderschule besucht, was nach Hundsalz Berechnungen etwa 25 bis 30 % der Sonderschulkinder entsprach und unter dem Bundesweiten Durchschnitt von 3 Prozent, aus dem Jahr 1978, lag. Bei dieser Ergebnisdarstellung von Hundsalz wird jedoch nicht deutlich, wie viele Kinder es insgesamt innerhalb der Haushalte gab. Diese 25 bis 30 % wurden laut der Studie nur noch von den Kindern aus Obdachlosenfamilien übertroffen, deren Anteil an Sonderschulen 1977 durchschnittlich 40 bis 60 % betragen hatte. Dabei war der Anteil der Sonderschüler aus finanziell bessergestellten Familien geringer als bei den Familien die HZL bezogen. Eine weiterführende Schule wurde nur von 1 bis 2 % der Sinti-Kinder besucht, unabhängig von der finanziellen und sozialen Lage der Familien. Schulische Schwierigkeiten bei Sinti-Kindern resultierten, laut Hundsalz, aus der bestehenden Diskriminierung durch Lehrer/innen und Mitschüler/innen sowie deren „kulturell bedingter Andersartigkeit". Insbesondere Eltern, die HZL bezogen und nicht in Obdachlosensiedlungen lebten, berichteten von einer Diskriminierung ihrer Kinder durch Lehrer/innen und Mitschüler/innen. Einige Eltern waren der Schule gegenüber auch kritisch und distanziert eingestellt, was Hundsalz auf die Erfahrungen von Sinti im Dritten Reich zurückführte. Finanziell und sozial bessergestellte Familien waren der Schule gegenüber positiver eingestellt. Den Vorschlag, bestehende schulische Defizite in Sonderklassen oder -schulen zu kompensieren, lehnten nahezu alle Eltern ab, da dadurch ein Außenseiterstatus der Kinder erhalten würde (vgl. Hundsalz 1982, S. 57 ff.).

Bezüglich der Schulbildung der erwachsenen Sinti hatten ca. 46 % (678 von 1461 Personen) keine abgeschlossene Schulausbildung und 33 % (496 von 1461 Personen) keinerlei Schulbildung. Die Schulbildung der jüngeren Erwachsenen sowie der finanziell Bessergestellten zeigte sich positiver als die der älteren Sinti sowie der Personen die HZL bezogen. Eine abgeschlossene Schulausbildung wiesen 150 von 602 (25 %) der finanziell bessergestellten Personen auf. Bei den HZL-Empfänger/innen waren es 130 von 859 (15 Prozent), die eine Schulausbildung abgeschlossen hatten. Unabhängig vom finanziellen Hintergrund stieg der Prozentsatz der Personen ohne jegliche Schulausbildung mit zunehmendem Alter stetig an. Je jünger die Altersgruppe war, desto weniger fanden sich dort Personen mit keinerlei Schulausbildung und umso mehr mit einer abgeschlossenen Schulausbildung. Hundsalz sah in diesen Ergebnissen den Hinweis darauf, dass die Schulbildung bei den Sinti immer mehr an Bedeutung gewinnt. Es bestanden 589 von 1604 Sinti (35 %) waren Analphabeten. Etwa 20 % derjenigen, welche die Schule besucht aber nicht abgeschlossen hatten, konnten nicht lesen und schreiben. Bei den finanziell Unabhängigen waren weniger Analphabeten als bei den HZL-Beziehern vorhanden. Bei den Befragten, die nicht lesen und schreiben konnten, bestand jedoch ein starker Wunsch, dies zu lernen. 90 von 1521 befragten Erwachsenen (6 %) hatten eine bürgerliche Berufsausbildung abgeschlossen. „Relativ oft" hatten die Befragten berichtet, dass sie an einer Berufsausbildung nicht interessiert sind, da sie diese nicht für notwendig halten. Gründe hierfür waren ein niedriger sozialer Status und vergleichsweise geringe Einkünfte in der Ausbildung. Zudem wurden die Befragten am Arbeitsplatz häufig diskriminiert, was ihre Motivation, sich institutionell weiterzubilden, verringerte. Jüngere Befragte konnten jedoch häufiger eine abgeschlossene bürgerliche Berufsausbildung vorweisen. Weiter hatten Erwachsene aus finanziell und sozial bessergestellten Familien häufiger eine bürgerliche Berufsausbildung absolviert. Die abgeschlossenen Berufsausbildungen der männlichen Befragten waren geprägt von technischen- und handwerklichen Ausbildungen, wie Maschinenschlosser, KFZ-Mechaniker oder Tankwart. Weniger waren Ausbildungen als Maler, Metzger oder Friseur absolviert worden. Sehr viele Befragte hatten eine Ausbildung an einer Musikhochschule oder einem Konservatorium durchlaufen. Bei den weiblichen Befragten überwogen eher Dienstleistungsberufe, vor allem als Verkäuferin. Einige hatten auch eine Hauswirtschaftslehre oder eine Lehre zur Schneiderin oder Näherin absolviert. Fast 65 % (540 von 823 Personen) der nicht arbeitslosen Erwachsenen waren selbstständige Händler/innen. Dabei hatten die finanziell Bessergestellten eher mit Teppichen, Antiquitäten und Textilien gehandelt, während die HZL-Empfänger/innen eher im Schrotthandel und dem Handel mit Kurzwaren tätig waren. Etwa 14 % übten eine andere selbstständige Tätigkeit aus und 20 % waren einer lohnabhängigen Arbeit nachgegangen. Sehr viele Befragte hatten berichtet, dass Unabhängigkeit und Selbstständigkeit bei der Berufswahl für sie eine große Rolle spielt und sie sich deshalb nicht vorstellen können, in einem festen Arbeitsverhältnis zu stehen. Jedoch begründeten auch viele ihre selbstständige Tätigkeit mit dem Mangel an Alternativen, aufgrund fehlender schulischer- oder beruflicher Qualifikation. Hier vermerkte Hundsalz, dass der in der Literatur häufig vorzufindende überbetonte Wunsch nach Selbstständigkeit und Unabhängigkeit der Sinti, als „veraltete, romantisierende Sichtweise" zurückgewiesen werden kann. Die Arbeitsbiografien vieler Befragter zeigten, dass einige sogar mehrmals in ihrem Leben versuchten eine feste Tätigkeit anzunehmen, dies aufgrund von Diskriminierung jedoch erschwert bzw. verunmöglicht wurde. Einige berichteten, ihre Arbeitsstelle verloren zu haben, nachdem ihre Identität als „Zigeuner/innen" bekannt wurde. Bei Fortführung des Arbeitsverhältnisses sind sie dann durch ihre Arbeitgeber/innen kritischer beurteilt worden. Die Arbeitslosenquote lag bei den erwachsenen Befragten aus finanziell bessergestellten Familien bei 20 % (127 von 643 Personen). Dies war im Vergleich zum Bundesdeutschen Durchschnitt deutlich mehr. Der Anteil der Arbeitslosen bei den HZL-Empfängern lag bei 42,3 % (437 von 1033 Personen). Hundsalz merkte hierbei an, dass selbstständig arbeitende Personen offiziell auch als arbeitslos wahrgenommen werden konnten (vgl. Hundsalz 1982, S. 69 ff.).

Bezüglich der Wohnsituation der Befragten lebten die meisten Familien innerhalb der Stadt- und Gemeindebezirke und waren eher nicht in den Randbezirken der Städte zu finden. Viele Familien, die in gemischten Wohngebieten lebten, hatten ihre Identität als „Zigeuner/innen" in der jeweiligen Nachbarschaft nicht öffentlich gemacht. Jedoch äußerten viele Befragte Diskriminierungserfahrungen mit der Nachbarschaft. In wenigen Fällen legten sich anfängliche Vorbehalte und es entstand ein gutes Verhältnis mit der Nachbarschaft. Die Wohnungen der Befragten lagen meist in der Nähe nahestehender Verwandter, wie z. B. der verheirateten Kinder oder der Eltern. Von den Familien, die HZL bezogen, lebte ein Großteil auf einem Standplatz, oft in einem Wohnwagen. Nach Auflösung dieser Plätze wies man den dort lebenden Familien eine Wohnungen in einer Obdachlosensiedlung zu, die von den Befragten meist nur unfreiwillig bezogen wurde. Festgestellt wurde, dass die Verweildauer in solchen Obdachlosensiedlungen sehr hoch war und sich häufig noch bei der nächsten Generation fortsetzte. Hundsalz verwies hierbei auf die Bedeutung von Stigmatisierungsmechanismen, denen Sinti-Familien ausgesetzt waren, insbesondere die ökonomisch Schlechtergestellten. Während über zwei Drittel der HZL beziehenden Familien in Notunterkünften oder Einfachstwohnungen leben mussten, hatten die meisten finanziell und sozial besser ausgestatteten Familien in Normalwohnungen oder Wohnungen besserer Qualität gelebt. Letztere lebten dabei auch vielfach in einem eigenen Haus. Insgesamt standen der finanziell und sozial bessergestellten Gruppe eine größere Wohnfläche als auch eine größere Anzahl von Wohnräumen zur Verfügung. Jedoch waren die Wohnungen der Befragten im Vergleich zum bundesweiten Durchschnitt um einen Raum kleiner. Die Mehrzahl der Befragten nahmen ihre Wohnungen jedoch als ausreichend groß war und beklagten sich eher über die Lage und die Problematik der Gettoisierung (vgl. Hundsalz, 1982, S. 109 ff.).

Die Ergebnisse von Hundsalz scheinen vielfach in Abhängigkeit zu den finanziellen und sozialen Ressourcen der jeweiligen Familien zu stehen, was in der Studie relativ gut dargestellt wird. Interessanterweise findet jedoch nur eine sehr vereinfachende Rezeption dieser Ergebnisse durch andere Autoren/innen statt, sodass der Punkt der ökonomischen Ausstattung der jeweiligen Personen weitgehend unberücksichtigt bleibt (siehe etwa Strauß 2011, S. 17).

Kritisch an der Untersuchung von Hundsalz anzumerken ist, dass sie viele methodische Schwächen aufweist. Erschreckend ist dies insbesondere vor dem Hintergrund, dass sie vom Bundesministerium herausgegeben wurde. So wurde in der Studie nirgends erwähnt, wie groß die Befragtengruppe insgesamt war. In den Ergebnissen, die manchmal als Tabellen dargestellt wurden, finden sich jeweils unterschiedliche Befragtenzahlen. Mit einem einzigen Hinweis gegen Ende der Studie macht er deutlich, dass die Forschungsgruppe insgesamt zu 132 Sinti persönlichen Kontakt hatte. Zwar betont Hundsalz in seiner Studie einleitend, dass er den Schwerpunkt auf Familien legt, die unabhängig von Hilfen zum Lebensunterhalt leben, jedoch finden sich in nahezu allen Tabellen fast doppelt so viele Haushalte, die HZL beziehen. Dies hängt vielleicht auch damit zusammen, dass die qualitativ befragten Personen fast ausschließlich durch die Methode des „Schneeballsystems" gewonnen wurden, was jedoch von Hundsalz selbst kritisch angemerkt und nur als bedingt repräsentativ beschrieben wird (vgl. Hundsalz 1982, S. 150 f.). Die Ergebnisse der qualitativen Befragungen und die der Fragebogenerhebungen wurden zudem gemeinsam in einer Gesamtstatistik verrechnet, was wenig Transparenz über die jeweiligen Aussagen bietet. Wünschenswert und wichtig wäre auch eine bessere Aufgliederung der Darstellung über die Altersgruppen und ihre getroffenen Aussagen gewesen, da die älteren Befragten vielfach völlig andere Erfahrungshintergründe hatten, insbesondere im Hinblick auf den Nationalsozialismus. Zu kritisieren ist auch Hundsalz Annahme einer besonderen „kulturellen Identität" und „kulturellen Andersartigkeit" von „Sinti und Roma" gegenüber den

„Deutschen", die er neben der (Aus-)bildungs-, Arbeits- und Wohnsituation zu beschreiben versucht. Zwar wird der Begriff die „Deutschen" in Anführungsstriche gesetzt, jedoch markiert dessen Verwendung die Herstellung von Grenzen zwischen „Deutschen" und Sinti, obwohl letztere auch deutsche Staatsbürger waren und sind. Schlussendlich finden sich auch schlichtweg Berechnungsfehler in der Darstellung der Ergebnisse (vgl. ebd., S. 38).

7.2 „Die Lage der Sinti und Roma in Deutschland"

2002 veröffentlichte das „EU Accession Monitoring Program" (EUMAP) des „Open Society Instituts" (OSI), heute „Open Society Foundations" (OSF) (Open Society Foundations 2012, S. 1), den Bericht „Monitoring des Minderheitenschutzes in der Europäischen Union: Die Lage der Sinti und Roma in Deutschland". Dabei konzentriert sich die Arbeit von EUMAP auf die Einhaltung der politischen Kriterien für die Mitgliedschaft in der EU durch die Regierungen, die unter anderem Schutz für ihre Minderheiten garantieren sollen. Die Ergebnisse des Berichts, von denen einige im Folgenden wiedergegeben werden, basieren auf bestehenden Untersuchungen, statistischen Daten und Berichten über Minderheiten sowie Interviews, die von den Berichterstattern geführt wurden, um die Lage einer Minderheitengruppe einschätzen zu können (vgl. Open Society Institute – EU Accession Monitoring Program 2002, S. 9 f.).

In seiner Untersuchung bezeichnete das EUMAP die Kinder von „Sinti und Roma" beim Zugang zu Bildung als ernsthaft benachteiligt. Viele Vertreter/innen der „Sinti und Roma" berichteten, dass die Überweisung auf Sonderschulen unverhältnismäßig hoch ist und oftmals willkürlich geschieht. Aufgrund von Sprachschwierigkeiten oder fehlender Bildung sind sich viele „Sinti- und Roma"-Eltern über die Folgen einer solchen Maßnahme nicht im Klaren. Zudem steigt bei den Eltern die Bereitschaft weitere Kinder auf die Sonderschule zu schicken, wenn bereits ein Kind die gleiche Schule besucht, um die Trennung der Kinder zu vermeiden. Zwar sind die Bedingungen an Sonder- und Förderschulen nicht schlechter als in den Regelschulen, jedoch werden diese Kinder eher auf einfache Arbeiten vorbereitet und weniger auf eine weitergehende oder höhere Ausbildung, was ihren Zugang zu besseren Arbeitsmöglichkeiten blockiert. Einige Fachleute kritisierten den selektiven Charakter des Schulsystems, in welchem diejenigen Kinder mit schwächeren Deutschkenntnissen oder einem unterschiedlichen „kulturellen" oder sozialen Hintergrund, zusammen mit Kindern, die langsamer lernen, herausgesiebt werden (vgl. ebd., S. 97 ff.).

Bezogen auf Berlin zeigte eine Studie des „Europäischen Migrationszentrums" von 2001, dass Minderheiten, aber auch Kinder ohne deutsche Staatsangehörigkeit, in Bildungseinrichtungen über dem Grundschulniveau stark unterrepräsentiert als auch in Sonderschulen überrepräsentiert waren. So machten Minderheiten und Menschen ohne deutsche Staatsangehörigkeit etwa 13 % der Berliner Bevölkerung aus, jedoch waren bis zu 20 % der Schüler/innen in Sonderschulen ihrer „ethnischen" Zugehörigkeit nach keine „Deutschen". EUMAP konstatierte eine Konzentration von Minderheiten an bestimmten Schulen, besonders in jenen, die in „ethnischen" Stadtteilen liegen. Dieser Sachverhalt wirke der Integration der Schüler/innen in die Gesellschaft entgegen. Weiter bemängelte der Bericht das Fehlen von unterstützenden staatlichen Initiativen, um der wachsenden Tendenz einer „ethnischen" Segregation an den Schulen zu begegnen. Oftmals ginge diese Tendenz mit der Segregation von Wohngegenden einher (vgl. Open Society Institute – EU Accession Monitoring Program 2002, S. 99).

EUMAP wies darauf hin, dass die allgemeine Auffassung bestehe, dass „deutsche Sinti und Roma" zweisprachig sind und nur „ausländische Roma" Sprachschwierigkeiten haben. Jedoch bestehen geringe Deutschkenntnisse auch bei Kindern „deutscher Sinti und Roma", was womöglich zu der Auffassung von Lehrern/innen beiträgt, dass diese Kinder besser in einer Sonderschule aufgehoben sind. Viele Vertreter/innen der „Sinti und Roma" wiesen darauf hin, dass sich Leistungsprobleme oftmals auf die Zweisprachigkeit der Kinder zurückführen lassen, dies von Lehrern/innen jedoch als allgemeine Leistungsschwäche ausgelegt wird. Das Komitee zur Beseitigung jeder Form von Rassendiskriminierung betonte, in seinen Empfehlungen bezüglich des Bildungsbereiches, die Notwendigkeit, die Ausgrenzung von „Roma"-Schülern/innen soweit als möglich zu verhindern und Möglichkeiten für zweisprachigen oder muttersprachlichen Unterricht zu bieten. Außer Hamburg bietet bisher kein Land Unterricht in Romanes an staatlichen Schulen an. Laut Bundesregierung entspreche dies nicht dem Elternwunsch der Mehrheit der „deutschen" Sinti, die darauf bestehe, ihre Sprache ausschließlich innerhalb der Familie und Familienverbände zu pflegen. Deshalb wird, abgesehen von einem Pilotprojekt, Romanes an den deutschen Schulen nicht gelehrt. Einige „Roma"-Organisationen begrüßen jedoch den Einbezug des Romanes in den Unterricht und unterstützen Maßnahmen der Verschriftlichung. Zwar bestehen ein paar Unterrichtsmaterialien zum Thema „Sinti und Roma", jedoch kritisieren deren Vertreter/innen, dass die schulischen Curricula keine angemessenen Informationen über die Geschichte und „Kultur" der „Sinti und Roma" oder über deren Schicksal im Nationalsozialismus beinhalten, und verlangen eine bessere Aufklärung. Sie weisen darauf hin, dass die Bilder von „Sinti und Roma", die in den Texten und Schulbüchern vermittelt werden, von Vorurteilen geprägt sind (vgl. ebd., S. 100 f.).

7.2 „Die Lage der Sinti und Roma in Deutschland"

Weiter führte EUMAP aus, dass „Sinti- und Roma"-Kinder kaum den Kindergarten besuchen und so ohne Vorbereitung in die Grundschule kommen. Darüber hinaus erschwerten die schlechten Lebensbedingungen vielen „Sinti- und Roma"-Kindern die Erledigung der Hausaufgaben. Aufgrund einer fehlenden Schulausbildung oder mangelnder Deutschkenntnisse könnten viele Eltern ihre Kinder nicht unterstützen. Gleichzeitig werden die Kinder anhand standardisierter Tests eingestuft, die, nach Auffassung einiger Sozialarbeiter/innen, weniger das intellektuelle Potenzial bewerten, als vielmehr gewisse Lerntechniken voraussetzten, wie etwa die Fähigkeit, einen Stift halten zu können. Dadurch werden „Roma"-Kinder unverhältnismäßig benachteiligt, denen solche Erfahrungen oftmals fehlen. In mehreren Bundesländern sind Projekte zur Schulvorbereitung von „Sinti- und Roma"-Kindern entstanden, die „Sinti- und Roma"-Organisationen in Zusammenarbeit mit den Schulbehörden durchführen. Das „Schaworalle-Projekt" des „Fördervereins Roma e. V." in Frankfurt am Main wurde von vielen „Roma" als positives Beispiel für die Bereitstellung des notwendigen vorschulischen Unterrichts für „Roma"-Kinder genannt (vgl. Open Society Institute – EU Accession Monitoring Program 2002, S. 101).

Hinsichtlich des Umgangs mit „Sinti- und Roma"-Kindern in der Schule zeigten sich in Interviews mit einzelnen Sozialarbeitern/innen sowie Lehrern/innen aus verschiedensten Bundesländern, stereotypisierende Einstellungen. So machten diese geltend, dass „Sinti- und Roma"-Kinder *„ihnen innewohnende Lernschwierigkeiten"* und eine *„charakteristische Unfähigkeit zur Konzentration"* zeigten, *„nicht die Geduld haben, eine Unterrichtsstunde lang zu sitzen"*, *„nicht für die Schule geschaffen seien"* und *„besser in einer Förderschule etwas Praktisches lernen"* (Open Society Institute – EU Accession Monitoring Program 2002, S. 103.).

„Roma"-Eltern berichteten von alltäglichen verbalen und manchmal sogar körperlichen Angriffen von Mitschülern/innen auf ihre Kinder, und dass Lehrer/innen manchmal nicht dagegen eingreifen. Einzelne „Sinti- und Roma"-Familien in Köln gaben an, dass ihre Kinder regelmäßig Opfer verbaler Schikanen sind. So wurden sie etwa mit *„Zigeuner – raus!"* oder *„Zigeuner – zum Gas!"* beschimpft (Open Society Institute – EU Accession Monitoring Program 2002, S. 104). Ein Anwalt, der mit dem „Verband Deutscher Sinti und Roma Niedersachsen" arbeitete, versuchte vergeblich das Niedersächsische Kultusministerium auf Lehrer/innen aufmerksam zu machen, die „Sinti- und Roma"-Kinder verbal beleidigt und vorgeblich sogar geschlagen hätten. Darüber hinaus berichteten einige „Roma"-Eltern von einer Tendenz der Lehrer/innen Beschwerden wegen Belästigung zu ignorieren, während andererseits Disziplinarmaßnahmen gegen „Roma"-Kinder oft ergriffen würden, wie etwa deren Überweisung auf Sonderschulen aufgrund angeblicher *„Verhaltensprobleme"*, *„ungezügeltem Temperament"* und *„Aggressivität"* (Open

Society Institute – EU Accession Monitoring Program 2002, S. 105.) Einige „Sinti- und Roma"-Kinder würden deshalb ihre Identität verbergen, um sowohl die Schule beenden zu können als auch ihre Chancen für einen Arbeitsplatz nicht zu gefährden (vgl. Open Society Institute – EU Accession Monitoring Program 2002, S. 105). Bestehende Forschungsergebnisse deuteten darauf hin, dass Kinder von Minderheiten und von „Ausländern" regelmäßig nicht einmal die Hauptschule absolvieren. Laut EKRI (2000) ist die Zahl der vorzeitigen Schulabgänger bei diesen Gruppen besonders hoch. „Sinti- und Roma"-Kinder schienen häufiger und früher die Schule abzubrechen als andere Gleichaltrige. Fehlzeiten und Schulabbrüche unter „Sinti- und Roma"-Kindern konnten durch verschiedene Projekte von „Sinti- und Roma"-Vereinigungen in Zusammenarbeit mit Eltern und der Länder verringert werden. Trotz der Beteiligung von Moderatoren/innen, die selbst z. B. Sinti sind, bestehen die Probleme in einigen Bundesländern dennoch weiterhin. Vertreter/innen der „Sinti und Roma", wie auch einige Schulbeamte, waren der Meinung, dass die hohen Abbrecherzahlen ein Zusammenspiel verschiedener Faktoren sind: der ungenügenden „interkulturellen" schulischen Curricula, der Diskriminierung aber auch der Ausgrenzung in Sonderschulen, welche die späteren Berufsperspektiven einschränken und zudem stigmatisierend wirken. Dadurch könnten Eltern den schulischen Nutzen infrage stellen. Die Bundesregierung erkannte die Schwierigkeiten für „Sinti- und Roma"-Schüler/innen an (vgl. Open Society Institute – EU Accession Monitoring Program 2002, S. 88 ff.). In ihrem ersten Bericht zum Rahmenübereinkommen (1999) beschrieb sie deren Ursachen wie folgt:

> Ursache dieser Defizite ist zum einen der schwere Übergang vom traditionellen Verständnis der Familie als allumfassende Sozialgemeinschaft zur modernen Gesellschaft mit Schulpflicht und meist außerhalb der Familie stattfindender Berufsausbildung. Zum anderen haben aber bei den Eltern bzw. Großeltern noch vorhandene Abwehrreaktionen gegenüber der öffentlichen Schule ihren Einfluss, die aus der Ausgrenzung dieser Menschen und ihren negativen Erfahrungen in der Schule sowie dem nachfolgenden Abgeschnittensein von jeglicher Bildung während der Verfolgung durch die NS-Gewaltherrschaft herrühren. (Bundesministerium des Inneren 1999, S. 98 f.)

Zudem zeigen Ergebnisse, dass der Ausbau von Förderschulen von den Regierungen verstärkt wurde. Sie sehen in dieser Maßnahme ein Mittel zur Gleichstellung von „Sinti- und Roma"-Kindern. Zumindest erkannte die Bundesregierung an, dass langfristig nur solche Initiativen erfolgreich sein können, die mit Einverständnis, Willen und mitverantwortlicher Beteiligung der Betroffenen vor Ort geschaffen werden. Eine angemessene und dauerhafte finanzielle Unterstützung für Initiativen von Nicht-Regierungs-Organisationen, die für gleiche Bildungschancen für „Sinti und Roma" kämpften, war 2002 jedoch nicht sichergestellt gewesen. Auch fehlte zu diesem Zeitpunkt eine systematische Evaluation bisheriger Projekte (vgl. Open Society Institute – EU Accession Monitoring Program 2002, S. 106 f.).

7.2 „Die Lage der Sinti und Roma in Deutschland" 51

Eine spezielle und umfassende Gesetzgebung, die „ethnische" oder rassistische Diskriminierung auf dem Arbeitsmarkt verbietet, gibt es, laut EUMAP, nicht. Zwar ist es möglich diskriminierende Praktiken auf Grundlage des Grundgesetzes zu sanktionieren, doch wurden nur sehr wenige solche Fälle verhandelt. Zwar bestehen einzelne verstreute Antidiskriminierungsbestimmungen, diese decken jedoch nicht alle Formen von Diskriminierung ab. Nicht darunter fällt etwa die Aufforderung zur Diskriminierung, sofern diese nicht mit schwerwiegender Bedrohung oder gewaltsamen Zwang einhergeht, der strafrechtlich relevant ist (vgl. ebd., S. 107 f.).

Eine starke Diskriminierung von Minderheitengruppen, die oftmals als „Ausländer" wahrgenommen werden, gibt es bei der Neueinstellung. Laut einer Studie der „Internationalen Arbeitsorganisation" (ILO) (1996) herrschte auf dem deutschen Arbeitsmarkt ein hohes Maß an Diskriminierung von Ausländern, insbesondere in den Bereichen, die höhere Qualifikationen erfordern. 2001 zeigten Untersuchungen des „Landeszentrums für Zuwanderung" in Zusammenarbeit mit dem „Aachener Pädagogischen Zentrum" und der Berliner Forschungsstelle INFIS, dass unter Bewerbern/innen mit identischen Qualifikationen weiße Bewerber/innen mit deutschen Namen und bei Telefoninterviews Bewerber/innen ohne Akzent von den Arbeitgebern/innen deutlich bevorzugt würden. Zwar gibt es keine Untersuchungen über die Diskriminierung von „Sinti und Roma", jedoch weisen Minderheitenvertreter/innen darauf hin, dass Antiziganismus und negative Vorurteile über „Sinti und Roma" massive Diskriminierung auf dem Arbeitsmarkt bedeuten. Die Hürden beim Zugang zu Arbeit sind, laut beratendem Ausschuss, für das Rahmenübereinkommen für „Sinti und Roma" weitaus höher, als für die übrige Bevölkerung. Einige sind oftmals bereits aufgrund mangelnder formeller Ausbildung vom Zugang zu einer Reihe von Beschäftigung ausgeschlossen. Vertreter/innen berichteten mehrfach, dass „Sinti und Roma" bei der Arbeitssuche abgelehnt wurden oder mehrere Bewerbungsgespräche führen mussten, wenn sie sich als Kassierer/in oder als Bedienung in Läden oder Restaurants bewarben. Gewöhnlich herrscht ein Misstrauen seitens Arbeitgebern/innen, und viele halten sich bei einer Anstellung zurück, so Betroffene (vgl. Open Society Institute – EU Accession Monitoring Program 2002, S. 108 ff.).

Die Angst vor Diskriminierung bei der Einstellung und vor einer willkürlichen Entlassung veranlassten viele „Sinti und Roma", ihre Identität zu verheimlichen. Um „kein Risiko einzugehen" machten die meisten der im Bericht interviewten „deutschen Sinti und Roma" mit Festanstellung ihre Identität bei der Arbeit nicht öffentlich. Zwar gibt es keine Erfassung der „ethnischen" Zugehörigkeit auf Arbeitsunterlagen oder bei Bewerbungen, jedoch könnten bspw. die Adressen der Bewerber/innen ein Hinweis darauf sein, dass es sich bei ihnen um „Sinti und Roma" handelt, da diese oftmals in geschlossenen Wohngebieten leben, die als

Anschriften von „Zigeuner/innen" bekannt sind. Die Ausgrenzung beim Wohnen fördert somit die „ethnische" Kennzeichnung und Diskriminierung auf dem Arbeitsmarkt. Ähnliches wurde dort berichtet, wo „Sinti und Roma" in geschlossenen Siedlungen leben. Eine Diskriminierung beim Zugang zum Arbeitsmarkt ist schwierig nachzuweisen, folglich gibt es nur extrem selten formelle Anzeigen und Gerichtsverfahren. Entweder verfügen die Betroffenen über keine Beweise darüber diskriminiert worden zu sein, zweifeln an ihren Aussichten ein Verfahren zu gewinnen oder wissen schlichtweg nicht, wie sie rechtlich dagegen vorgehen könnten (vgl. ebd., S. 110 f.).

Aufgrund der fehlenden statistischen Erhebung ist die Arbeitslosenrate unter „Sinti und Roma" schwer festzustellen. Vertreter/innen berichteten von einer unverhältnismäßig hohen Anzahl Arbeitsloser unter „Sinti und Roma". Schätzungen reichten von 60 bis 90 Prozent, deren Gründe auf die Diskriminierung seitens privater und öffentlicher Arbeitgeber/innen sowie auf den niedrigen Ausbildungsstand zurückgeführt wurden. Einige Experten/innen verwiesen darauf, dass die hohen Schätzungen der Arbeitslosigkeit unter „Sinti und Roma" auch ein Ergebnis informeller Beschäftigung sein könnten; selbstständige Personen könnten von den Behörden als arbeitslos wahrgenommen werden. Jedoch führe diese Form der Selbstständigkeit oftmals zu eingeschränkter sozialer Sicherung, wie Kranken- oder Rentenversicherung, zu unregelmäßigem Einkommen und Abhängigkeit von sozialen Hilfen. Problematisch erweist sich die Struktur des sozialen Sicherungssystems in Deutschland dahin gehend, dass hier nicht berücksichtigt wird, dass bestimmte Menschengruppen aufgrund von Diskriminierung bei Neueinstellung nicht in der Lage sein könnten Arbeit zu finden. Unterstützungen könnten einfach gekürzt oder gar gestrichen werden und würden somit zu einer weiteren Diskriminierung der Betroffenen beitragen (vgl. Open Society Institute – EU Accession Monitoring Program 2002, S. 111 f.).

Zudem wiesen Vertreter/innen von „Sinti und Roma" darauf hin, dass, aufgrund „kultureller" Tabus, Angehörige manchmal bestimmte Arbeiten nicht annehmen könnten, wie etwa Arbeiten in Krankenhäusern, auf Friedhöfen (die als unreine Orte gelten) oder mit Abfall. Dies werde von verantwortlichen Arbeitsämtern mitunter ignoriert oder unsensibel behandelt. Da keine gesetzlichen Bestimmungen bestehen, die vor indirekter Diskriminierung schützen könnten, sind die Chancen solche Fälle gerichtlich wirksam anzufechten gering. So kann der Anspruch auf Unterstützungsleistungen verloren gehen, selbst wenn es sich hier um eine „Gewissensentscheidung" handelt. Einzelne Bundesländer hatten versucht die hohen Arbeitslosenquoten unter „Sinti und Roma" durch verschiedene Arbeitsbeschaffungsprojekte zu verringern, ihre Wirkung war jedoch nur begrenzt. Bisherige Projekte hierzu sind ebenso wenig umfassend evaluiert worden, wie im Bereich der

7.2 „Die Lage der Sinti und Roma in Deutschland"

(Aus-)Bildung. Dies erschwert es, positive Einflüsse zu identifizieren und systematischere politische Maßnahmen zu entwickeln, um die Benachteiligung von „Sinti und Roma" in diesen Bereichen zu verringern (vgl. ebd., S. 112 ff.).

Beim Zugang zu Wohnraum und anderen Dienstleistungen existiert keine spezielle Gesetzgebung, die Diskriminierung verbietet, abgesehen von den allgemeinen Bestimmungen des Grundgesetzes. Die Lebensbedingungen der Mehrheit der „Sinti und Roma" scheinen unterdurchschnittlich zu sein. Gründe dafür sind Armut und Abhängigkeit von sozialen Hilfen, langjährige Vernachlässigung der Behörden sowie Diskriminierung beim Zugang zu privatem Wohnungsbau. Besorgt zeigt sich das „Komitee zur Beseitigung Rassischer Diskriminierung" über bestehende „ethnische" Ausgrenzung bei der Versorgung mit Wohnraum. Laut Bundesregierung leben Menschen derselben „ethnischen" Gruppe häufig in abgegrenzten Gemeinschaften, da dies ihren „eigenen Wünschen" entspreche. Es wird davon ausgegangen, dass „Sinti und Roma" es vorzögen, zusammenzuleben, obwohl die meisten sogenannten „Sinti-Siedlungen" nach dem Krieg entstanden sind, zu der Zeit als deutsche „Sinti und Roma" aus den Konzentrationslagern befreit wurden. Meist sind die Siedlungen in den am wenigsten attraktiven Gebieten errichtet worden, unter Bedingungen, die ernsthafte Umwelt- und Gesundheitsrisiken mit sich brachten. In Hamburg etwa wurde eine Siedlung auf einer ehemaligen Mülldeponie errichtet, in Heidelberg eine gegenüber einer größeren Chemiefabrik. Zwar reagieren die Sozialbehörden seit den 1970er Jahren auf die miserablen Zustände, jedoch meist nur mit der Sanierung der Gebäude. Die Probleme der Randständigkeit und der „ethnischen" Ausgrenzung sind meist bestehen geblieben. Obwohl der Deutsche Bundestag bereits 1986 beabsichtigte, die Lebensbedingungen von „Sinti und Roma" zu verbessern, ist die Qualität ihrer Versorgung mit Wohnraum nur gering verbessert worden. Die Verantwortung dafür liegt in den Händen der einzelnen Bundesländer, von denen nur wenige geeignete Maßnahmen ergriffen haben. Zwar weisen Minderheitenvertreter/innen darauf hin, dass es einfacher ist, Traditionen, „Kultur" und Sprache zu pflegen, wenn „Sinti und Roma" gemeinsam leben, aber dennoch sollte eine freie Entscheidung der Wohnungswahl gewährleistet sein. Wenn es um das Anmieten von Wohnungen auf dem freien Wohnungsmarkt geht, sehen sich „Sinti und Roma" oftmals erneuter Diskriminierung ausgesetzt. Da sie oftmals als „Ausländer" wahrgenommen werden, müssen sie mit einer häufigeren Kontrolle ihres Einkommens und genauerer Prüfung ihres Hintergrunds rechnen, als dies bei der Mehrheitsbevölkerung der Fall wäre. Derartige Einstellungen versperren den Zugang zu Wohnungen und Campingplätzen für „Sinti und Roma". Regelmäßig wird berichtet, dass eine Wohnung, die am Telefon als frei bezeichnet wurde, bei ihrer Ankunft „gerade vermietet" worden ist. Einige solcher Fälle sind Gegenstand gerichtlicher Verhandlungen, jedoch bleibt die Mehrzahl unbekannt und unbestraft, weil es schwierig ist, hierüber einen Nachweis zu führen. Üblicherweise erhalten „Ausländer" vermehrt Unterkünfte mit einem niedrigeren Standard, als er normalerweise auf dem Wohnungsmarkt verfügbar ist (vgl. Open Society Institute – EU Accession Monitoring Program 2002, S. 114 ff.).

Hinsichtlich der öffentlichen Meinung gegenüber „Sinti und Roma" stellt das „Open Society Institut" eine starke negative Wahrnehmung fest. So bezeugen Berichte und Meinungsumfragen immer wieder, dass eine intolerante Haltung und geringe Akzeptanz gegenüber Minderheiten und Personen besteht, die als „Ausländer" wahrgenommen werden – trotz ihrer sechshundertjährigen Geschichte auch „Sinti und Roma". So zeigte eine Umfrage des „Landeszentrums für Zuwanderung in Nordrhein-Westfalen" von 2001, dass ca. die Hälfte der Bevölkerung die Auffassung vertritt, es leben zu viele „Ausländer" in Deutschland. 1992 ermittelte eine Umfrage des „Allensbacher Instituts für Meinungsforschung", dass 64 % der deutschen Bevölkerung negativ gegenüber „Roma" eingestellt waren. Laut einer Untersuchung des EMNID Instituts von 1994 wollten ca. 68 % der deutschen Bevölkerung keine „Sinti und Roma" als Nachbarn/innen haben. Darüber hinaus zeigte eine 1995 durchgeführte Umfrage unter 38 % der Studierenden im Westen und 60,4 % im Osten Deutschlands eine negative Einstellung gegenüber „Sinti und Roma". Die Bundesregierung äußerte, dass nur teilweise ein allgemeiner Wandlungsprozess zur Akzeptanz der deutschen „Sinti und Roma" stattgefunden hat und dieser noch nicht abgeschlossen ist. Jedoch besteht auf öffentlicher Ebene auch eine Tendenz dahin gehend, bestehende Diskriminierung gegenüber Minderheiten zu leugnen und gegen Minderheiten gerichtete Einstellungen mit Fremdenfeindlichkeit gleichzusetzen, ungeachtet dessen, dass es sich bei diesen Minderheiten um deutsche Staatsbürger handelt (vgl. Open Society Institute – EU Accession Monitoring Program 2002, S. 88 f.).

Der Zugang zu öffentlichen Leistungen ist für Personen, die aufgrund ihres Äußeren als „Ausländer" klassifiziert werden, erheblich erschwert. So kam die „Brandenburger Antidiskriminierungsstelle" auf Basis entsprechender Tests zum Ergebnis, dass etwa 30 % der Diskotheken- und Bar/Restaurant-Besitzer/innen in Brandenburg diskriminierende Praktiken anwenden, um Rücksicht auf ihre „weißen" Kunden/innen zu nehmen. Testpersonen afrikanischer, arabischer oder indischer Herkunft wurde unter verschiedenen Vorwänden der Zugang verweigert, „weiße" Gäste wurden hingegen problemlos eingelassen. Die rechtliche Verfolgung solcher diskriminierender Praktiken ist schwierig, auch in recht offensichtlichen Fällen. Zwar könnte ein Entzug der Gewerbeerlaubnis erfolgen, jedoch wenden nur wenige Gerichte solche Maßnahmen an (vgl. ebd., S. 122 f.). Weiter wurden Diskriminierungen von „Sinti und Roma" insbesondere im Versicherungs- und Telekommunikationsbereich (Einrichtung von Telefonanschlüssen) dokumentiert.

7.2 „Die Lage der Sinti und Roma in Deutschland"

Auch gibt es Fälle, in denen „Sinti und Roma" Zutritt in Schwimmbädern verweigert oder sie in Kaufhäusern durch das Personal besonders überwacht wurden. Infolge solcher Diskriminierungserfahrungen werden bestimmte Bereiche des öffentlichen Lebens von vielen „Sinti und Roma" gemieden, was auch ihre Lebensqualität einschränken kann (vgl. ebd., S. 124).

Schätzungen der „Rom- und Cinti-Union" zufolge sind Rheuma, Asthma und Herzkrankheiten die drei größten gesundheitlichen Probleme bei „Sinti und Roma", was auf deren Lebensbedingungen zurückgeführt werden könnte. So wurden hohe Krankheitsziffern unter Sinti-Kindern in der Siedlung „Ummenwinkel" der Stadt Ravensburg festgestellt, welche durch die ungesunden Bedingungen in dieser Siedlung verursacht sind. In einer Siedlung in Heidelberg, welche gegenüber einer Chemiefabrik erbaut worden ist, ist es zu gesundheitlichen Beeinträchtigungen gekommen, da das Gelände und das Grundwasser dieser Gegend schwer verunreinigt sind. Aufgrund der Erfahrungen vor und während des Zweiten Weltkriegs sowie der anschließenden Diskriminierung durch die Gesundheitsbehörden, lässt sich unter „Sinti und Roma" ein starkes Misstrauen gegenüber jeder wissenschaftlichen oder medizinischen Untersuchung ihrer Gesundheit vorfinden. Bisher ist kein Versuch der Gesundheitsbehörden unternommen worden, dieses Misstrauen zu überwinden (vgl. ebd., S. 125 f.).

Im Jahre 2002 bestanden, abgesehen von den allgemeinen Vorschriften des Grundgesetzes, keine besonderen Gesetze, welche die Diskriminierung innerhalb des Rechtssystems verbieten. Darüber hinaus war die Prozesskostenhilfe an die Erfolgsaussichten gebunden. Menschenrechtsorganisationen waren nur mit unzureichenden finanziellen Möglichkeiten ausgestattet, um Verfahren im Namen mutmaßlicher Opfer von „ethnischer" und rassistischer Diskriminierung einzuleiten. Aus diesen Gründen war es für Betroffene schwer, ihre Rechte vor Gericht erfolgreich durchzusetzen. Die „ethnische" Sondererfassung von „Sinti und Roma" wurde durch die Polizeibehörden in Bayern, dem letzten Bundesland, das diese Praxis abschaffte, offiziell bis Oktober 2001 fortgesetzt. Dabei war in Polizeiformularen, die eine Rubrik zur Tatverdächtigen-Beschreibung anhand der physischen Erscheinung beinhalteten, neben den Kategorien „Nord-Europäisch", „Mediteran", „Asiatisch" und „Afrikanisch", auch das Feld „Personentyp Sinti und Roma" vorhanden. Die alte Formulierung „Personentyp Zigeuner" wurde damit ersetzt. Der Begriff „Sinti und Roma" wurde austauschbar mit anderen, als neutral betrachteten Bezeichnungen verwendet, wie etwa „Landfahrer/innen" und „häufig wechselnder Aufenthaltsort" (HWAO). Vertreter/innen der „Sinti und Roma" vermuteten dennoch eine inoffizielle Fortsetzung dieser Praktik. Seit November 2001 sind jedoch keine Fälle berichtet worden, in denen das Verbot umgangen wurde (vgl. Open Society Institute – EU Accession Monitoring Program 2002, S. 127 ff.).

Weiter berichteten Anwälte/innen, die im regelmäßigen Kontakt mit Minderheiten standen, über diskriminierende Praktiken gegen „deutlich erkennbare" Minderheiten durch die Polizeibehörden. „Amnesty International" stellte 2001 eine Häufung von Anschuldigungen fest, nach denen deutsche Polizisten dazu neigen, gegenüber Angehörigen „nicht-kaukasischer und ausländischer Nationalitäten" verbal und auch physisch beleidigend zu werden (vgl. ebd., S. 130).

Die bestehende Gesetzgebung setzte keine erhöhten Strafen für mit rassischer Motivierung begangenen Gewaltverbrechen fest. Auf diese Thematik wurde wiederkehrend in Berichten und Empfehlungen internationaler Menschenrechtsorganisationen aufmerksam gemacht. Von der Bundesregierung sind diese Problematiken, in ihrem Bericht von 2000, jedoch als zu pauschalisierende und realitätsferne Annahmen abgetan worden. Laut EUMAP besteht die Notwendigkeit zur Schaffung besonderer gesetzlicher Maßnahmen, um rassistisch motivierte Kriminalität zu bestrafen und zu verhindern (vgl. ebd., S. 131 ff.).

Unbestritten ist, dass viele Fälle von fremdenfeindlicher oder rassischmotivierter Gewalt von Mitgliedern rechtsradikaler Organisationen begangen wurden. Es bestehen auch Fälle der Ermutigung zur rassistischen Gewalt durch einzelne Bürger/innen. EKRI hatte sich über den starken Anstieg rassistisch geprägter Internetseiten aus Deutschland besorgt geäußert. Gemäß ihr ist bei den deutschen Behörden die Tendenz festzustellen, das Problem der rassistischen und antisemitischen Gewalt und Belästigung als Problem der neuen Bundesländer darzustellen. Zudem werden diese Straftaten durch einige Medien vereinfachend als Problem der Jugendkriminalität abgetan. EKRI stellte eine große Diskrepanz zwischen den Berichten über Ausschreitungen, den Ergebnissen in Strafverfahren und der internen Untersuchungsverfahren der Beschwerden von Betroffenen fest. So wird nur eine geringe Zahl als begründet angesehen. Laut „Amnesty International" geschehen darüber hinaus Nachforschungen und Bestrafungen von Menschenrechtsverletzungen, die durch Polizisten/innen begangen wurden, nur sehr langsam. Anwälten/innen zufolge gehen Behörden oft zu nachsichtig mit der Bestrafung von Verstößen um, die von der Polizei begangen wurden. Die Opfer solcher Vergehen sehen, aufgrund der damit verbundenen Gerichtskosten und der Angst vor Gegenklagen durch die Polizei, oftmals von einer Anzeige der mutmaßlichen Täter ab (vgl. Open Society Institute – EU Accession Monitoring Program 2002, S. 138 f.).

Trotz der bestehenden Sprachencharta hatten Vertreter/innen von „Sinti und Roma" kritisiert, dass es vielen „Roma" aufgrund mangelnder Deutschkenntnisse schwerfalle gerichtlichen Verfahren angemessen zu folgen. Deshalb fordern sie dazu auf, mehr Möglichkeiten zu schaffen sich gegenüber Behörden und vor Gericht in Romanes darstellen zu können (vgl. ebd., S. 144 f.).

Bezüglich der Berichterstattung in den Medien zeigte sich eine starke antiziganistische Voreingenommenheit. Vor allem in der Berichterstattung über Beschuldigte wurde immer wieder auf die Zugehörigkeit zu einer Minderheit hingewiesen, ohne dass dies für das Verständnis des Vorgangs notwendig war. Teilweise wurden diese Informationen auch von der Polizei an die Presse weitergegeben. In den Jahren von 1997 bis 2002 erhob der Zentralrat der deutschen „Sinti und Roma" jährlich etwa zwischen 30 und 45 Beschwerden über Presseartikel, die „Sinti und Roma" diffamierten oder beleidigten. Die Mehrzahl der Presseartikel über „Sinti und Roma" thematisierten entweder Kriminalität und Asylprobleme vorgeblich aufgrund des Zustroms von „Roma" nach Deutschland, oder „kulturelle" Ereignisse, wie Konzerte und Ausstellungen, so die Katholische „Zigeunerseelsorge". Über den Holocaust wurde seriös berichtet, jedoch gab es nur wenige Artikel, die sich mit der alltäglichen Diskriminierung von „Sinti und Roma" auseinandersetzten (vgl. ebd., S. 89 ff.).

Es kann gesagt werden, dass sich der Bericht des Open Society Instituts kritisch mit der Situation von „Sinti und Roma" auseinandersetzt. Durch den vielfältigen Einbezug von Datenmaterial gelingt ihm eine umfassende Darstellung. Gleichzeitig ist jedoch einschränkend anzumerken, dass sich dadurch der Nachvollzug der einzelnen Daten oder Aussagen erschwert.

7.3 „Studie zur aktuellen Bildungssituation deutscher Sinti und Roma"

Die Studie „Zur aktuellen Bildungssituation deutscher Sinti und Roma" (anerkannte nationale Minderheit) wurde von „RomnoKher", einem Haus für „Kultur", Bildung und Antiziganismusforschung in Mannheim, initiiert und von Daniel Strauß, dem Vorsitzenden des „Landesverbands Deutscher Sinti und Roma in Baden-Württemberg" durchgeführt. Finanziert wurde die Studie durch die Stiftung „Erinnerung, Verantwortung und Zukunft" (EVZ), die auch durch die deutsche Bundesregierung finanziert wird. Der Zeitraum der Untersuchung umfasste die Jahre 2007 bis 2011. In der Untersuchung wurden insgesamt 275 deutsche „Sinti und Roma" aus drei Generationen (106 Personen im Alter von 14 bis 25 Jahre; 112 Personen im Alter von 26 bis 50 Jahre; 43 Personen über 50 Jahre) in 35 Städten/Orten, vornehmlich in Westdeutschland, insbesondere zu ihrer Bildungssituation befragt. Davon wurden 261 Befragungen in die Auswertung aufgenommen. Zum einen wurden quantifizierbare Daten erhoben (etwa die Hälfte der Fragebögen wurden vollständig ausgefüllt) und zum anderen auch lebensgeschichtliche Inhalte abgefragt. Von den 261 Befragungen wurden 30 für eine qualitative Auswertung ausgewählt. Die Ergebnisse zeigen lebens-, generations- und familiengeschichtliche Entwicklungen und Erfahrungen, zum Stellenwert von gelingender/scheiternder schulischer Bildung, bezüglich der Beziehungen zur „Mehrheitsgesellschaft", zur Diskriminierung und zur intergenerationalen Tradierung traumatischer Ereignisse der nationalsozialistischen Vernichtungspolitik. Hierbei besteht die Besonderheit dieses Forschungsprojekts vor allem darin, dass die wissenschaftliche Befragung durch 14 Angehörige der „Sinti und Roma" geschah, die für dieses Projekt zu Interviewern/innen ausgebildet wurden (vgl. Strauß 2011, S. 1 ff.). Im Folgenden werden ausgewählte Ergebnisse der quantitativen und anschließend der qualitativen Datenanalyse der 261 Befragungen wiedergegeben. In der Studie wird darauf hingewiesen, dass für die Altersgruppe der über 50-Jährigen in ihrer Schulzeit ganz andere Verhältnisse vorlagen, als dies bei den anderen Altersgruppen der Fall ist, insbesondere aufgrund der Verfolgungssituation in Deutschland (vgl. ebd., S. 27).

Quantitative Auswertung Die Studie ergab, dass die Grundschule von den meisten Befragten besucht wurde: 96 Personen (90,6 %) von 106 Befragten der Altersgruppe der 14- bis 25-Jährigen, 91 Personen (81,3 %) von 112 Befragten der Altersspanne der 26- bis 50-Jährigen und 26 (60,5 %) von 43 der über 50-Jährigen. Die Hauptschule wurde als am häufigsten besuchte Schulart bei den Befragten angegeben. Sie wurde von insgesamt 151 der 261 Befragten (57,9 %) besucht. Hiervon waren 83 Befragte (78,3 %) der 106 14- bis 25-Jährigen, 57 (50,9 %) der 112 26- bis 50-Jährigen und elf (25,6 %) der 43 über 50-Jährigen. Eine Realschule besuchten insgesamt 30 der 261 Befragten (11,5 %): 13 (12,3 %) von 106 14- bis 25-Jährigen, 15 (13,4 %) von 112 26- bis 50-Jährigen und zwei (4,7 %) von 43 über 50-Jährigen. Nur sechs Personen der 261 Befragten haben ein Gymnasium besucht. Eine Förderschule wurde von insgesamt 28 der 261 Befragten besucht: zehn Personen (9,4 %) der 106 14- bis 25-Jährigen, 15 Personen (13,4 %) der 112 26 bis 50-Jährigen und drei Personen (7 %) der 43 über 50-Jährigen. Aufgrund methodischer Schwächen, so die Studie, lässt sich daraus nicht ableiten, welche Befragten die jeweiligen Schulformen besucht und welche dort einen Abschluss erworben haben. Die Zahl derjenigen ohne Abschluss musste damit unberücksichtigt bleiben. In Bezug auf Abgänger/innen von allgemeinbildenden Schulen ohne Hauptabschluss in der Gesamtbevölkerung Deutschlands konstatierte Strauß eine allgemein dürftige Datenlage mit bisher nur unzureichend gesicherten Befunden (vgl. Strauß 2011, S. 30 ff.). 2008 verließen ca. 65.000 junge Menschen die allgemeinbildenden Schulen ohne einen Abschluss. Die Anteile variieren je nach Bundesland und Region erheblich. Als eindeutig lässt sich jedoch beschreiben, dass von den Schulabgängern/innen ohne Hauptabschluss 54,6 % von Förderschulen stammen, 26,5 % von Hauptschulen und 19 % von anderen Schulformen: Schulen mit mehreren Bildungsgängen (7 %), Gesamtschulen

7.3 „Studie zur aktuellen Bildungssituation deutscher Sinti und Roma" 59

(5,4 %), Realschulen (4,7 %) und Gymnasien (1,4 %) (vgl. Strauß 2011, S. 30 ff.). Im Jahre 2010 wurden an den insgesamt 3.302 Förderschulen in Deutschland etwa 400.000 Schüler/innen (4,9 % aller Schüler/innen) unterrichtet, vor allem Jungen sind stark überrepräsentiert. Damit hatte Deutschland im EU-Vergleich den höchsten Anteil an Förderschülern (vgl. Autorengruppe Bildungsberichterstattung 2010, S. 6).

Bei der Frage zur Hilfe von Eltern/Geschwistern bei den Hausaufgaben gaben 120 von 261 Befragten (45,98 %) an, diese erhalten zu haben. 119 gaben jedoch an keine solche Hilfe erhalten zu haben. Unter den 93 Befragten, die Gründe hierfür benannten, äußerten 72 Personen: *„keine eigene Schulbildung der Eltern", „selbst nur begrenzte schulische Ausbildung", „zu geringe schulische Bildung", „kann weder lesen noch schreiben"* o. Ä. (Strauß 2011, S. 39). Zudem gaben 18 weitere Befragte an, in der NS-Zeit einer Verfolgung und einem Schulverbot ausgesetzt gewesen zu sein (vgl. Strauß 2011, S. 39). Leider gibt es in der vorliegenden Studie hierzu keine detaillierte Aufsplittung in die verschiedenen Altersspannen, welche ersichtlich machen könnten, wie die Hilfe bei Schulangelegenheiten und die Gründe einer Nichtunterstützung über die Generationen verteilt waren. Denkbar wäre, dass die Angabe schulischer Defizite bei den Eltern vor allem in der ersten und zweiten Generation zu finden ist, da hier die Verfolgung von „Sinti und Roma" im Dritten Reich eher nachwirken könnte.

Bezüglich des Reisens von „Sinti und Roma" stellt die Studie fest, dass die meisten Befragten (187 von 261) angaben, gegenwärtig nicht „auf die Reise" zu gehen. Lediglich 73 der Befragten bejahten dies. Während der Schulzeit gingen oder gehen heute noch insgesamt 140 der 261 Befragten „auf die Reise". Hierbei ist ein Rückgang bei der jüngsten Altersgruppe zu verzeichnen, von denen 57 von 106 Befragten der 14- bis 25-Jährigen (53,8 %) nicht mehr „auf die Reise" gehen (vgl. ebd., S. 40).

Abzielend auf den Kontakt zur „Mehrheitsgesellschaft" fragte die Untersuchung danach, ob Nicht-Sinti bzw. Nicht-„Roma" Schulfreunde/innen sind, was die meisten der Befragten (insgesamt 193 von 261; 73,9 %) mit ja beantworteten: 92 (86,8 %) von 106 Befragten der 14- bis 25-Jährigen, 79 (70,5 %) von 112 Befragten der 26- bis 50-Jährigen und 22 (51,2 %) von 43 Befragten der über 50-Jährigen (vgl. ebd., 2011, S. 41).

Im Hinblick auf die berufliche Ausbildung haben die meisten der Befragten (180 von 261; 69 %) keine solche absolviert. Dies waren vor allem die 26- bis 50-Jährigen, von denen 90 von 112 Befragten (80,4 %) keine Ausbildung vorweisen konnten sowie die über 50-Jährigen, von denen es 36 von 43 (83,7 %) waren. Bei den 106 befragten 14- bis 25-Jährigen waren es 54 Personen (50,9 %), die keine Ausbildung hatten. Eine große Zahl dieser Altersgruppe hatte sich jedoch bei dieser Frage enthalten (29 Personen) (vgl. ebd., 2011, S. 42). Hier muss darauf hingewiesen werden, dass bei der Frage zur Ausbildung in der Altersgruppe der 14- bis 25-Jährigen eine Schwierigkeit vorhanden ist, die sich aufgrund des Alters und der teilweise noch bestehenden Schulpflicht der Befragten ergibt. Die vielen Befragten in dieser Altersgruppe, die dazu keine Angaben machten, könnten ein Hinweis darauf sein. So liegt das durchschnittliche Einschulungsalter in Deutschland bei 6 bis 7 Jahren. In den letzten Jahren haben einzelne Bundesländer die Möglichkeit einer vorzeitigen Einschulung von 5-Jährigen geschaffen (vgl. Schorch 2007, S. 72). Die Vollzeitschulpflicht besteht in Berlin, Bremen, Nordrhein-Westfalen und Sachsen-Anhalt bis zur zehnten und in den übrigen Ländern bis zur neunten Klasse (vgl. Kultusministerkonferenz 2002, S. 35). Das heißt, dass eine Ausbildung im besten Falle erst im Alter von 15 begonnen werden kann. So könnten diejenigen, die zum Zeitpunkt der Befragung noch keine Ausbildung begonnen hatten, die Frage entweder nicht beantwortet oder gar verneint haben. Dies trägt mitunter zu einer Verzerrung der Ergebnisse bei. Wie in der Untersuchung damit umgegangen wurde, wird in der Studie leider nicht ersichtlich.

Bezüglich der festgestellten Ausbildungssituation verweist die Studie darauf, dass eine fehlende Ausbildung mit einem erhöhten Arbeitslosigkeitsrisiko und einem niedrigen Einkommen einhergeht. Für die Ausbildungssituation der untersuchten „Sinti und Roma" werden unterschiedliche Gründe angenommen. Laut Studie erfährt sich die Mehrzahl der „Sinti und Roma" auf dem Arbeitsmarkt diskriminiert. Zudem erschweren ein niedriges Niveau der formalen Schulbildung oder ein fehlender Schulabschluss den Erhalt eines Ausbildungsplatzes. Darüber hinaus, so die Studie, äußern Sinti immer wieder das Bedürfnis, eine unabhängige und selbstständige Arbeit aufnehmen zu wollen, was den Stellenwert einer Ausbildung für sie senkt. Hierzu schlussfolgern die Autoren/innen, dass ein zufriedenstellender und erfolgreicher Beruf in einem festen Arbeitsverhältnis nur dann vorliegt, wenn dieser in einem gewissen Maß selbstständig ausgeübt werden kann. Alternativ würden nur andere Möglichkeiten zu irgendeiner Form der Selbstständigkeit bleiben – oftmals im Rahmen der Familientradition (vgl. ebd., 2011, S. 43).

Im Zusammenhang mit der Frage nach Diskriminierungserfahrungen der Befragten während der Schulzeit gab ein Großteil (126 von 261 Personen; 48,3 %) an, keine solchen Erfahrungen gemacht zu haben. Ein etwas geringerer, aber dennoch großer Teil der Befragten (109 Befragte; 41,8 %) verteilt über alle Altersspannen, hat im Schulbereich jedoch Diskriminierung erfahren. Am wenigsten stellte sich die Diskriminierung bei der jüngsten Altersgruppe der 106 befragten 14- bis 25-Jährigen heraus, von denen 65 Personen (61,3 %) keine solchen Erfahrungen machten. Bei der Altersgruppe der 112 befragten 26- bis 50-Jährigen lag diese Zahl bei 50 Befragten (44,6 %) und bei der Altersgruppe der 43 befragten

7.3 „Studie zur aktuellen Bildungssituation deutscher Sinti und Roma"

über 50-Jährigen bei 11 Personen (25,6 %). Allerdings machten in der mittleren Altersgruppe 10,7 % und in der ältesten 30,2 % der Befragten keine Aussagen hierzu. Die Autoren/innen vermuten, dass zumindest die älteste Altersgruppe, die über 50-Jährigen, die teilweise noch Verfolgung und Völkermord selbst erlebten, Diskriminierung als so selbstverständlich voraussetzt, dass sie diese nicht für erwähnenswert hält und deshalb keine Angaben hierzu macht. Was im Einzelnen unter „Diskriminierung" verstanden wird, geht aus den quantitativen Daten nicht hervor. Die Autoren/innen verweisen hier auf die qualitativen Teile der Untersuchung (vgl. ebd., S. 43 f.).

Bezüglich der Frage nach dem Befinden während Behördenbesuchen gaben 105 der 261 Befragten (40,23 %) an sich ganz „normal" zu fühlen. Genauso viele äußerten jedoch, Behördenbesuche als „hoch problematisch" zu empfinden. „Leichte Probleme" damit zu haben, gaben 35 Personen (13,41 %) an. Dabei reichten die Aussagen der Befragten von „fühle mich schlecht", „mulmiges Gefühl", „unangenehm", „bin gestresst" oder „kann die Nacht vorher nicht schlafen" bis zu „fühle mich eingeschüchtert", „von oben herab behandelt", „nicht ernst genommen", „nicht wahrgenommen", „schlecht behandelt", „panisch", „wie Dreck behandelt", „fühle mich diskriminiert" o. Ä. (Strauß 2011, S. 46). Leider wurden die Ergebnisse zu diesem Themenbereich in der Studie nicht nach den unterschiedlichen Altersgruppen dargestellt. Dies wäre insoweit wichtig, um altersspezifische Umgangsweisen bzw. eine eher anzunehmende Unerfahrenheit bei jüngeren Befragten im Behördenumgang als Erklärungsmuster für bestimmte Wahrnehmungen mit einzubeziehen. In der Studie erweist es sich als unzureichend, die hier vorgefundenen Wahrnehmungen lediglich unter dem Fokus der Zugehörigkeit zu den Sinti oder „Roma" zu diskutieren. Zwar variierte in der Studie das Gefühl bei Behördengängen leicht mit der Schulbildung, jedoch lassen die Daten offen, ob Personen mit besserer Schulbildung von den Behörden aufmerksamer oder besser behandelt werden oder ob diese Personen selbstsicherer im Umgang mit Behörden sind und sich deshalb nicht so leicht verunsichern lassen.

Hinsichtlich des öffentlichen Bekenntnisses Sinti oder „Roma" zu sein, äußerten die meisten Befragten (139 von 261; 53,26 %), dass es keine Situationen gibt, in denen sie sich nicht als Sinti oder „Roma" bekennen. 116 Personen gaben jedoch an, dass Situationen bestehen, in denen sie sich nicht als Sinti oder „Roma" zu erkennen geben. In der Schul- und Ausbildungszeit hatten sich die meisten Befragten als Sinti oder „Roma" zu erkennen gegeben (186 von 261; 71,26 %). 37 Personen hatten in diesen Bereichen nicht öffentlich gemacht, dass sie Sinti oder „Roma" sind. Acht Personen (37 %) beantworteten die Frage mit Ja und Nein. Bei der Berufsausübung gaben die meisten Befragten an, Sinti oder „Roma" zu sein (205 von 261; 78,54 %), 54 Befragte behielten es für sich. Auch während der Arbeitssuche bekannten sich die meisten zu einer Sinti- oder „Roma"-Zugehörigkeit (217 von 261; 83,14 %). 42 verneinten das Bekenntnis in diesem Bereich. Bei der Wohnungssuche zeigten sich ähnliche Ergebnisse. So gaben sich auch hier die meisten Befragten als Sinti oder „Roma" zu erkennen (201 von 261; 77,1 %) (vgl. Strauß 2011, S. 47).

Bezüglich der Eigenbezeichnung gaben die meisten Befragten an, die Bezeichnung Sinti oder „Roma" zu verwenden (247 von 261; 94,64 %). Dagegen wurde die Bezeichnung „Zigeuner/in" von der Mehrheit der Befragten abgelehnt (243 von 261; 93,10 %). Sehr unterschiedlich erwiesen sich jedoch das Diskriminierungsempfinden und der Umgang mit der Bezeichnung als „Zigeuner/in". So bewerteten die meisten Befragten die Bezeichnung „Zigeuner/in" als „immer problematisch" (150 von 261; 57,47 %). 67 Befragte (25,67 %) äußerten, dass sie es in Abhängigkeit der Situation entweder als problematisch oder nicht problematisch empfinden. 39 Befragte (14,94 %) äußerten keinerlei Probleme mit dieser Bezeichnung zu haben (vgl. Strauß 2011, S. 46 ff.). Leider wurden auch die Ergebnisse zum Bekenntnis als „Sinti und Roma" und zur Eigenbezeichnung in der Ergebnisdarstellung der Studie nicht nach den jeweiligen Altersspannen aufgegliedert.

Qualitative Auswertung Im Folgenden werden nun die Ergebnisse der qualitativen Auswertung der 30 Interviews aus der Studie vorgestellt. Sie ermöglichen einen näheren Einblick in die unterschiedlichen Argumentationsweisen der Befragten.

In Bezug auf die Ausbildungssituation der Eltern äußerten vor allem die Befragten aus der Generation der über 50-Jährigen, dass sie selbst keine oder nur eine rudimentäre Schulausbildung haben und dass meist beide Elternteile nicht einmal alphabetisiert sind bzw. waren. Hier wurde die Rolle der Verfolgungssituation im Nationalsozialismus hervorgehoben. Als weitere Gründe für nur rudimentäre Schullaufbahnen wurden genannt: dass die Familie selbst als ausreichende Bildungsinstanz betrachtet wurde, dass Diskriminierungserfahrungen eine Rolle spielten oder die Eltern frühzeitig zum Familieneinkommen beitragen mussten (vgl. Strauß 2011, S. 56).

Der Kindergarten wurde nur von einzelnen der über 50-Jährigen besucht, bei den 14- bis 25-Jährigen von fast der Hälfte. Ein Teil der Befragten sah diese Einrichtung vor allem als Betreuungsangebot, das aufgrund der familiären Lebensrealität nicht wahrgenommen wurde. Vereinzelt ließen sich Vorbehalte gegenüber dem Kindergarten als Institution der „Mehrheitsgesellschaft" finden. In der Bewertung des Kindergartenbesuchs für die eigenen Kinder zeigte sich bei der jüngsten befragten Altersgruppe der 14- bis 25-Jährigen eine positive Tendenz (vgl. ebd., S. 74).

Nur einzelne Befragte der 26- bis 50-Jährigen und eine der unter 25-Jährigen äußerten, die Schulbildung mit der Grundschule abgeschlossen zu haben (vgl. ebd., S. 58).

7.3 „Studie zur aktuellen Bildungssituation deutscher Sinti und Roma"

Ein Förderschulbesuch innerhalb der betroffenen Familien schien von diesen nicht problematisiert worden zu sein. Die innerfamiliäre Häufung und generationale Fortsetzung des Förderschulbesuchs wurde meistens nicht bewertet. Da in keinem der 30 geführten Interviews entsprechende Interventionen geschildert wurden, ließ dies die Autoren darauf schließen, dass professionelle Akteure staatlicher Institutionen diesem Thema recht unsensibel gegenüberstehen. Ein Vater berichtete sogar, dass zwei seiner drei Kinder ohne seinen ausdrücklichen Einbezug in diesen Vorgang auf die Förderschule überwiesen wurden. Ein Nachholen von Bildungsabschlüssen über den zweiten Bildungsweg wurde von mehreren Befragten berichtet, die hier keinerlei Diskriminierungserfahrungen schilderten (vgl. Strauß 2011, S. 74 f.).

Mehrere der 30 Befragten waren trotz Schul- und Ausbildungsabschluss auf staatliche Unterstützungsleistungen angewiesen. Einige begründeten dies damit, dass sie aufgrund von Antiziganismus in der „Mehrheitsgesellschaft" keine Anstellung finden (vgl. ebd., S. 63).

In den 30 Interviews variierte der Stellenwert von formellen Bildungsabschlüssen individuell und familiär. Neben formeller Bildung ist auch die innerfamiliäre (Aus-)Bildung und Übernahme familiärer Pflichten bedeutsam, so die Autoren/innen. Insgesamt zeigte sich in der Studie, dass der innerfamiliäre und persönliche Stellenwert im Laufe der letzten Jahrzehnte bei den Befragten gestiegen ist. Auch das persönliche Engagement für Bildung fiel in der zweiten und dritten Generation höher aus. In der dritten Generation war eine zunehmende Unterstützung bei den Bildungsbemühungen durch die Familie zu beobachten, was mit einem höheren Schulbildungsgrad der Elterngeneration verbunden war (vgl. ebd., S. 64).

Diejenigen von den Befragten, welche die eigene Schul- oder Berufsausbildung abgebrochen bzw. die angestrebten Bildungsabschlüsse trotz eigenständiger Bemühungen nicht erreicht haben, bedauerten dies zum Zeitpunkt der Studie ausdrücklich. Die meisten begründeten dies damit, dass man ohne abgeschlossene Schul- und Berufsausbildung weniger Chancen auf dem Arbeitsmarkt hat, die Kommunikation mit gesellschaftlichen Institutionen erschwert wird und die Schulbildung der Kinder nicht ausreichend unterstützt werden kann. Auch wenn mehrere Befragte der zweiten und dritten Generation auch ohne abgeschlossene Schul- und Berufsausbildung ein ausreichendes Einkommen erreichen konnten, sahen sie für ihre Kinder verstärkt die Notwendigkeit, sich zu bilden (vgl. ebd., S. 65).

Einige Befragte gaben erschwerte Lernbedingungen aufgrund häufiger Reisen oder mehrmaliger Umzüge der Familie während der Schulzeit an. Die überwiegende Mehrzahl der Befragten reiste zum Zeitpunkt der Interviews aus religiösen Anlässen ausschließlich außerhalb der Schulzeit. Einige berichteten, dass deren Eltern auf das Reisen verzichten, um ihnen einen regelmäßigen Schul- bzw. Ausbildungsbesuch zu ermöglichen (vgl. ebd., S. 64).

Im Zusammenhang mit dem Schulbesuch der Befragten, oder ihrer Eltern, wurden in mehreren Interviews starke Ängste und Misstrauen innerhalb der Familien thematisiert. Teilweise wurde das Erlernen von Lesen und Schreiben bei den Befragten als ausreichende formelle Bildung, insbesondere für Mädchen, angesehen. Für Einzelne war Bildung auch die Voraussetzung für Selbstbehauptung in der „Mehrheitsgesellschaft" (vgl. Strauß 2011, S. 65).

Zur Frage nach den Erfahrungen in Bildungsinstitutionen wurden im Kindergarten überwiegend positive Erfahrungen geschildert. Die Erfahrungen in der Schule bestimmten sich sehr stark durch offene und verdeckte Diskriminierung in Form von alltäglichen antiziganistischen Beschimpfungen und Vorurteilen seitens einzelner Schüler/innen. Auch wurden Diskriminierung, Vorurteile bzw. Andersbehandlung seitens des Lehrpersonals geschildert. Diese wurden auch wahrgenommen, wenn sie nicht artikuliert wurden. Eine abgebrochene Schulausbildung und berufliche Ausbildung wurde mehrfach mit diskriminierenden und demotivierenden Erfahrungen begründet. Einzelne Lehrpersonen und Mitschüler/innen, die unterstützend handelten, konnten die Schullaufbahn der Befragten positiv beeinflussen. In den Förderschulen wurden die Erfahrungen weitgehend positiv geschildert (vgl. ebd., S. 66 f.).

Fast alle der 30 Befragten gaben an, dass die Familie für sie eine bedeutsame Sozialisationsinstanz darstellt. Im nahen und erweiterten Familienkreis wurde intergenerationales Wissen weitergegeben, wie „kulturelle" Werte und Normen, die Sprache Romanes, Haushaltsführung sowie handwerkliche, geschäftliche und künstlerische Fähigkeiten. Dies befähigte einige Befragte, einen Beruf zu erlernen, der es später ermöglichte, einer Erwerbstätigkeit nachzugehen, zumeist mit eigener Firmengründung bzw. beruflicher Selbstständigkeit. Trotz eigener Bildungsambitionen nahmen mehrere Befragte die ihnen zugewiesene familiäre/„kulturelle" Position an, was von ihnen jedoch nicht problematisiert wurde. Von grundlegenden familiären Konflikten bezüglich dieser Zuweisungen wurde kaum berichtet. Die Autoren/innen deuten daraus, dass Familie eine große Bedeutung für „Sinti und Roma" einnimmt und eine enge Bindung des Einzelnen an die Familie besteht (vgl. ebd., S. 77).

Mit Ausnahme einer Person bezeichneten sich die Befragten alle als Sinti oder „Roma". Der Begriff „Zigeuner/in" wurde von fast allen Befragten abgelehnt. Geäußert wurde hier, dass dieser Begriff eine Fremdbezeichnung darstellt, der mit gängigen Klischees und antiziganistischen Stereotypen verbunden ist. Darüber hinaus bewerteten die Befragten diesen Begriff als eine Beschimpfung, die auch mit der nationalsozialistischen Verfolgungsgeschichte in Beziehung steht. In der dritten und jüngsten Generation war ein Schwerpunkt auf die Verbindung des Begriffs „Zigeuner/in" mit Klischees bzw. rassistischen Stereotypen auszumachen. Teilweise wurde die kontextabhängige Verwendung dieses Begriffs toleriert und auch nicht unbedingt als verletzend empfunden, bspw. bei einer pejorativen Verwendung aus Unwissenheit oder im privaten sozialen Kontext. Je nach Situation wurde der Begriff auch selbst gebraucht, dabei aber immer wieder der Anspruch auf Selbstbestimmung betont. Darüber hinaus wurde eine Nutzung als Verständigungsbegriff zwischen Minderheit und Mehrheit geschildert, da die Befragten hier davon ausgingen, dass Mehrheitsangehörige die Selbstbezeichnung Sinti oder „Roma" nicht zuordnen können (vgl. Strauß 2011, S. 80).

Die Berichterstattung in den Medien beurteilten fast alle Befragten als negativ, da sie zumeist eine klischeedominierte Thematisierung von „Sinti und Roma" wahrnahmen. Zudem wurde kritisiert, dass der Begriff „Zigeuner/in" verwendet wird, obwohl dieser von „Sinti und Roma" abgelehnt wird. Diesbezüglich äußerten die Befragten, sich den präsentierten Bildern hilflos ausgeliefert zu fühlen (vgl. ebd., S. 81).

Mehr als ein Drittel der Befragten, insbesondere die zweite und dritte Generation der 14- bis 50-Jährigen, gaben an, offensiv mit ihrer „ethnischen" Zugehörigkeit in der „Mehrheitsgesellschaft" umzugehen, diese auch bei Nachfragen nicht zu verbergen und die Reaktionen darauf gut aushalten zu können. Viele litten jedoch unter einer Ablehnung ihrer Zugehörigkeit. Immer wieder mussten sie sich gezwungenermaßen mit verfestigten und tradierten Klischees und Stereotypen in der „Mehrheitsgesellschaft" auseinandersetzen. Einzelne, die schwerwiegende negative Erfahrungen aufgrund des Bekanntwerdens ihrer „ethnischen" Zugehörigkeit erfuhren, gaben an, sich außerhalb der Minderheit, selbst bei konkreten Nachfragen, nicht mehr als Sinti oder „Roma" zu erkennen zu geben. Stattdessen geben sie eine andere „ethnische" Herkunft an, wie Indien oder Spanien. Die meisten Befragten gingen jedoch kontext- und situationsabhängig mit ihrer „ethnischen" Zugehörigkeit um. Bspw. wurde sie bei der Wohnungs- und Arbeitssuche verborgen, im Musikgeschäft jedoch benannt. Darüber hinaus war das Bekenntnis zur Minderheit abhängig von der momentanen Befindlichkeit der Befragten: einige äußerten, dass sie sich nur als Sinti oder „Roma" zu erkennen geben, wenn sie sich stark genug fühlen konstruktiv mit den erwarteten Reaktionen der Anderen umzugehen (vgl. ebd., S. 83).

Im Hinblick auf innerfamiliäre Erzähltraditionen waren Geschichten über die Verfolgung und die Ermordung von Familienangehörigen als Familienerzählungen gegenwärtig. Alle Befragten waren direkt oder familiär von der nationalsozialistischen Verfolgung betroffen. Diese familiären Erfahrungen wurden intergenerationell weitergegeben, um an das Leiden der Angehörigen zu erinnern aber auch, damit die nachfolgenden Generationen gesellschaftliche Entwicklungen genau beobachten. Zwei der Befragten waren selbst Opfer der nationalsozialistischen Verfolgung, die ihre Erzählungen im Interview dominierte. Hier wurde eine starke Traumatisierung der Betroffenen deutlich, die z. B. durch eine Hinwendung zum Glauben zu bewältigen versucht wurde. Weiter zeigte sich hier, dass aus der Sicht dieser Befragten eine Anerkennung ihrer Leidenserfahrungen durch die Mehrheitsbevölkerung und die Bundesrepublik Deutschland kaum vorhanden ist. Bei den Befragten der Folgegenerationen ließen sich verschiedene Bewältigungsformen dieser Traumatisierungen ausmachen. So gingen die einen offensiv mit der Verfolgungsgeschichte um und versuchten sich damit auseinanderzusetzen, andere vermieden das Thema vehement. Alle Generationen äußerten gegenüber dieser Thematik eine starke emotionale Betroffenheit, wie Wut, Hass und Angst (vgl. Strauß 2011, S. 88).

Hinsichtlich der Erfahrungen mit der „Mehrheitsgesellschaft" fiel auf, dass diese Erfahrungen von den Befragten bei fast allen Themen wiederkehrend angesprochen wurden. Dies geschah auch dann, wenn die gestellten Fragen nicht zwingend darauf zielten. So schienen alle Lebensbereiche der Befragten durch die Auseinandersetzung mit der „Mehrheitsgesellschaft" bestimmt zu sein, sei es, dass sie sich als Opfer erleben, sei es, dass sie sich in der Pflicht sehen antiziganistische Stereotype durch das eigene gelebte Leben zu entkräften oder sei es, durch bürgerliches Engagement, mit dem sie für die Rechte der Minderheit eintreten (vgl. ebd., S. 90).

Bei vielen Befragten waren verschiedene Formen von Diskriminierung ein wichtiges Thema. Zumeist wurden darunter aktive und offene Formen, wie Verweigerung eines Mietverhältnisses, Kündigung des Arbeitsvertrages, etc., verstanden. Diese Diskriminierungserfahrungen nannten vorwiegend Männer. Mehrere Befragte, zumeist Frauen, gaben hier an, keine oder kaum negative Begegnungen mit Angehörigen der Mehrheitsbevölkerung zu haben. Mehr als ein Drittel der 30 Befragten (vorwiegend Männer) berichteten von Diskriminierungserfahrungen in nahezu allen Lebensbereichen, in denen sie Kontakt zur Mehrheitsbevölkerung haben: in der Schule, während der Ausbildung, im Berufsleben, bei der Arbeits- und Wohnungssuche, im Verein, auf Reiserastplätzen, Campingplätzen, in zwischenmenschlichen Beziehungen. Von subtilen, nicht offenen Diskriminierungen berichteten etwa ein Drittel der Befragten beider Geschlechter gleichermaßen. Etwa zwei Drittel der Befragten nahmen an, dass die Angehörigen der Mehrheitsbevölkerung der Minderheit gegenüber negativ bis feindlich eingestellt sind. Hier wurde von mehreren Befragten jedoch eine wachsende Akzeptanz beschrieben. Mehr als zwei Drittel gaben an, Nicht-Sinti als Freunde zu haben. (Vgl. ebd., S. 90 f.).

Die bundesrepublikanische „Gedenkkultur" wurde von den meisten Befragten als positiv empfunden, jedoch der Umgang mit Neofaschismus fast durchgängig stark kritisiert. Nahezu alle Befragten begrüßten Gedenkveranstaltungen und Gedenkorte sehr, insbesondere das Mahnmal in Berlin. Dieses ist für sie ein Ort des Gedenkens an die Opfer, gleichzeitig aber auch eine Form der Anerkennung der

7.3 „Studie zur aktuellen Bildungssituation deutscher Sinti und Roma" 67

Verfolgung und Ermordung der „Sinti und Roma". Etwa die Hälfte der Befragten sahen eine Notwendigkeit der verstärkten Aufklärung über den versuchten Genozid von „Sinti und Roma". Weiter gaben die Befragten an, dass die nationalsozialistische Verfolgung der „Sinti und Roma" nicht denselben öffentlichen Bekanntheitsgrad hat und nicht gleichwertig bearbeitet wurde, wie bei der jüdischen Bevölkerung (vgl. ebd., S. 91 f.).

Als zusammenfassendes Fazit der Studie zur aktuellen Bildungssituation von „Sinti und Roma" lässt sich lesen:

> So ergeben sich nach diesem Projekt, nach der Aufdeckung der erschreckenden Diskriminierung, der miserablen Bildungssituation und der hohen Schulabbrecherquote und Schulverweigerer unter den Sinti und Roma noch deutlicher und vor allem belegter als zuvor Forderungen an die deutsche Bildungspolitik zur Verbesserung der sozialen Situation und besonders der schulischen und beruflichen Bildung dieser Minderheit. (Strauß 2011, S. 16)

Dabei beschreiben die Autoren/innen, dass man „zwar – soziologisch gesprochen – nicht die genauen Daten für die ‚Grundmasse' der Sinti und Roma in Deutschland [kennt], sodass man im strengen Sinn nicht von einer repräsentativen Befragung sprechen kann" (Strauß 2011, S. 98), jedoch betont er, dass man aufgrund der vielfältigen Stichprobe, „[...] mit hoher Plausibilität davon ausgehen kann, dass hier ein Bild von dieser Minderheit gezeichnet werden kann, dass auch bei repräsentativer Befragung nur geringfügige Veränderungen erfahren würde" (ebd.). Somit postulieren die Autoren/innen durchaus die Repräsentativität der Ergebnisse für die angenommene Gesamtheit der „Sinti und Roma" in Deutschland.

Im Vergleich zur von den Autoren/innen angenommenen Gesamtbevölkerung von 100.000 deutschen „Sinti und Roma", bildet die Stichprobenanzahl von 271 Befragten prozentual gesehen nur 0,261 % der Gesamtbevölkerung der „Sinti und Roma" in Deutschland ab und macht es somit schwierig, Aussagen über die gesamte Gruppe zu machen. Insbesondere lässt sich die Auswahl der Befragten für die Stichprobe dahin gehend kritisieren, dass sie ausschließlich durch die Methode des „Schneeballsystems" erfolgte. Hierbei nannten die Interviewten der Untersuchung, die selbst Sinti oder „Roma" waren, weitere „Sinti und Roma", die als potenzielle Interviewpartner/innen infrage kommen. Nachteilig ist hierbei, dass diese Methode zu einer homogenen und engen Stichprobe führen kann und somit viele andere Lebensrealitäten von „Sinti und Roma" ausgeblendet werden. Die Gefährlichkeit dieses Postulats, insbesondere in Verbindung mit einer unterstellten eigenständigen „Ethnie" und „Kultur der Minderheitengruppe", liegt vor allem darin begründet, dass durch die breite öffentliche Rezeption dieser Studie bestehende Vorurteile gegenüber „Sinti und Roma" verfestigt und damit Vorschub für weitere Diskriminierungen und Ungleichbehandlung geleistet werden könnten, wie auch etwa die Vorsitzende der „Sinti Allianz Deutschland" Natascha Winter zu dieser Studie kritisch bemerkt (vgl. Winter o. J., S. 1).

Problematisch erscheint für mich in der Untersuchung die Verwendung von Begriffen wie „Kultur" und „Ethnizität", auf die in der Studie immer wieder vereinfachend Bezug genommen wird und sie somit als eindeutige und naturwüchsige Merkmale von „Sinti und Roma" erscheinen. Eine kritische Würdigung dieser Begrifflichkeiten fehlt in der Öffentlichkeit aus meiner Sicht fast gänzlich, obwohl sie in hohem Maße notwendig wäre, um rassistische und auch antiziganistische Einstellungen und damit verbundene soziale Grenzziehungen in der Bevölkerung abzubauen.

8 Strategien zur Verbesserung der Bildungsbeteiligung von „Sinti und Roma"

8.1 Muttersprachlicher Unterricht in Romanes

In der Diskussion über Strategien zur Verbesserung der Bildungsbeteiligung von „Sinti und Roma", spielt der Ansatz Romanes in der Schule zu unterrichten eine herausragende Rolle. Da „Sinti und Roma" aufgrund des weitestgehend durch mündliche Überlieferung geprägten Romanes vielfach ein schriftsprachlicher Standard fehlt, dieser in der Schule im Deutschen jedoch erwartet wird, kann hier ein Spannungsverhältnis entstehen. Jedoch ergeben sich hier besondere Herausforderungen aufgrund der Vielfalt der sprachlichen Varietäten und der hauptsächlich mündlichen Überlieferung des Romanes. Ein vergleichsweise innovatives Konzept hierzu wird in Hamburg verfolgt. An etwa acht von rund 245 Grundschulen werden „Roma" als Lehrpersonen oder Schulsozialarbeiter/innen beschäftigt, die Romanes-Unterricht für Kinder aus „Roma"-Familien anbieten. Dabei entwickeln sie innerhalb eines Arbeitskreises schriftliches Unterrichtsmaterial unter Berücksichtigung der verschiedenen Varietäten des Romanes, welches als Alphabetisierung im Romanes-Unterricht dient. Dabei wird es in enger Orientierung am sprachlichen Anfangsunterricht in Deutsch entwickelt. Die Akzeptanz des Romanes-Unterrichts in deutschen Schulen ist innerhalb der „Sinti- und Roma"-Familien unterschiedlich. Für einige Eltern steht der Wunsch im Vordergrund, dass ihre Kinder in der Schule genauso wie „deutsche" Kinder behandelt werden und keine eigens für sie eingerichtete Förderung brauchen (vgl. Fürstenau und Von Redecker 2010, S. 157).

Des Weiteren lehnen insbesondere Vertreter/innen der deutschen Sinti (Sinti Allianz Deutschland) die Verschriftlichung des Romanes und die damit verbundene Standardisierung der Sprache ab. In einem Interview argumentiert die Vorsitzende Natascha Winter, dass muttersprachlicher Unterricht der kulturellen Rechtsordnung der Sinti entgegen läuft, da der Zugang zur Sprache Nicht-„Zigeunern/innen" eröffnet wird und es „*Aufgabe und Verpflichtung der Familien und übrigen Sippenangehörigen*" ist, die „*Sprache, Kultur und Wertvorstellungen der Sinti den nachfolgenden Generationen mündlich weiter zu geben*" (Sinti Allianz Deutschland e. V., o. J., S. 1). Der Unterricht in Romanes wird hier als Einmischung in die eigene „Kultur" wahrgenommen. Jedoch könnten hier auch Vorbehalte bzw. Ängste gegenüber wissenschaftlicher Erforschung deutlich werden.

Da Romanes fast ausschließlich von „Sinti und Roma" gebraucht wird, betrachten einige von ihnen sie als ihre „Geheimsprache". Es bestehen aber auch Vertretungen der „Roma", wie der RCU Hamburg (Rom und Cinti Union), die den schulischen Romanes-Unterricht und die Ausweitung des Sprachgebrauchs auch auf Bereiche außerhalb der „Sinti- und Roma"- Gemeinschaften befürworten. Zwar gibt es wenige wissenschaftliche Untersuchungen zur Effektivität von Romanes-Unterricht, jedoch beschreiben diese ein Angebot innerhalb der Regelschulen als außerordentlich sinnvoll. So soll Romanes-Unterricht in deutschen Schulen zu einer Integration von „Sinti und Roma" bei gleichzeitiger Beibehaltung ihrer sprachlich-„kulturellen" Identität beitragen. Darüber hinaus kann er einen grundlegenden Beitrag zur Sprachbildung der Kinder leisten, da viele „Sinti- und Roma"-Kinder bei Schuleintritt vornehmlich eine Varietät des Romanes sprechen und nur geringe Deutschkenntnisse haben. Nach Erkenntnissen der Forschung zur sprachlichen und kognitiven Entwicklung zweisprachiger Kinder ist es förderlich, in der schulischen Sprachbildung die sprachlichen Vorerfahrungen in der Erstsprache zu berücksichtigen. Somit kann Romanes-Unterricht die Bildungschancen von „Sinti und Roma" verbessern (vgl. Fürstenau und Von Redecker 2010, S. 158).

Ein mangelnder Bildungserfolg ist aber nicht einseitig den sprachlichen Defiziten der Kinder und ihren Familien anzulasten. Berücksichtigt werden muss bspw. auch der „monolinguale Habitus" der deutschen Schule, Befunde zur „institutionellen Diskriminierung" sowie zu Einstellungen von Lehrenden gegenüber Kindern mit nichtdeutscher Muttersprache und ihrem Einfluss auf deren Bildungskarrieren (vgl. Strasser und Steber 2012, S. 100 f.). Die Vertreter/innen etlicher Roma- und Sinti-Verbände betonen die Notwendigkeit des Romanes-Unterrichts an deutschen Schulen (vgl. Europäische Kommission gegen Rassismus und Intoleranz 2004, S. 24).

Fälschlicherweise wird allgemein angenommen, dass „deutsche Sinti und Roma" zweisprachig sind (vgl. Bundesministerium des Inneren 2011a, S. 22) und nur bei „ausländischen Roma" Sprachschwierigkeiten bestehen. Häufig werden Kinder deshalb als leistungsschwach eingestuft und auf Sonderschulen überwiesen. Auf diese Problematik machen auch Vertreter/innen in Hessen und Schleswig-Holstein sowie einige Schulbehörden aufmerksam. Das Komitee zur Beseitigung von rassischer Diskriminierung betont in seinen Empfehlungen von 2000 die Notwendigkeit, die Ausgrenzung von „Roma"-Schüler/innen soweit als möglich zu verhindern und gleichzeitig die Möglichkeit für zweisprachigen oder muttersprachlichen Unterricht zu erhalten (vgl. Open Society Institute – EU Accession Monitoring Program 2002, S. 101). Mittlerweile bestehen in einigen Städten, wie Frankfurt a. M. (vgl. Le Guennec o. J., S. 1) oder Münster (vgl. Snjka 2011, S. 1) Projekte an Schulen, welche muttersprachlichen Unterricht in Romanes anbieten.

8.2 „Sinti und Roma" als Lehrpersonal

Wie bei „Sinti und Roma" findet sich eine Benachteiligung im deutschen Schulsystem auch unter Kindern und Jugendlichen mit sogenanntem „Migrationshintergrund". In der Diskussion darum, wie man diese Benachteiligung aufbrechen kann, wird zunehmend gefordert mehr Lehrpersonal mit unterschiedlichem „ethnischen" Hintergrund für den staatlichen Schuldienst zu gewinnen. Vermutet wird eine „größeren kulturelle Nähe" zwischen Schüler- und Lehrerschaft, die Migrationserfahrung haben. Es wird angenommen, dass Lehrpersonen mit unterschiedlichem „ethnischen" Hintergrund besondere soziokulturelle Erfahrungen mitbringen, die sie sensibler für diskriminierende Praktiken im Bildungssystem machen und sie deshalb auch bereitwilliger für entsprechende bildungspolitische und soziale Änderungen eintreten (vgl. Strasser und Steber 2012, S. 97 f.).

Aufgrund ihrer persönlichen Voraussetzungen können Lehrkräfte aus „ethnischen" Minderheiten dazu beitragen, dass die Belange von entsprechenden Schülern/innen stärker berücksichtigt werden, z. B. dadurch, dass sie selbst mehrsprachig aufgewachsen sind, dass sie über eine von Schülern/innen gebrauchte Minderheitensprache verfügen oder dass sie eigene oder familiäre Migrationserfahrungen haben (vgl. Fürstenau und Von Redecker 2010, S. 168).

Bedeutsam ist auch, dass Lehrende mit „Migrationshintergrund" erfolgreich das Bildungssystem durchlaufen haben und dadurch als Vorbild dienen können. Entsprechende Lehrpersonen können aber auch positiven Einfluss auf Schüler/innen ohne „Migrationshintergrund" sowie die Lehrerschaft insgesamt haben, weil dadurch ein vielfältigeres und realistischeres Bild der Gesellschaft vermittelt wird. Es gibt kaum zuverlässige Daten zum Anteil von Lehrpersonen mit „Migrationshintergrund". Der Bildungsbericht von 2008 bspw. weist keine „ethnische" oder „kulturelle" Zugehörigkeit des pädagogischen Personals aus. Nach Schätzungen des Verbandes Bildung und Erziehung (2006) haben nur ein Prozent der rund 740.000 Lehrpersonen in Deutschland einen „Migrationshintergrund" während fast 20 % der Bevölkerung und etwa 30 % der Grundschüler einen solchen Hintergrund aufweisen. Jedoch ist die Wirkung von entsprechendem Lehrpersonal in deutschen Schulen nur unzureichend erforscht. Hier ist zu bedenken, dass Bildungserfolg nicht allein und möglicherweise auch nicht überwiegend vom Handeln, Wissen und Können der Lehrpersonen abhängig ist und dass auch andere Bedingungen eine Rolle spielen können. Festzuhalten ist, dass ohne die Einbettung von Lehrpersonen mit unterschiedlichem „kulturellen" Hintergrund in eine Gesamtstrategie für den pädagogischen Umgang (für alle Lehrpersonen unabhängig von ihrer Herkunft) mit sprachlicher und migrationsbedingter Heterogenität, nicht von einer quasi automatisch positiven Wirkung ausgegangen werden kann. Nochmals ist auf den Forschungsbedarf hinzuweisen, etwa bezüglich der Bedeutung einer Gemeinsamkeit der biographischen Erfahrungen für das professionelle Handeln des Lehrpersonals. Weiter gilt es zu prüfen, ob und gegebenenfalls wie auch Lehrende mit „Migrationshintergrund" den „monolingualen Habitus" der Institution Schule reproduzieren, ob sie andere Konzepte für die Schülerschaft etablieren und ob sie gegenüber struktureller Gewalt tatsächlich sensibler sind als Lehrende ohne Migrationshintergrund (vgl. Strasser und Steber 2012, S. 97 f.).

Zusammenfassender Überblick 9

Im Folgenden werden die wichtigsten Erkenntnisse der theoretischen Ausarbeitung noch mal zusammenfassend dargestellt.

Schätzungen gehen davon aus, dass in Deutschland 70.000–140.000 „Sinti und Roma" leben. In Umfragen gelten sie oftmals als unbeliebteste aller Volksgruppen in Deutschland. Dabei lassen sich die in Deutschland beheimateten „Sinti und Roma" grob in vier Gruppen unterteilen, die sich vor allem durch ihre unterschiedlichen Einwanderungszeitpunkte und ihren rechtlichen Status unterschieden. Die „Sinti und Roma", die bereits seit mehreren Jahrhunderten auf deutschen Gebieten leben gelten aufgrund ihrer Verfolgung im Nationalsozialismus, als „nationale Minderheit" mit besonderem rechtlichen Status. Dadurch soll ihre Gleichstellung innerhalb der Gesellschaft erreicht werden. Es existiert eine Vielzahl von eigenen Organisationen aller Gruppen, wie der „Zentralrat Deutscher Sinti und Roma", die „Sinti Allianz Deutschland", der „Rom e. V. Köln", der „Roma-National-Congress" (RNC) in Hamburg und die „Romani Union Berlin". Trotz aller Differenziertheit von „Sinti und Roma" besteht ein sehr undifferenziertes Bild von ihnen als „Zigeuner/innen" mit einseitig angenommenen „kulturellen" Merkmalen. Die Europäische Union macht die deutsche Bundesregierung seit 2000 regelmäßig darauf aufmerksam, dass „Sinti und Roma" wiederkehrend über eine weitverbreitete Benachteiligung, insbesondere beim Zugang zu (Aus-)Bildung, Beschäftigung und bei der Versorgung mit Wohnraum, berichten, und gibt Empfehlungen, die Lage der Betroffenen zu verbessern. Die Bundesregierung reagiert jedoch nur sehr langsam auf diese Umstände.

Das Begriffspaar „Sinti und Roma" stellt zwei Selbstbezeichnungen dar, welche offiziell mit Hilfe von Betroffenen bzw. Interessenvertretern/innen etabliert wurden. Dabei wurde der internationale Terminus „Roma" in Deutschland um die Selbstbezeichnung der hier seit Jahrhunderten ansässigen Gruppe „Sinti" erweitert. Die Doppelbezeichnung verweist vor allem auf unterschiedliche Zeitpunkte der

Zuwanderung. Die Bezeichnung ist innerhalb der Interessenvertreter/innen allerdings umstritten.

Mit dem Blick in die Geschichte wird deutlich, dass „Sinti und Roma" eine historisch diskriminierte Minderheit ist. Seit ihrer Ankunft in Deutschland wurden sie mit Vorurteilen und Misstrauen konfrontiert. Der Begriff „Zigeuner/in" fungierte zunächst als eine Kategorie, um Personen zu bezeichnen, die lokal nicht zugeordnet werden konnten. Im Laufe der Geschichte wurde dieser Begriff jedoch zunehmend „ethnisch" und auch rassistisch besetzt. Dies führte zu einer Kriminalisierung dieser Kategorie, auf deren Grundlage dann die Verfolgung, Assimilation und Vernichtung im Nationalsozialismus legitimiert wurde. Die kollektiven Eigenschaftszuschreibungen, die selbst durch „wissenschaftliche" Untersuchungen postuliert wurden, führten dabei zu einer Verfestigung von zahlreichen Stereotypen über „Sinti und Roma" sowie die Wahrnehmung als „ethnische" Gruppe mit einer als eigenständigen und einheitlich angenommenen „Kultur". Selbst nach 1945 sahen sich „Sinti und Roma" einer starken Diskriminierung ausgesetzt. Entschädigungsleistungen wurden ihnen vielfach verwehrt. Sie hatten Schwierigkeiten, die deutsche Staatsbürgerschaft wiederzuerlangen, die ihnen während der NS-Zeit aberkannt wurde. Der Völkermord wurde erst auf Druck von Interessenvertretern/innen in der 1980er-Jahren anerkannt. Immer noch wurden zu dem Zeitpunkt „Sinti und Roma" durch staatliche Behörden systematisch kriminalisiert, in Bayern gab es noch bis zum Jahre 2001 (!) eine Sondererfassung von „Sinti und Roma".

In Medien, politischen Einschätzungen und sogar sozialwissenschaftlichen Veröffentlichungen wird zunehmend und immer selbstverständlicher von „nationaler", „kultureller", „ethnischer", „religiöser" etc. Identität gesprochen. Die Idee „Kultur" wird dabei zum Schlüsselbegriff der Analyse gesellschaftlicher Verhältnisse. Die Gefährlichkeit der Dominanz der genannten Begriffe liegt darin, dass sie die Auffassung über die „Identität" von Minderheiten beeinflussen, was wiederum die politischen und pädagogischen Maßnahmen gegenüber solchen Minderheiten beeinflusst. Es kann gezeigt werden, dass es für das Zustandekommen „ethnischer" Zugehörigkeit weniger auf ein tatsächliches Blutverwandtschaftsverhältnis ankommt, als vielmehr auf den subjektiven Glauben an eine Abstammungsgemeinsamkeit. Ethnizität sollte nicht mit „Kultur" und schon gar nicht mit „einer" „Kultur" gleichgesetzt werden. „Ethnien" bzw. „ethnische" Gruppen sind keine transhistorischen Einheiten, sondern vielmehr historische Konstrukte und Produkte. Der Ethnizitätsbegriff wird vor allem in Anspruch genommen, um vermeintliche oder tatsächliche Unterschiede zum eigenen Vorteil zu gewichten. Interessenvertreter/innen heben mit Nachdruck „ethnisch-kulturelle" Gemeinsamkeiten von „Sinti und Roma" hervor. Diese Selbstinszenierung dient zwar auch dazu, Forderungen an die Politik stellen zu können, bedeutet jedoch gleichzeitig die Verkürzung

9 Zusammenfassender Überblick

der tatsächlichen Heterogenität der einzelnen Gruppen. Durch den Verweis auf allgegenwärtige Diskriminierung wird zwar ein möglicher Handlungsspielraum gegenüber der Politik gestaltet und eingefordert, gleichzeitig wird dadurch aber auch die kritisierte „Ethnisierung" sozialer Verhältnisse gestützt.

Alte wie auch neueste empirische Forschungsergebnisse zeigen, dass Diskriminierung in verschiedenen Feldern, wie beim Zugang zu (Aus-)Bildung, Beschäftigung und Wohnraum, immer noch vorhanden ist – trotz gesetzlicher Antidiskriminierungsvorgaben. Jedoch stehen Untersuchungen in der Gefahr die *unsichtbaren* „Sinti und Roma", die in der Gesellschaft nicht etwa als „bildungsfern" oder benachteiligt auffallen oder sich nicht als „Sinti und Roma" zu erkennen geben, vielfach zu übersehen. Damit wird das Spektrum der Lebensrealitäten von „Sinti und Roma" auf bestimmte Facetten reduziert, was wiederum Vorschub für Vorurteile und Diskriminierung seitens der restlichen Bevölkerung leisten könnte. Hier bedarf es vielmehr qualitativer Forschungsansätze, welche die Lebensrealitäten von „Sinti und Roma" unter deren eigenen Beteiligung angemessen beschreiben könnten. Empirische Forschung, etwa auf der Basis qualitativer Erhebungen, die sich mit dem Alltag von „Sinti und Roma" beschäftigen und wie sie diesen selbst wahrnehmen, existieren kaum.

Innerhalb der Debatte um die Verbesserung der Bildungssituation von „Sinti und Roma" wird insbesondere auf die Notwendigkeit hingewiesen Romanes-Unterricht einzuführen, da ein Spannungsverhältnis zwischen der rein mündlich überlieferten Sprache Romanes und dem schriftsprachlichen Anspruch der Schule entstehen kann. Besondere Herausforderungen ergeben sich hier auch aufgrund der Vielfalt der sprachlichen Varietäten und dem Umstand, dass „Sinti- und Roma"-Familien dem Romanes-Unterricht unterschiedlich gegenüberstehen. Es bestehen nur wenige wissenschaftliche Untersuchungen zur Effektivität dieses Unterrichts. Erkenntnisse der Forschung zur sprachlichen und kognitiven Entwicklung zweisprachiger Kinder zeigen jedoch, dass es förderlich ist, die sprachlichen Vorerfahrungen in der Erstsprache zu berücksichtigen. Nur an wenigen deutschen Schulen wurden bisher Konzepte für den Romanes-Unterricht entwickelt, wie etwa in Münster oder Frankfurt am Main. Ein mangelnder Bildungserfolg von „Sinti und Roma" kann jedoch nicht einseitig den sprachliche Defiziten der Kinder und ihrer Familien angelastet werden. So müssen hier bspw. auch der „monolinguale Habitus" der deutschen Schulen und Befunde zur „institutionellen Diskriminierung" sowie zu den Einstellungen von Lehrenden gegenüber Kindern mit nichtdeutscher Muttersprache und ihrem Einfluss auf deren Bildungskarrieren Berücksichtigung finden. Darüber hinaus verspricht man sich Verbesserungen der Bildungssituation durch den Einsatz von „Sinti und Roma" als Lehrpersonen an deutschen Schulen. Aufgrund ihrer persönlichen Voraussetzungen könnten sie dazu beitragen, die Belange von entsprechenden Schülern/innen angemessener zu vertreten, etwa dadurch, dass sie selbst mehrsprachig aufgewachsen sind, über eine von Schülern/innen gebrauchte Minderheitensprache verfügen oder dass sie eigene oder familiäre Migrationserfahrung haben. Auch können sie als Vorbilder dienen, die erfolgreich das Bildungssystem durchlaufen haben. Das allgemeine Schulklima könnte davon profitieren, weil dadurch z. B. ein realistischeres Bild der Gesellschaft abgebildet wird. Es gibt kaum zuverlässige Daten zum Anteil von Lehrpersonal aus „ethnischen"-Minderheiten sowie mit einem „Migrationshintergrund" und auch deren Wirkung in deutschen Schulen ist nur unzureichend erforscht. Als unzureichend erweist sich die Einbettung entsprechender Lehrpersonen jedoch ohne eine Gesamtstrategie für den pädagogischen Umgang (für alle Lehrer/innen unabhängig von ihrer Herkunft) mit sprachlicher und migrationsbedingter Heterogenität. Forschungsbedarf besteht dahin gehend, ob und gegebenenfalls wie auch Lehrende mit „Migrationshintergrund" den „monolingualen Habitus" der Institution Schule reproduzieren, ob sie andere Konzepte für die Schülerschaft etablieren und ob sie gegenüber struktureller Gewalt tatsächlich sensibler sind, als Lehrende ohne Migrationshintergrund.

Die nächsten Abschnitte behandeln das Forschungsdesign der empirischen Untersuchung dieser Arbeit. Hier werden der methodische Zugang und das methodisches Vorgehen geklärt. Daran anschließend wird das empirische Datenmaterial, die interviewten Fälle, differenziert nach deren objektiven Daten, (Aus-)Bildungssituation, Familiensituation, Wohnsituation, Freizeitsituation, dem Verhältnis zu „Nicht-Sinti" sowie deren Selbstidentifikation vorgestellt. Dabei werden lediglich die konstitutiven Merkmale der Fälle aufgeführt, welche jedoch auf ausführlichen Sequenzanalysen basieren. Abschließend findet ein kontrastierender Vergleich der Fälle statt, aus dem sich das Spektrum der Lebensrealitäten der Befragten ergibt. Am Ende der Arbeit steht eine kurze Zusammenfassung der wichtigsten empirischen Ergebnisse und daran anschließende Schlussfolgerungen zum Thema, insbesondere für pädagogisch Tätige.

Teil II
Forschungsdesign der empirischen Untersuchung

Methodischer Zugang und methodisches Vorgehen 10

Ausgangspunkt dieser Untersuchung bildet die qualitative Sozialforschung, deren Ziel es ist, Lebenswelten „von innen heraus", aus der Sicht der handelnden Individuen, zu beschreiben und so zu einem besseren Verständnis sozialer Wirklichkeit(en) beizutragen. Damit grenzt sich diese Arbeit von der quantitativ-standardisierten Forschung ab, da standardisierte Methoden für die Konzipierung ihrer Erhebungsinstrumente eine feste Vorstellung über den zu untersuchenden Gegenstand benötigen. Qualitative Forschung eignet sich aufgrund ihres dynamischeren Forschungsprozesses besser um Fragestellungen zu bearbeiten, zu denen bisher nur wenig bekannt ist (vgl. Flick et al. 2000, S. 14 ff.). Ziel der hier vorgenommenen Erhebung ist es, die soziale Situation jugendlicher „Sinti und Roma" aus Sicht der Befragten selbst beschreibbar zu machen bzw. Deutungsmuster für die Themenbereiche aufzuzeigen, die in dieser Untersuchung als relevant für deren soziale Situation angenommen werden. Durch den Umstand, dass empirische Daten über die Lebenssituation der zu untersuchenden Gruppe, insbesondere aus deren eigener Wahrnehmung, kaum vorhanden sind, eignet sich der Bezug auf qualitative Ansätze in besonderer Weise, um sich dem zu erforschenden Feld zu nähern.

Bei der Entwicklung der für die soziale Situation aufschlussreichen Themenbereiche orientierte ich mich insbesondere an den Ergebnissen bisheriger wissenschaftlicher Beiträge, die regelmäßig eine Benachteiligung von „Sinti und Roma", insbesondere beim Zugang zu den Bereichen (Aus-)Bildung, Beschäftigung und bei der Versorgung mit Wohnraum, berichten (vgl. Europäische Kommission gegen Rassismus und Intoleranz 2001, S. 14). Da die Befragten in dieser Untersuchung Kinder, Jugendliche und junge Erwachsene waren, die zum Zeitpunkt der Interviews bis auf einen Befragten mit ihren Eltern zusammenlebten und noch nicht beruflich tätig waren, konnten die Bereiche Zugang zu Wohnraumversorgung und Beschäftigung nur begrenzt analysiert werden. Trotz dessen ergeben sich aus den Interviews Hinweise für die Situation der Eltern der Befragten. Ferner sollten die Bereiche Freizeit- und Familiensituation sowie Selbstidentifikation der Befragten erfasst werden. Im Interesse der Untersuchung lag es nahe heraus zu finden, wie die Befragten ihre objektiven Lebensbedingungen wahrnehmen und welche Erfahrungen sie vor dem Hintergrund als „Sinti" oder „Roma" mit der „Mehrheitsgesellschaft" machen. Entgegen der Unterstellung einer eigenen „kulturellen Identität" galt es zu beantworten, wie die Befragten selbst mit ihrer Angehörigkeit zu den Sinti oder „Roma" umgehen und unter welchen Voraussetzungen eine mögliche Abgrenzung zu anderen Gesellschaftsmitgliedern stattfindet. Die Ergebnisse dieser Arbeit sollen insbesondere dazu dienen Erkenntnisse für den Umgang mit „Sinti und Roma" als Adressaten/innen Sozialer Arbeit zu gewinnen.

10.1 Erhebungsmethode

Die in dieser Arbeit gewählte Erhebungs- und Auswertungsmethode ergibt sich aus der Fragestellung dieser Untersuchung, welche letztlich die „Bedeutung" der Erzählungen in den Interviews bestimmt. Hierbei fiel die Wahl des Untersuchungsinstrumentes auf offene, leitfadengestützte Einzelbefragungen. Kennzeichen qualitativer Befragung ist die direkte Interaktion zwischen Befragten und Interviewer/in, die wechselseitige Erwartungen aneinander richten und ihr Verhalten an den Erwartungen des anderen ausrichten. Somit sind sowohl Interviewende/r als auch die Befragten an der Konstruktion von Wirklichkeit in der Befragungssituation beteiligt, in der sie eine Situationsdefinition aushandeln (vgl. Vogl 2011, S. 42). Offene Interviews zielen darauf ab, ein Thema in der eigenen Sprache, dem eigenen Symbolsystem und innerhalb des Relevanzrahmens der Befragten zu entfalten. Nur dadurch kann vermieden werden, in Einzeläußerungen Bedeutungen hinein zu projizieren, die ihnen nicht zukommen. Die Einzeläußerung kann im Einzelinterview erst im Gesamtkontext einer Erzählung oder längeren Darstellung adäquat verstanden werden (vgl. Bohnsack 1993, S. 20 f.).

Der Leitfaden für diese Untersuchung wurde auf der Grundlage der Fragestellung und des theoretischen Vorwissens zur Thematik erstellt. Durch die in den ersten Interviews gemachten Erfahrungen erhielt der Leitfaden entsprechende Modifikationen. Ab dem vierten Interview wurde dieser für die weiteren Interviews unverändert beibehalten. Da er der Strukturierung der Interviews mit Personen im Alter von 12 bis 25 Jahren dienen sollte, musste er für Kinder, Jugendliche und junge Erwachsene jeweils sprachlich angepasst werden. Der Zeitraum der Interviewdurchführung belief sich auf die Monate Juni bis August 2012. Die Termine wurden örtlich und zeitlich auf die jeweiligen Interviewpartner/innen abgestimmt.

Die Dauer der Gespräche reichte von etwa 30 bis 60 min. Alle Interviews wurden mit einem digitalen Audioaufnahmegerät aufgezeichnet und anschließend noch einmal angehört, um geeignete Interviews für die Auswertung auszuwählen. Dabei galt es einen möglichst großen Kontrast der Fälle aufzeigen zu können. Diese Auswahl wurde dann transkribiert. Die „Abschriebe" haben einen Gesamtumfang von 65 Seiten. Nach jedem Interview wurde ein kurzes Protokoll angefertigt, in welchem Anmerkungen zur Interviewsituation festgehalten wurden.

10.2 Fallauswahl

Insgesamt wurden 13 Interviews mit „Sinti und Roma" im Alter von 12 bis 21 Jahren durchgeführt. Bei der Auswahl der Interviewpartner/innen wurde eine weitestgehende Heterogenität hinsichtlich der Schul- bzw. Ausbildung der Personen sowie deren Alters und Geschlechts forciert, um möglichst differenzierte Typologisierungen bilden zu können. Diese sollten in der Lage sein, wesentliche Struktur- und Handlungsmuster der Befragten abzubilden.

In der folgenden Beschreibung der Fälle werden von insgesamt 13 geführten Interviews fünf vorgestellt. Dabei handelt es sich um Interviews mit zwei Sintezas (weibliche Angehörige der Sinti), zwei Sintos (männliche Angehörige der Sinti) und einem Rom bzw. Roma (männlicher Angehöriger der Roma). Diese fünf Interviews wurden ausgewählt, da an diesen erzählten Lebenssituationen der befragten „Sinti und Roma" konträre Phänomene am prägnantesten aufgezeigt werden können. Um die Anonymität der Daten zu gewährleisten wurden die Namen der Interviewpartner/innen sowie von Orten und Einrichtungen durch Codenamen ersetzt.

Fall 1: Jerklo (Sinto)
Alter: 21 Jahre
Geburtsort: Deutschland
Tätigkeit: seit ca. 3 bis 4 Jahren ausbildungssuchend; arbeitslos gemeldet

Fall 2: Juvena (Sinteza)
Alter: 18 Jahre
Geburtsort: Deutschland
Tätigkeit: ausbildungssuchend

Fall 3: Leyla (Sinteza)
Alter: 17 Jahre
Geburtsort: Deutschland
Tätigkeit: Schülerin der 11. Klasse eines Gymnasiums

Fall 4: Amer (Rom)
Alter: 14 Jahre
Geburtsort: Kosovo
Tätigkeit: Schüler der 7. Klasse einer Haupt- und Werkrealschule

Fall 5: Mano (Sinto)
Alter: 12 Jahre
Geburtsort: Deutschland
Tätigkeit: Schüler der 7. Klasse einer Realschule

10.3 Zugang zum Feld

In der Feldforschung ist es zunächst nichts Außergewöhnliches, wenn empirische Zugangsversuche zu den Forschungssubjekten scheitern, auch wenn dies in verschiedenen Forschungsdisziplinen eher verschwiegen wird. Auffällig ist jedoch, dass Wissenschaftler/innen, die sich mit „Zigeunern/innen" bzw. „Sinti und Roma" befassen, diese allgemeine Schwierigkeit ausblenden und einen gescheiterten Feldzugang stattdessen generell der Gruppe zuschreiben – trotz eines Mangels an Feldstudien mit „Sinti und Roma". So wird auf angebliche Widerstände der Betroffenen im Feld verwiesen, die entweder als „kulturell" spezifisch oder als Reaktion auf erfahrene Ausgrenzungen ausgelegt werden (vgl. Koch 2005, S. 56 f.). Im Rahmen dieser Arbeit wird nicht angenommen, dass Widerstände beim Feldzugang durch „kulturelle" Ursachen erklärt werden können. Vorhandene Abneigungen gegenüber wissenschaftlicher Forschung aufgrund erfahrener Ausgrenzung von Betroffenen will und kann ich nicht bestreiten, auch wenn dies für die vorliegende Untersuchung nicht bestätigt werden kann. Denkbar ist, dass dies mit der hier untersuchten Altersgruppe in Zusammenhang steht, da frühere „Sinti und Roma" Generationen in ihrer Kindheit und ihrer Jugend stärker mit dem Nationalsozialismus und seinen Nachwirkungen in Berührung gekommen sind.

In der vorliegenden Untersuchung sollten Personen aus „Stadt A" befragt werden. Aufgrund des empirischen Datenmaterials kam jedoch eine Befragte aus einer Stadt in Rheinland-Pfalz hinzu, „Stadt B". Der Zugang zum Feld gestaltete sich über mehrere Wege. Um Interviewpartner/innen mit unterschiedlichen Bildungsbiografien zu finden und nicht nur diejenigen zu erfassen, die in sozialen Einrichtungen

10.3 Zugang zum Feld

sichtbar werden, wurde die Suche über Schulen aufgenommen. Insgesamt wurden 106 Schulen in der „Stadt A" und direkter Umgebung kontaktiert und diesen das Forschungsvorhaben geschildert. Darunter waren Grundschulen, Förderschulen, Schulen für Erziehungshilfe, Haupt- und Werkrealschulen, Realschulen, Gewerbeschulen, Bildungszentren, Gesamtschulen, berufliche Gymnasien, Berufskollegs, eine Fachschule für Altenpflege oder Sozialpädagogik, Familienpflegeschulen, Schauspielschulen sowie diverse andere Berufsschulen. Auch gab es hierunter Schulen mit speziellen pädagogischen Ausrichtungen wie etwa Waldorf- oder Montessori-Pädagogik. Angefragt wurde, ob „Sinti- und Roma"-Schüler/innen durch Lehrpersonal und Sozialpädagogen/innen an den jeweiligen Schule bekannt waren und Möglichkeiten bestehen, mich bei der Suche nach entsprechenden Interviewpartner/innen zu unterstützen. Insgesamt haben sich 45 Schulen auf diese Anfrage zurückgemeldet. Davon haben mir lediglich sechs Schulen (Förderschulen, Haupt- und Werkrealschulen sowie eine Berufsfachschule für Hauswirtschaft und Ernährung) berichtet, dass Sinti und/oder „Roma" an der Schule bekannt waren. Diese befürworteten mein Forschungsvorhaben und boten mir ihre Unterstützung an, ausgenommen von dem Schulsozialarbeiter einer Haupt- und Werkrealschule, der aufgrund personaler Veränderungen an seinem Arbeitsplatz leider keine Möglichkeit hatte, mich in meiner Arbeit zu unterstützen.

Die restlichen Schulen, die sich auf meine Anfrage rückgemeldet hatten, äußerten meist keine entsprechenden Schüler/innen zu haben und verwiesen mich oftmals auf Förder- sowie Hauptschulen. Einige Schulen gaben an, nicht zu wissen, ob „Sinti und Roma" unter ihrer Schülerschaft sind. Der Schulleiter einer Gesamtschule lehnte die Unterstützung meines Vorhabens ab, da er darin einen zu großen Aufwand für sich selbst sowie für die Lehrenden der Schule sah. Der weitere Kontakt mit den Schulen, die sich positiv rückgemeldet hatten, verlief über deren Schulsozialarbeiter/innen oder Lehrpersonen. Ich klärte sie über den Verlauf der geplanten Interviews auf und bat sie die entsprechenden Schüler/innen anzusprechen und ihre Bereitschaft zu erfragen. Bereits im Vorfeld der Kontaktaufnahme fertigte ich eine Beschreibung meines Forschungsvorhabens an, um sie entsprechenden Kindern und Jugendlichen auszuhändigen. Bei Personen unter vierzehn Jahren sollten auch deren Eltern informiert und ihr Einverständnis für das Interview eingeholt werden. Diese Unterlagen wurden durch mich wie auch durch die Sozialpädagogen/innen an entsprechende Kinder, Jugendliche und deren Eltern ausgeteilt.

Darüber hinaus wurde auch Kontakt zu sämtlichen Kinder- und Jugendzentren der „Stadt A" aufgenommen, von denen sich jedoch nur wenige auf die Anfrage rückmeldeten. Zwei Jugendzentren äußerten, dass Sinti unter ihren Besuchern/innen sind. Zwei Andere vermeldeten, dass sie „Roma" als Besucher/innen haben, diese jedoch in Deutschland nur geduldet sind und somit den Voraussetzungen der Erhebung nicht entsprechen.

Um Kontakte zu „Roma" mit einem dauerhaften Bleiberecht für Deutschland herstellen zu können, wendete ich mich an das „Romabüro" in der „Stadt A". Leider reagierte hier niemand auf meine Anfragen.

Außerdem kontaktierte ich Sozialpädagogen/innen aus drei Flüchtlingswohnheimen in „Stadt A". Hier wurde jedoch von der gleichen Problematik, wie in den Jugendzentren berichtet – die „Roma", die bekannt waren, wurden in Deutschland lediglich geduldet. Bereits dies ist ein bezeichnender Befund für die soziale Situation von „Roma"-Kindern und -Jugendlichen in der „Stadt A".

Auf der weiteren Suche nach „Sinti und Roma" als Interviewpartner/innen nahm ich zudem Kontakt zu einer Einrichtung der Quartiersarbeit „Stadt A" auf, die unter anderem in einer Sinti-Siedlung tätig ist. Weiter versuchte ich Interviewpartner/innen durch das sogenannte „Schneeballsystem" zu gewinnen, indem bereits befragte Personen andere Sinti oder „Roma" nennen sollten, die ich interviewen könnte. Hierbei konzentrierte sich meine Suche vor allem auf Personen, welche eine höhere Schulausbildung absolvieren bzw. absolviert haben, da ich hauptsächlich Befragte gefunden habe, die eine Haupt- und Werkrealschule besuchten. Den hier Befragten waren jedoch nur selten andere Sinti bekannt, die eine höhere Schulform absolvieren bzw. absolvierten. Eine Interviewpartnerin hatte eine Sinteza als Bekannte, die ein Gymnasium besucht wie auch eine Sinteza als Halbschwester, die ein Medizinstudium absolviert, leider konnte hier jedoch kein weiterer Kontakt hergestellt werden. Im Anschluss an das Interview äußerte sie zwar ihre Bereitschaft die entsprechenden Personen nach ihrem Interesse an einem Interview zu fragen, reagierte dann jedoch nicht mehr auf meine Anrufe. Ferner versuchte ich auch über Aushänge und soziale Netzwerke (Facebook, StudiVZ, SchülerVZ) entsprechende Interviewpartner/innen zu finden, dies war jedoch nicht erfolgreich.

Da ich auch Interviewpartner/innen mit höheren schulischen Ausbildungen für meine Arbeit interviewen wollte, nahm ich auch Kontakt zu einer Sinteza in „Stadt B" auf. Dieser Kontakt wurde mir durch eine Sozialpädagogin aus „Stadt A" vermittelt.

Im Folgenden wird der Kontakt zu den Institutionen, mit Hilfe derer die Interviews realisiert werden konnten sowie weitere gelungene Zugänge zu Interviewpartnern/innen näher beschrieben.

10.3.1 Bildungsinstitutionen

Bildungszentrum in „Stadt A" Von einem Bildungszentrum in der „Stadt A" bekam ich recht schnell eine positive Antwort auf meine Anfrage. Mir wurde die Kontaktadresse einer Ausbildungsbetreuerin ausgehändigt, die ich dann telefonisch

10.3 Zugang zum Feld

kontaktiert habe. Sie vermittelte mich direkt an eine 21-jährige Sinteze, die zum Zeitpunkt des Interviews eine Ausbildung absolvierte. Sie stimmte dem Interview ohne Vorbehalte zu und vereinbarte einen zeitnahen Interviewtermin mit mir. Das Interview fand in den Räumlichkeiten der Einrichtung statt.

Ganztagesschule (Haupt- und Werkrealschule) in „Stadt A" Durch die Unterstützung der Schulsozialarbeiterin einer Ganztagsschule konnte der Kontakt zu vier Sinti-Kindern im Alter von 12 bis 13 Jahren hergestellt werden, die sich im Einverständnis ihrer Eltern dazu bereit erklärten, ein Interview durchzuführen.

In einem persönlichen Vorgespräch in der Schule lernte ich die Kinder zunächst kennen, um dann jeweils einen Interviewtermin mit ihnen auszumachen. Die Interviews wurden während der Unterrichtszeit der Kinder im Schülercafé der Schule durchgeführt. Hier erwies es sich von besonderer Bedeutung klarzustellen, dass meine Forschungsarbeit und meine Rolle nicht in Zusammenhang mit der Schule stehen, sondern diese lediglich als Vermittlerin im Forschungsprozess auftritt. Vor dem Beginn der Interviewdurchführung schienen die Kinder sehr aufgeregt zu sein, was sich während der Interviews nur bedingt legte. Entsprechend fielen manche Antworten nur sehr knapp aus.

Zudem hatte sich zunächst auch eine 17-jährige Sinteza, welche an dieser Schule die neunte Werkrealklasse besuchte, dazu bereit erklärt ein Interview durchzuführen. Leider entschied sie sich dann doch dagegen. Die Schulsozialpädagogin fragte noch eine weitere ältere Sinteza an, diese war jedoch nicht zu einer Interviewteilnahme bereit.

Förderschule in der „Stadt A" Die Schulsozialpädagogin der Förderschule berichtete, dass einige Sinti- und „Roma" die Förderschule besuchten. Leider konnte hier kein Interview umgesetzt werden. Laut Schulsozialpädagogin hatten mehrere Schüler/innen zwar geäußert, an einem Interview teilnehmen zu wollen, sie vergaßen aber immer wieder die Einwilligung ihrer Eltern für das Interview mitzubringen. Darüber hinaus gab es auch Eltern, die ein Interview abgelehnt hatten.

10.3.2 Sozialpädagogische Einrichtungen

Einrichtung der Quartiersarbeit in der „Stadt A" Über diese Einrichtung konnte ich den Kontakt zu einer 17-jährigen Sinteza sowie vier Sintezas und zwei Sintos im Alter zwischen zehn und 13 Jahren herstellen. Im Vorfeld kontaktierte ich die leitende Sozialpädagogin der Einrichtung, die durch ihrer Arbeit Kontakte zu sehr vielen Sinti hat. Bei einem persönlichen Treffen schätzte sie die Möglichkeit Sinti als

Interviewpartner über die Einrichtung zu gewinnen eher negativ ein. Sie betonte die Vorbehalte, die Sinti aufgrund der negativen geschichtlichen Erfahrungen gegenüber wissenschaftlicher Forschung hätten. Dennoch hat sie sich dazu bereit erklärt, mein Anliegen in ihr Team einzubringen. Dadurch konnte der Kontakt zu zwei anderen Sozialpädagogen/innen der Einrichtung hergestellt werden, die mich in meiner Arbeit unterstützen wollten. Dies waren der Projektleiter einer Lernfördergruppe und eine Sozialpädagogin, die unter anderem verschiedene Schulprojekte begleitet. Die Lernfördergruppe besuchten Kinder und Jugendliche ab der fünften bis zur achten Klasse. Nach Angaben des Projektleiters nahmen jedoch nur wenige ältere Sinti-Jugendliche an der Lernfördergruppe teil, da sie vielfach die Schule abgebrochen hätten oder in den Familien mithelfen müssten. So sind die Jungen oftmals bei der Arbeit der Väter eingebunden, die meist im Schrotthandel tätig sind und die Mädchen im Haushalt. Er berichtete über eine stark ablehnende Haltung der Eltern gegenüber der Bildungsinstitution Schule. Die Möglichkeit Interviewpartner/innen zu finden könne, nach Ansicht des Sozialpädagogen, nur gelingen, wenn dieses innerhalb einer längeren persönlichen Kontaktaufnahme mit den Betroffenen geschehen würde. Auch er betonte, dass vor allem die Eltern der Kinder und Jugendlichen aufgrund der Erfahrungen von „Sinti und Roma" im Dritten Reich, skeptisch gegenüber wissenschaftlicher Forschung sind und einem Interview deshalb nicht ohne weiteres einwilligen werden.

Etwa eine Woche lang hospitierte ich je drei Stunden am Tag in der Lernfördergruppe und unterstützte ein 17-jähriges Sinti-Mädchen bei der Vorbereitung auf ihre Hauptschulabschlussprüfungen. Vorher hatte sie fünf Jahre lang eine Förderschule besucht. Während der Hospitation in der Lernfördergruppe lernte ich unter anderem auch sechs Sinti-Kinder im Alter zwischen 9 und 13 Jahren kennen – vier befreundete Mädchen und zwei Jungen. Gemeinsam mit den Jungen habe ich die deutsche Rechtschreibung und lesen in deutscher Sprache geübt. Beim Tischtennisspielen bot sich die Möglichkeit sie näher kennenlernen. In diesem Rahmen habe ich ihnen über mein Forschungsvorhaben erzählt und erfragt, ob sie Interesse hätten ein Interview mit mir durchzuführen. Die Jungen willigten sofort ein. Ich gab ihnen die von ihren Eltern zu unterschreibende Einverständniserklärung mit nach Hause und verwies auf die Möglichkeit mich oder die Sozialarbeiter/innen der Einrichtung bei Fragen zu meiner Arbeit und dem Interview kontaktieren zu können. Leider konnte kein Interview mit den zwei Jungen realisiert werden, da sie innerhalb des Interviewzeitraums nicht mehr in der Lernfördergruppe erschienen sind. Laut Sozialpädagogen/innen war dies insofern keine Besonderheit, da viele Kinder und Jugendliche die Lernfördergruppe nur sehr unregelmäßig besuchen.

10.3 Zugang zum Feld

Die vier Mädchen hatte die Sozialpädagogin der Einrichtung bereits über meine Arbeit informiert. Persönlich habe ich ihnen noch einmal das genaue Vorgehen erklärt und ebenfalls ihr Interesse an einem Interview erfragt. Auch sie haben sich ohne Vorbehalte direkt zu einem Interview bereit erklärt und nahmen die Einverständniserklärungen für ihre Eltern entgegen. Es konnten Interviews mit zwei der vier Mädchen realisiert werden. Sie wurden in den Räumlichkeiten der Einrichtung der Quartiersarbeit durchgeführt. Die Eltern eines Mädchens, mit der kein Interview zu Stande kam, erlaubten die Teilnahme am Interview nicht. Hierbei handelte es sich um eine sogenannte „Wanderschülerin", so die Sozialpädagogin der Einrichtung. Sie hielt sich zu diesem Zeitpunkt mit ihrer Familie nur vorübergehend in der „Stadt A" auf bzw. befand sich „auf der Reise". Trotzdem besuchte das Mädchen für diese Zeit eine Schule in der „Stadt A" und manchmal auch die Lernfördergruppe. Ein weiteres Mädchen, mit dem kein Interview durchgeführt werden konnte, war dann doch nicht mehr zur Interviewteilnahme zu motivieren.

Jugendzentrum I. In der „Stadt A" Durch den Sozialpädagogen des Jugendzentrums I. bekam ich Zugang zu vier Sintezas im Alter von 16 bis 18 Jahren. Telefonisch vereinbarte ich mit ihnen ein Treffen im Jugendzentrum. Da sich die Mädchen dort öfter treffen, bekam ich die Gelegenheit sie persönlich kennenzulernen. Bei unserem Treffen waren sie bereits durch den Sozialpädagogen über mein Forschungsvorhaben informiert. Meine „Forschungsrolle", den Zweck und das Vorgehen der Arbeit musste ich den Mädchen nicht lange erklären, sie erklärten sich direkt dazu bereit am Interview teilzunehmen.

Für die Durchführung der Interviews vereinbarten wir einen gemeinsamen Termin im Jugendzentrum. Für mögliche Terminänderungen gab ich ihnen meine Telefonnummer. Zu unserem verabredeten Interviewtreffen erschienen die Mädchen leider nicht. Zwei Wochen später traf ich zufällig zwei dieser Mädchen in einer Einrichtung der Quartiersarbeit. Nach ihren Aussagen konnten sie mich telefonisch nicht erreichen um das Interview zu verschieben. Ich vereinbarte mit diesen Mädchen einen neuen Termin für die Interviews. Diesmal nahm ich auch die Handynummern der Mädchen auf. Sie versicherten mir sich darum zu kümmern, dass auch ihre anderen zwei Freundinnen zu diesem Termin erscheinen. Als Interviewort hatten wir nun die Einrichtung der Quartiersarbeit vereinbart. Leider erschienen die Mädchen auch zu diesem Termin nicht, sagten diesen vorher auch nicht ab. Auf meine Anrufe reagierten sie ebenfalls nicht. Es vergingen etwa zwei Wochen, bis ich einem dieser Mädchen mit einer anderen Freundin wieder zufällig begegnete. Sie gab an, sich nicht gemeldet zu haben, da sie während der vergangenen Wochen im Urlaub war. Sie bekundete jedoch, dass alle der vier

Mädchen weiterhin Interesse am Interview haben. Ich möchte bemerken, dass der Umstand des Nichteinhaltens der vereinbarten Interviewtermine durch die Mädchen keine spezifische als eher eine klassische Schwierigkeit darstellt, Interviews mit Jugendlichen zu realisieren. Dies ist mir bereits aus anderen Forschungsarbeiten mit Jugendlichen bekannt. Glücklicherweise führte ich zum Zeitpunkt unseres Zusammentreffens ein Aufnahmegerät mit mir und konnte die Spontanität der Jugendlichen für ein Interview nutzen. Wir führten das Interview draußen auf der Treppe der Einrichtung durch, da dies von der Interviewpartnerin präferiert wurde. Darüber hinaus wollte die Befragte ihre Freundin bei dem Interview dabei haben. Die Freundin brachte an manchen Stellen des Gesprächs ebenfalls Antworten mit ein, was in der Transkription ersichtlich ist. Während dieses Interviews kam es zu ein paar Unterbrechungen durch andere Kinder und Jugendliche, welche die Befragte kannten und neugierig waren, was wir machten.

Jugendzentrum II. in der „Stadt A" Über das Jugendzentrum II, mit welchem ich bereits länger persönlichen Kontakt hatte, bekam ich die Möglichkeit zwei Roma-Brüder im Alter von 17 und 15 Jahren zu interviewen. Ich kannte die beiden bereits, da ich sie einmal für eine Forschungsarbeit zum Thema „Freizeitpraktiken von Jugendlichen" interviewt hatte. Beide willigten sofort ein, mit mir ein Interview durchzuführen. Die Interviews fanden jeweils in den Räumlichkeiten des Jugendzentrums statt. Über diese zwei Befragten versuchte ich an weitere „Roma" für Interviews zu gelangen. Es konnten jedoch keine weiteren Interviews realisiert werden, da sich deren in Frage kommenden Freunde bzw. Verwandten nicht zu einem Interview bereit erklärten.

Einrichtung der Orientierungshilfe für Ausbildung und Arbeit für jugendliche „Sinti und Roma" in der „Stadt A" Diese Einrichtung betreute männliche jugendliche „Sinti und Roma" bei der Ausbildungs- und Arbeitssuche. Der Projektleiter erklärte sich dazu bereit, die von ihm betreuten Jugendlichen über das Forschungsvorhaben aufzuklären und das Interesse der Jugendlichen an einem Interview zu erfragen. Er erhielt von mir eine schriftliche Forschungsbeschreibung, die potentiellen Interviewpartnern ausgehändigt werden sollte. Innerhalb von etwa vier Wochen bekam ich eine positive Rückmeldung vom Projektleiter, der zwei Personen gefunden hatte, die zu einer Interviewteilnahme bereit waren. Leider konnte hier nur ein Interview realisiert werden, da eine Person zum geplanten Interviewtermin nicht erschienen ist und sich laut Projektleiter nicht mehr gemeldet hat. In den Räumlichkeiten der Einrichtung führte ich ein Interview mit einem 21-Jährigen Sinto durch.

10.3.3 Sonstige Zugänge

Bei einem Quartiersfest in der „Stadt A" konnte ich durch die Unterstützung von studentischen Mitarbeitern/innen ansässiger sozialer Einrichtungen Kontakt zu einem 12-jährigen Sinto und einem 14-jährigen Roma herstellen. Beide willigten der Interviewteilnahme direkt ein. Da deren Eltern ebenfalls auf dem Fest anwesend waren, konnte ich auch deren Einverständnis einholen. Ebenfalls entschlossen sie sich ohne Vorbehalte dazu, mich in meiner Arbeit zu unterstützen. Ich erhielt die Telefonnummer der Eltern des 12-Jährigen und die Handynummer des 14-Jährigen, um einen konkreten Interviewtermin auszumachen. Das Interview mit Ersterem wurde in den Räumlichkeiten der oben genannten Einrichtung der Quartiersarbeit durchführt. Da der 14-jährige Roma sich in seiner Freizeit meist in einem Jugendzentrum aufhielt, um dort mit anderen Jugendlichen Breakdance zu tanzen, vereinbarten wir, dass ich die Einrichtung anfrage, um dort das Interview durchzuführen. Das Jugendzentrum erklärte sich sofort dazu bereit ihre Räumlichkeiten für das Interview zur Verfügung zu stellen. Leider konnte das Interview aber nicht realisiert werden. Zwar vereinbarten wir einen Termin, jedoch wurde dieser von dem Jungen wieder abgesagt. Auf erneute Anfragen reagierte er leider nicht mehr.

Darüber hinaus wurde ich von einer Sozialpädagogin an zwei Filmemacher weitergeleitet, die 2012 einen Kinofilm veröffentlichten, der unter anderem über das Leben einer Sinti-Familie in Deutschland erzählt. Die Sozialpädagogin hatte die Filmemacher selbst persönlich gekannt und empfahl mir den Film vor allem deshalb, weil dort eine 14-jährige Sinteza mitspielte, die ein Gymnasium besuchte. Ich kontaktierte die Filmemacher/innen und informierte sie über meine Forschungsarbeit. Sie willigten ein, diese Sinteza nach ihrem Interesse an einer Interviewteilnahme zu fragen. Etwa zwei Wochen darauf bekam ich eine E-Mail des Mädchens, in der sie äußerte, mich in meiner Arbeit unterstützen zu wollen. Da sie jedoch in „Stadt B" lebte, war eine Interviewumsetzung vor Ort nicht möglich. Dies lag unter anderem an mangelnden zeitlichen Ressourcen. Deshalb einigten wir uns auf ein Interview per Telefon.

10.4 Auswertungsmethode

Die Interviews wurden schließlich sequenzanalytisch und in Anlehnung an die objektive Hermeneutik ausgewertet.

In der empirischen Sozialforschung kann im Wesentlichen zwischen vier Auswertungsverfahren unterschieden werden: das Verfahren der Narrationsanalyse, die dokumentarische Methode, die Methodologie der Grounded Theory und die objektive Hermeneutik. Inhaltsanalytische Verfahren nehmen unter den qualitativen Methoden eine gewisse Sonderstellung ein, da sie nicht darauf angelegt sind, implizite Bedeutungen aus dem Datenmaterial zu erfassen. Während sich die Narrationsanalyse auf die Rekonstruktion biografischer Prozesse des Handelns und Erleidens konzentriert, liegt der Ausgangspunkt der dokumentarischen Methode vor allem bei kollektiven Prozessen. Grounded Theory und objektive Hermeneutik gehen bei der Analyse von Texten zunächst beide sequenzanalytisch vor. Die Grounded Theory will jedoch theoretische Zusammenhänge von Erzähltem erschließen und die objektive Hermeneutik latente Sinnstrukturen im Gesagten offenlegen (vgl. Przyborski und Wohlrab-Sahr 2010, S. 184). Interpretative Methoden sind nicht nur in geschlossener Form auf bestimmte Untersuchungsgegenstände anwendbar, sondern können auch als eine Art „Werkzeugkasten" dienen, dem man je nach Forschungsfrage und -kontext geeignete Untersuchungsinstrumente entnehmen kann. Meist werden Leitfadeninterviews inhaltsanalytisch ausgewertet oder anhand des „Codierparadigmas" der Grounded Theory. Diese Methoden bergen jedoch die Gefahr, den von den Befragten selbst zum Ausdruck gebrachten Sinngehalt im Interview nicht angemessen zu erfassen. Gerade interpretative Auswertungsverfahren ermöglichen eine methodisch kontrollierte Interpretation in diesem Sinne (vgl. Kleemann et al. 2009, S. 208 f.).

In Anbetracht der Forschungsfrage in der die Rekonstruktion der gesellschaftlich gerahmten sozialen Situation jugendlicher „Sinti und Roma" aus deren eigenen Wahrnehmung Gegenstand ist, wurde ein sequenzanalytisches Interpretationsverfahren, angelehnt an die objektive Hermeneutik, als Auswertungsmethode verwendet. Die objektive Hermeneutik wurde von Ulrich Oevermann begründet. Sie geht davon aus, dass die Welt durch eine sinnhafte Struktur gekennzeichnet ist und sich durch Sprache konstituiert und in Texten materialisiert. Die erhaltenen Texte, die als Protokolle der Wirklichkeit gelten, bieten einen direkten Zugang zu dieser Wirklichkeit. Ziel ist es, die in den Texten enthaltene Sinnstruktur der Wirklichkeit methodisch kontrolliert zu rekonstruieren. Dabei gründet sich die methodische Überprüfbarkeit und der verbindliche Geltungsanspruch der objektiven Hermeneutik auf die Regelgeleitetheit sozialen Handelns. Demnach wird die Welt von unhintergehbaren Regeln bestimmt, welche den Handlungen von Subjekten erst Bedeutung verleihen und ihnen ein Spektrum möglicher Verhaltensweisen vorgeben. Entsprechend muss bei der Interpretation von Texten auch auf solche Regeln Bezug genommen werden (vgl. Wernet 2009, S. 11 ff.). Jede sprachliche Interaktion gilt als Fall, der durch allgemein geltende soziale Regeln geprägt ist. Aus diesen Handlungsoptionen wird jedoch individuell eine bestimmte Auswahl getroffen, die wiederum neue Handlungsmöglichkeiten eröffnet. Somit

10.4 Auswertungsmethode

treffen im konkreten Fall latente Strukturen auf die Eigengesetzlichkeit der handelnden Subjekte. Erst durch die sequentielle Rekonstruktion der Fallstruktur im objektiv-hermeneutischen Verfahren, kann der Fall zugleich in seiner Besonderheit wie auch als Ausdruck allgemeiner Strukturbedingungen verstanden und die latente Sinnstruktur der Interaktion offen gelegt werden (vgl. Scherf 2009, S. 302 ff.).

Reflexion des Forschungsverlaufs 11

In Bezug auf den Zugang zu möglichen Interviewpartnern/innen, ergab sich die erste Hürde bereits aufgrund der bestehenden vorurteilsbehafteten gesellschaftlichen Auseinandersetzung mit der Thematik dieser Arbeit. Vor dem Hintergrund der historischen Diskriminierung von „Sinti und Roma" durch die jeweilige „Mehrheitsgesellschaft" ließen sich in der wissenschaftlichen Literatur, aber auch in den Aussagen mancher Sozialpädagogen/innen mit denen ich in Kontakt getreten bin, zahlreiche Verweise auf eine bestehende Skepsis gegenüber wissenschaftlicher Forschung unter den Betroffenen finden. Da ich als Nicht-Sinti und Nicht-„Roma" der „Mehrheitsgesellschaft" angehöre, galt es dies in der Kontaktaufnahme mit entsprechenden Interviewpartnern/innen zu reflektieren. Um eine mögliche Skepsis bei potenziellen Befragten abbauen zu können, war es hier von besonderer Bedeutung sich mit der Frage auseinanderzusetzen, was die Forschungssubjekte von meinen eigenen wissenschaftlichen Fragestellungen, Vorüberlegungen und Thesen erfahren sollten. Dies ist nicht nur eine ethische Frage. Es muss auch beachtet werden, wie eine bestimmte wissenschaftliche Information auf diejenigen wirkt, denen sie präsentiert wird. So kann sie z. B. durch die Forschungssubjekte, die keinen wissenschaftlichen Hintergrund haben, als abschreckend, spekulativ und damit verdächtig interpretiert werden und Barrieren im frühen Forschungsprozess herstellen. Zudem können zu viele Informationen die Aufmerksamkeit der Forschungssubjekte in eine bestimmte Richtung lenken und somit die Forschungsergebnisse „verfälschen" (vgl. Przyborski und Wohlrab-Sahr 2010, S. 57 f.). Ich habe stets versucht den Betroffenen bewusst zu machen, dass meine Arbeit nicht das Ziel verfolgt, bestehende Thesen zu bestätigen sondern versucht Meinungen und Wahrnehmungen zu bestimmten Themenbereichen aus Sicht der Befragten nachzuzeichnen, was hier wieder die Bedeutung qualitativer Forschung hervorhebt. Die Bereitschaft zu den *Interviews* war insgesamt äußerst groß. Die Eltern, Kinder, Jugendlichen und jungen Erwachsenen, mit denen ich persönlichen Kontakt hatte, entschieden sich alle ohne Vorbehalte für eine Teilnahme am Interview.

Einige Eltern, die per Elternbrief durch die Schulsozialpädagogen/innen informiert wurden, entschieden sich gegen eine Interviewteilnahme ihrer Kinder. Da deren Motivationen für die Zurückweisung des Forschungsvorhabens nicht transparent war, kann ich dies nicht als Bestätigung einer angenommenen Skepsis gegenüber wissenschaftlicher Forschung auslegen. Vor dem historischen Hintergrund möchte ich jedoch nicht bestreiten, dass Skepsis gegenüber wissenschaftlicher Forschung besteht bzw. bestehen könnte. Vor allem ist diese Skepsis bei den früheren Generationen denkbar und vor allem bei denjenigen, die selbst persönliche Erfahrungen mit einer Verfolgung im Rahmen „wissenschaftlicher" Forschung gemacht haben.

Weiter muss im Forschungsvorhaben der Zugang zum Feld über Institutionen bzw. deren Vertreter/innen reflektiert werden. Solch ein Zugang kann die Wahrscheinlichkeit erhöhen, ein breiteres Spektrum von Probanden zu finden, als nur diejenigen, die besonders aktiv und von sich aus zur Auskunft bereit sind. Jedoch besteht dadurch gleichzeitig die Gefahr, dass eine offene Kommunikation mit den Befragten gehemmt wird, da sie sich gegenüber Institutionen strategisch verhalten und den Forschern/innen unlöslich zuschreiben könnten, dass sie Teil dieser Institution sind (vgl. ebd., S. 69). Um eine offene Kommunikation zu ermöglichen, wurde besonders darauf geachtet, deutlich zu machen, dass die jeweilige Institution keinen Einblick in die geführten Gespräche bekommt und nur als Vermittlungsinstanz fungiert. Dies war vor allem bei den Interviewpartnern/innen wichtig, mit denen das Interview in den Räumlichkeiten der Schule stattgefunden hat. Denn hier liegen etwa Analogien der Interviewsituation zu schulischen Prüfungssituationen nahe, die das Antwortverhalten der Befragten entsprechend beeinflussen können (vgl. Vogl 2011, S. 47). Darüber hinaus kann die prinzipielle (wenn auch bei qualitativer- im Gegensatz zu quantitativer Forschung weniger ausgeprägten) Asymmetrie der Kommunikation in der Interviewsituation, durch das Autoritätsverhältnis zwischen erwachsenen Interviewern/innen und befragtem Kind oder Jugendlichen, verstärkt werden. Um diesen Schwierigkeiten gerecht zu werden, kann es nicht das Ziel sein, eine Form der Gleichheit zu suggerieren, wie sie etwa in einer Unterhaltung zwischen Freunden besteht. Vielmehr geht es darum, den Befragten zu signalisieren, dass sie selbst die Möglichkeit haben das Gespräch zu steuern und dass genügend Raum für ihre eigenen Darstellungen vorhanden sind (vgl. Reinders 2005, S. 196 f.). Um eine Offenheit, Kommunikativität und Natürlichkeit der Situation zu ermöglichen, habe ich allen Befragten im Voraus der Interviews versucht klar zu machen, dass sie zu den Fragen offen antworten können, was ihnen hierzu selbst wichtig erscheint und dass ihre Aussagen in keinster Weise bewertet werden. Um mögliche Ängste der Befragten gegenüber dem Interview zubauen, habe ich stets auch meine „Aufgeregtheit" offen dargelegt, da es sich immer um eine Begegnung zwischen unterschiedlichsten, einander weitgehend un-

11 Reflexion des Forschungsverlaufs

bekannten Menschen handelte. In Bezug auf die vier Interviews, die mit 12- und 13-Jährigen in den Räumlichkeiten der von ihnen besuchten Schule stattgefunden haben, schienen die Befragten deutlich zurückhaltender und unsicherer zu sein, als jene während der anderen Interviews.

In der Interviewsituation war ich darauf bedacht Suggestiv- als auch Ja- Nein-Fragen zu vermeiden, dies konnte jedoch nicht immer eingehalten werden. Ebenso kam es in einigen Fällen zu Unterbrechungen in den Erzählungen der Befragten. Bei manchen Erzählungen wären weitere Nachfragen interessant oder auch hilfreich gewesen. In den Interviewsituationen gab es einige Interviewte, die sich als Repräsentanten/innen der gesamten Gruppe „Sinti" oder „Roma" befragt sahen, von denen quasi erwartet würde, allgemeine Aussagen darzulegen, anstatt die Fragen auf sich selbst zu beziehen.

Bezüglich der abgebildeten Situation der hier befragten „Sinti und Roma" muss man sich stets vergegenwärtigen, dass es sich nur um einen sehr kleinen Ausschnitt aus den vielfältigen Lebenswelten der Gesamtpopulation handelt. So finden sich darunter vielleicht Personen, die nicht zur Teilnahme an einem solchen Forschungsvorhaben bereit sind, da sie sich nicht als „Sinti und Roma" zu erkennen geben wollen, die Skepsis gegenüber Forschungsarbeiten hegen oder für welche die Angehörigkeit vielleicht keine Bezugsgröße darstellt.

Auch wenn ich bei den zu beantwortenden Forschungsfragen dieser Arbeit auf die Begrifflichkeit „Sinti und Roma" zurückgreife, welche innerhalb der Gesellschaft als eine feste Kategorie verankert ist, ließ sich bei der Ausarbeitung dieser Arbeit niemals das Gefühl des Widerstands und des Unbehagens abstellen, dadurch evtl. eine „kulturelle" Andersartigkeit zu unterstellen und Kulturalisierungen zu reproduzieren. Vielleicht ist dies aber auch der springende Punkt im Umgang mit dieser Thematik – „ethnische", „kulturelle" und nationale Einteilungen und Grenzziehungen nicht einfach als gegeben hinzunehmen und sie der Erklärung von Verhaltensweisen von Menschen voranzustellen, sondern sie stets zu hinterfragen.

Empirisches Material 12

Bei den Interviewtreffen bekundete ich den Interviewpartnern/innen noch einmal mein Forschungsinteresse und erklärte ihnen abermals das Vorgehen des Interviews. Die Aufforderung, alles, was zum Thema einfällt zu erzählen, diente der Stimulanz eines Erzählflusses. Nach Zusicherung von Datenschutz und dessen schriftlicher Bestätigung in Form einer Datenschutzerklärung wurden die Interviews je mit einer offenen Erzählaufforderung begonnen. Hierbei bat ich die Interviewpartner/innen mir ihren Schulverlauf bzw. ihre Schulbiografie zu schildern und zu erzählen, wie sie diese für sich selbst bewerten.

Von den aufgenommenen Interviews wurden diejenigen, die zur Auswertung ausgewählt worden sind, wörtlich transkribiert. Hierbei wurden auch parasprachliche Äußerungen wie z. B. „ähm" und Pausen markiert. Bei der Transkription wurde darauf geachtet, sich möglichst nah an der gesprochenen Sprache zu orientieren, daher blieben Satzzeichen oder auch grammatikalische Regeln unbeachtet. Die Interviews wurden dann sequenzanalytisch ausgewertet. Am Ende jeder Sequenzanalyse stand dann die herausgearbeitete Struktur des jeweiligen Falles. Im Folgenden werden die jeweiligen Auswertungen der Fälle aufgeführt. Um die Anonymität der Daten zu gewährleisten, wurden die Namen der Interviewpartner/innen sowie von Orten und Einrichtungen durch Codenamen ersetzt. Die folgenden Darstellungen der Fälle basieren dabei auf ausführlichen Sequenzanalysen.

12.1 Fall 1: Jerklo (*Sinto*)

12.1.1 Objektive Daten

Jerklo lernte ich über eine (Einrichtung der Orientierungshilfe für Ausbildung und Arbeit für jugendliche „Sinti und Roma" in „Stadt A") kennen. Vor dem Interview fand leider kein persönliches Treffen statt, sodass wir uns in der Interviewsituation als völlig Fremde gegenüberstanden. Zum Zeitpunkt des Interviews ist Jerklo 21 Jahre alt und lebt mit seiner Freundin und deren Schwester in der Wohnung der Mutter der beiden Mädchen. Davor hat Jerklo mit seiner Familie, seinen Eltern und fünf Geschwistern (23-, 19-, 16-, 10- und vier Jahre alt), in einer Fünf-Zimmer-Mietwohnung mit Keller und Garten in einer Sinti-Siedlung in „Stadt A" gewohnt. Er und seine Familie sind in Deutschland geboren.

Jerklos Vater ist zum Zeitpunkt des Interviews bei der Deutschen Post angestellt und dort für die Packstationen zuständig. Zuvor hat er als Schrotthändler gearbeitet. Er weist einen Hauptschulabschluss auf. Eine berufliche Ausbildung hat er nicht absolviert, da er nach der Schule gemeinsam mit dessen Vater dem Schrotthandel nachgegangen ist. Jerklos Mutter ist Nicht-Sinti und Hausfrau. Sie hat die (Hasel Förderschule in der „Stadt A") besucht. Nach Jerklos Aussage, weist sie wahrscheinlich ein Abgangszeugnis, möglicherweise noch einen Hauptschulabschluss auf. Jerklos Eltern beherrschen die deutsche Sprache in Schrift und Wort. Innerhalb der Familie wird überwiegend die deutsche Sprache gesprochen.

Jerklos älteste Schwester ist 23 Jahre alt, Hausfrau und Mutter von zwei Kindern. Sie hat, wie auch die Mutter, die (Hasel Förderschule in der „Stadt A") besucht und dann einen Hauptschulabschluss absolviert. Sie weist keine berufliche Ausbildung auf. Die 16-jährige Schwester erwirbt zum Zeitpunkt des Interviews ihren Hauptschulabschluss in der (Cleo Haupt- und Werkrealschule in der „Stadt A"). Die zehnjährige Schwester besucht die (Brio Grundschule in der „Stadt A") und die vierjährige Schwester einen Kindergarten. Jerklos Bruder ist 19 Jahre alt und weist einen Hauptschulabschluss auf. Gegenwärtig besucht er mit Jerklo einen Vorbereitungskurs zur Ausbildungssuche.

Welche Ausbildung die Eltern von Jerklos Vaters aufweisen, ist ihm nicht bekannt. Väterlicherseits ist die Großmutter früh verstorben und mit dem Großvater hatte Jerklo nicht viel Kontakt. Aus dem Interview ergibt sich, dass dieser Großvater als Schrotthändler gearbeitet hat. Beide Großeltern sind bereits verstorben.

Mütterlicherseits hat die Großmutter eine Ausbildung zur Metzgereifachverkäuferin absolviert und dann im Verkauf und im Reinigungsdienst gearbeitet. Die Ausbildung des Großvaters ist Jerklo unbekannt. Er betätigte sich im Europapark an dem Bau von Achterbahnen.

Jerklo hat den Kindergarten und dann die (Fördergrundschule in der „Stadt A") absolviert. Anschließend besuchte er die (Hasel Förderschule in der „Stadt A") bis zur achten Klasse, bis er dort von der Schule verwiesen wurde. Danach absolvierte er eine (Schule für Erziehungshilfe) und erwarb dort einen Hauptschulabschluss. Daraufhin hat er ein BVJ (Berufsvorbereitungsjahr) begonnen und nach einem halben Jahr abgebrochen. Zum Zeitpunkt des Interviews befindet sich Jerklo etwa

12.1 Fall 1: Jerklo (*Sinto*)

seit 3½ bis 4 Jahren auf Ausbildungssuche. Er ist arbeitslos gemeldet. Sein Traum ist es im Bereich des Landschaftsbaus zu arbeiten.

12.1.2 Zusammengefasste konstitutive Merkmale des Falles

(Aus-)Bildungssituation
Jerklo hat den Kindergarten und eine Fördergrundschule innerhalb der Sinti-Siedlung besucht. Dann wechselte er auf die Förderschule. Der Umstand, dass Jerklo es geschafft hat trotz Förderschulbesuch einen Hauptschulabschluss zu erwerben entkräftet die Annahme einer allgemein bei ihm vorzufindenden Leistungsschwäche. So könnten durch die Lehrer/innen andere Merkmale für die Entscheidung zur Förderschule herangezogen worden sein. Hier muss auf die Bedeutung institutioneller Diskriminierung im Rahmen der Schule hingewiesen werden. Diese Form der Diskriminierung bezieht sich auf die rechtlichen und organisatorischen Rahmenbedingungen, die Arbeitskulturen in einzelnen Organisationen und auf das professionelle Handlungswissen der Akteure/innen, welche nicht mit individuellen Vorurteilen der Handelnden erklärbar sind und auch unbeabsichtigt zur Benachteiligung führen. (vgl. Gomolla, 2010, S. 61)

Es zeigt sich, dass auf der von Jerklo besuchten Förderschule weitere Schüler/innen mit Sinti-Angehörigkeit gewesen sind. In der 8. Klasse wurde Jerklo von der Förderschule verwiesen und besuchte darauf eine (Schule für Erziehungshilfe), wo er einen Hauptschulabschluss erworben hat. Auf dieser Schule war er der Einzige, der eine Sinti-Angehörigkeit aufwies. Anschließend hat er ein BVJ begonnen und nach einem halben Jahr abgebrochen. Jerklo befindet sich zum Zeitpunkt des Interviews etwa seit 3 ½ bis 4 Jahren auf Ausbildungssuche und ist arbeitslos gemeldet.

Innerhalb seiner Schullaufbahn beschreibt Jerklo den Besuch der Förderschule als auch den der Schule für Erziehungshilfe als äußere Entscheidungen, denen er sozusagen „ausgeliefert" war.

> Grundschule bin ich gegange (1) [in der „Stadt A"] (2) halt bis wann das weiß ich gar nimmi (1) bis glaub sechs (1) sechseneunzig bin ich reingekomme (2) dann bis zweitausendzwei (.) dann bin ich auf [Hasel Förderschule in der „Stadt A"] gekomme (2) bis (1) 2005 glaub ich da bin ich dann rausgefloge und bin dann auf (.) ähm [Schule für Erziehungshilfe] gekomme (1) und da hab ich dann mein Hauptschulabschluss gemacht [...]

Auf der Förderschule ist Jerklo in der 8. Klasse von der Schule verwiesen worden. Auf die Frage, weshalb Jerklo aus der Förderschule geworfen wurde, weist er rückblickend die Verantwortung dafür sich selbst zu.

> Scheißdreck gemacht und so (.) deswege da ebe no nit so für Schule intressiert und (3) dort ebe rausgefloge

Insgesamt bewertet Jerklo seine Schulzeit negativ. So bewertet werden durch ihn insbesondere die Lehrpersonen und die Fächer Mathe und Deutsch, die er als uninteressant beschreibt. Erst auf Nachfrage zum Verhältnis zu den Lehrern/innen wird eine Stigmatisierung Jerklos durch das Lehrpersonal deutlich, welches ihn als „dumm" bezeichnet. Zudem zeigt sich die Anwendung körperlicher Gewalt durch das Lehrpersonal, als Reaktion auf Jerklos Versuch sich in Form von „Beleidigen" gegen diese Stigmatisierung zu wehren.

> Haa so (.) bin (.) ebe wenn ich was falsch gemacht gemacht hab ich bin dumm und so scheiß (.) des halt (.) ebe sowas braucht ma sich nicht gefalle lasse für des isch man net in de Schul

Jerklo weist zurück, dass Noten etwas über seine eigenen intellektuellen Fähigkeiten ausgesagt haben, übernimmt die Fremdbeschreibung der Schule also nicht für sich selbst. Hier zeigt sich Jerklo als aktive Person, die sich gegenüber von ihm wahrgenommener Diskriminierung zur Wehr setzt. Jedoch erscheint es für ihn plausibel, aufgrund eines schlechten Notendurchschnitts in eine Sonderschule „eingewiesen" zu werden, sozusagen als notwendige Folge dessen. Der Förderschulbesuch wird von ihm nicht problematisiert, da er innerhalb der Familie keine Ausnahme darstellt, quasi familiär tradiert wurde (Mutter und älteste Schwester). Zur Frage, wie Jerklos Eltern auf den Förderschulbesuch reagiert haben antwortet dieser:

> Haa (.) warn halt net so begeistert weil ebe Sonderschule (2) aber damit müsst se leben mei Schwester war da waren viele da (.) ebe von daher

Im Datenmaterial wird ein Umbruch in der Einstellung gegenüber der Schule erkennbar, der mit dem Schulwechsel von der Förderschule in die (Schule für Erziehungshilfe) einhergeht. Das dortige positive Verhältnis zu Lehrpersonen und den Mitschülern/innen lässt sich für Jerklo als wichtiger Faktor ausweisen, der sein Interesse an Schule steigert. Engagement seitens des Lehrpersonals misst Jerklo hohe Bedeutung bei, sieht hierfür jedoch auch die Notwendigkeit entsprechender Rahmenbedingungen, wie etwa einer kleineren Klassengröße.

Einen Einfluss auf sein Desinteresse an der Schule scheint seine eher aktionsorientierte Einstellung gehabt zu haben, welche im Schulsystem angeeckt ist. Bei Jerklo kann vielmehr ein Desinteresse an einer bestimmten Form der Vermittlung von Lernstoff als ein Desinteresse am Lernstoff selbst ausgemacht werden.

Der Gedanke, dass die Berufswahl durch „schlechte" Abgangsnoten erschwert wird, scheint in Jerklos Schulzeit nicht vorhanden bzw. durch die Negativbewer-

12.1 Fall 1: Jerklo (*Sinto*)

tung von Schule überlagert zu sein. Dagegen ist dieser Gedanke zum Zeitpunkt des Interviews bei Jerklo fest verankert. Hier zeigt er sich sensibel gegenüber der Bedeutung formaler Bildungsabschlüsse für den Zugang zur beruflichen Ausbildung. Beides resultiert wohl auch aus der Erfahrung heraus, aufgrund des „schlechten" Abschlusses in beruflicher Hinsicht eingeschränkt zu sein.

> Mir war des eigentlich relativ damals egal (.) auf was für (.) ebe da war Grund- schule da (.) war ich da in de fünfte Klasse bei de Schenkedorf da (1) wars mir eigentlich egal da hab ich mich noch net so drum gekümmert (2) un jetz wenn ich so überleg da wär ich auch lieber auf Realschule gegange oder so (1) ebe mittlerweile brauchsch ja Realabschluss für irgendwelche (.) Ausbildungsbetriebe (2) s(') so wars ebe gut das ich dann auf ne Hauptschule gekomme bin (1) na statts nur so Abgangszeugnis gekriegt (1) das war noch mein Glück

Eine berufliche Ausbildung nimmt für Jerklo einen hohen Stellenwert ein. Hierbei kann sowohl der Wunsch nach Selbstbildung und institutioneller Sicherheit ausgemacht werden als auch der Wunsch aus dem staatlichen Unterstützungssystem als Arbeitsloser herauszutreten. Jerklo hat in dem von ihm präferierten Beruf „Landschaftsgärtner" bereits länger nach einer Ausbildung gesucht. Es wird deutlich, dass er gesellschaftlich bestehende Erwartungen, die eine Berufsausbildung innerhalb einer bestimmten Altersspanne vorgeben, für sich übernommen hat. Bei Jerklo lässt sich ein Wunsch nach Stetigkeit bzw. Sicherheit durch eine Arbeitsstelle erkennen. Dadurch kann die Präferenz einer beruflichen Selbstständigkeit, wie sie für Sinti oftmals angenommen wird, zurückgewiesen werden. Die Wünsche bezüglich seiner Zukunft, die Jerklo im Gespräch zunächst für seine Eltern benennt, verfolgt er auch für sich selbst.

> Au des gleiche (.) au a Ausbildung und nach der Ausbildung am beschte übernomme werde (1) un da dann zu arbeite

In Jerklos Schulzeit gab es keine Unterbrechung durch ein „auf Reise Gehen" der Familie. Die Eltern zeigen sich hier konform gegenüber schulisch bzw. auch beruflich vorgegebenen Urlaubszeiten.

Die Möglichkeit zu Hause für die Schule zu lernen war bei Jerklo erschwert. Es fehlte ein geschützter Raum, der äußere Einflüsse weitgehend eindämmt. Solch einen geschützten Raum erhielt Jerklo durch die Hausaufgabengruppe. Sie kann als wichtigster Unterstützungspfeiler bezüglich Jerklos Schulangelegenheiten ausgemacht werden.

In der Unterstützung bei Schulangelegenheiten durch die Familie nimmt Jerklos Mutter eine herausragende Rolle ein, der Vater bleibt hier außen vor. Persönlicher Kontakt der Mutter zu den von Jerklo besuchten Schulen lässt sich lediglich für die

Förderschule feststellen. Hier scheint ihr Engagement daraus zu resultieren, dass sie früher selbst Schülerin in dieser Schule war und ihr somit die Lehrpersonen bekannt sind.

> Auf de [Hasel Förderschule in der „Stadt A"] schon weil meine Mutter war au auf der [Hasel Förderschule in der „Stadt A"] un sie hat sich au ebe mit den Lehrer kannt die alle noch von ihrer Schulzeit (2) un ebe da dann au immer angerufe als und wie macht er sich un so Zeug des schon

Ausgenommen auf der (Schule für Erziehungshilfe) hatte Jerklo während seiner Schulzeit nicht die Möglichkeit zu entscheiden, ob er seine Sinti-Angehörigkeit öffentlich machen will, da freundschaftliche- oder familiäre Beziehungen stets darauf verwiesen haben.

> [...] des wisse auch ebe die meiste weil ich ja (.) von der alte Klasse sin ja alle fast mit mir gekomme (.) in die neue Schule (1) und da kannt ich au viele oder mei Schwester war ja da schon drauf (.) von daher (.) haben des schon viele gewusst (.) oder alle halt

In Jerklos Schulzeit nimmt innerhalb der Schülerschaft die nationale oder „ethnische" Zuordnung einen hohen Stellenwert ein. Jerklo zeigt sich hier aufgefordert, sich in solche Kategorien einzuordnen.

> Ja wenn sie mich gefragt haben was ich bin sag ich ja ähm Sinti [...]

Dabei verstärken äußere Merkmale, die bei Jerklo durch andere als von der „deutschen" Bevölkerung abweichend wahrgenommen werden, die Notwendigkeit zur nationalen Einordnung. Die Aufforderung zur Einordnung markiert hierbei eine „Andersmachung", die in der Gefahr steht, gesellschaftlich bestehende negative als auch positive Stereotype zu bedienen.

> Ja wenn sie mich frage jetze (.) ich komm net rein und sag hier ich bin [Jerklo Weiss] und (.) de de de (1) wenn sie frage ja und ebe wege meine Hautfarbe was für Nationalität sag ich ja Deutscher aber Sinti (.) ja okay dann wisse die meiste au schon

Thematisch fanden „Sinti und Roma" innerhalb des Lehrmaterials in Jerklos Schulzeit nie Berücksichtigung, selbst im Rahmen des Nationalsozialismus nicht. Es wird deutlich, dass Jerklo selbst nicht über die Erfahrungen von „Sinti und Roma" im Nationalsozialismus aufgeklärt ist, was darauf schließen lässt, dass diese innerhalb Jerklos Familie nicht thematisiert wird.

> Nee davon (.) weiß ich gar nix (.) s(') ebe da hab ich mich zu wenig befasst mit dem Thema

Diskriminierungserfahrungen aufgrund seiner Sinti-Zugehörigkeit hat Jerklo in seiner Schulzeit nicht wahrgenommen. Seit der Heirat von Jerklos Eltern vor drei

12.1 Fall 1: Jerklo (Sinto)

Jahren und der damit einhergehenden Übernahme des Nachnamens des Vaters (ein häufig vorkommender Name unter Sinti-Angehörigen) nimmt Jerklo wahr, dass er keine Einladungen zu Bewerbungsgesprächen mehr erhält.

> [...] ebe bei Bewerbungsgespräche denk ich mir halt (.) weil (.) ich hieß vorher [Linz] (.) von der Name von mei Mutter (.) und da gings eigentlich mit de Bewerbungsgespräche die ham mich au immer eingelade und so Zeug aber seitdem ich [Weiss] heiß (2) kommt da nur noch zurückgeschriebe zurück (.) wir haben kein Intressent(') äh (1) ähm (.) kein Interesse an ihne und so Zeug

Familiensituation

In Jerklos Familie zeigt sich eine klassische Geschlechterrollenverteilung, in der die Mutter eine Hausfrauenrolle einnimmt und der Vater einer Berufstätigkeit nachgeht.

Eine berufliche Ausbildung scheint für beide Elternteile von Bedeutung zu sein. Ihr Stellenwert ist mit Jerklos Schwierigkeiten, aufgrund seines Schulabschlusses bzw. seiner „schlechten" Noten einen Ausbildungsplatz zu finden, gestiegen. Arbeit bzw. ein Beruf als selbstverständlicher Lebensbezug ist im Denken der Eltern fest verankert. In der Frage nach den Zukunftswünschen der Eltern für Jerklo wird die Präferenz einer festen Arbeitsstelle deutlich, Abhängigkeit vom staatlichen Unterstützungssystem wird negativ bewertet.

> Jetze merke sie halt beim mir un mei große Schwester (1) die isch ja auch schon aus der Schule (1) das ebe das nix bringt wenn ma kei schl(') äh wenn ma kei gute Abschluss hat (.) so die den(') ähm mache sie jetz au dass sie meine kleinere Geschwister vor äh fördern tun (.) dass die ebe nach de Schul dann glei Ausbildung kriege oder so und nete (.) wie ich äh daheim rumgammle un so (.) ein Euro jobs mache und so

Jerklos Mutter ist Hausfrau und besuchte die Förderschule, die auch Jerklo und seine Schwester später besuchten. Jerklo geht davon aus, dass die Mutter wahrscheinlich ein Abgangszeugnis, möglicherweise noch einen Hauptschulabschluss besitzt. Jerklos Vater hat einen Hauptschulabschluss erworben. Gegenwärtig ist er bei der Deutschen Post angestellt und dort für die Packstationen zuständig. Der Vater hat keine berufliche Ausbildung absolviert, da er nach der Schule mit dessen Vater im Schrotthandel tätig war. Jerklos Eltern beherrschen die deutsche Sprache in Schrift und Wort. Innerhalb der Familie wird überwiegend die deutsche Sprache gesprochen. Romanes bzw. „Zigeunisch", wie Jerklo die Sprache bezeichnet, wird von ihm seltener und wenn dann mit dem Vater gesprochen.

> öh (.) mit mei Vater (.) red ich als so (1) un ebe aber (.) eigentlich redet er mir wenn mir alle daheim sin reden wir deutsch miteinander aber jetz (.) wenn ich mit mei Vater unterwegs bin dann rede wir auch Zigeunisch (1) aber so jetz regelmäßig deutsch (.) weil eben meine Mutter isch Deutscher (2) aber die kann au die Sprache

In Jerklos Familie wird deutlich, dass Traditionen, die Jerklo für Sinti beschreibt, auch brüchig werden. Zwar begründet er seine Ausführungen zunächst mit der „Nationalität" der Mutter, es wird aber auch mit einer moderneren Zeit argumentiert.

> Wir sin jetz ähm weniger (.) da isch ja au da des (.) das ma kein ähm (1) die Frauen nur Röcke anziehe dürfe (.) aber weil me(') mei Mutter Deutsche isch (.) isch des ja (1) sie isch ja kei Sinti (.) von daher sie zieht au Hose un mei Vater isch da au (.) so mei Frau isch a (.) Deutsche und (.) mir lebe nimmi (.) gar net wie vor fufzig Jahr (.) das ma des und des mache muss (.) aber en paar Dinge halte mir uns ja trotzdem

Hier sowie an weiteren Stellen des Interviews ergeben sich Hinweise darauf, dass innerhalb der Familie nicht ausschließlich eine „ethnische" bzw. nationale Zugehörigkeit der beiden Elternteile im Vordergrund steht. Eine innerfamiliäre Tradierung negativer Erfahrungen aufgrund der Sinti-Angehörigkeit kann weitgehend ausgeschlossen werden. Weiter kann für Jerklo keine besonders starke Bande zu weiteren Familienmitgliedern ausgemacht werden.

Wohnsituation

Jerklo wohnt zum Zeitpunkt des Interviews seit etwa acht Monaten bei seiner Freundin und deren Schwester. Dies lässt sich als eine Art Wohngemeinschaft beschreiben und stellt kein klassisches Zusammenwohnen von Partnern/innen dar. Eine Präferenz gemeinsam mit seiner eigenen Familie zusammenzuwohnen kann nicht festgestellt werden. Vorher hat Jerklo in einer Fünf-Zimmer-Mietwohnung mit Keller und Garten in einer Sinti-Siedlung in „Stadt A" gewohnt. Dies bewertet er positiv, insbesondere die Gebäude, die er als schön bezeichnet und den Umstand, dass einem die Bewohner/innen alle bereits aus der Kindheit bekannt sind.

> Ja cool isch gut (.) sin ebe au schöne Häuser un (.) man kennt halt alle noch vom (1) bin ja mit den alle groß geworde un so (.) war eigentlich in Ordnung

Für Jerklo können freundschaftliche Kontakte auch außerhalb der direkten Sinti-Siedlung ausgemacht werden.

Freizeitsituation

Bei Jerklo zeigt sich eine klassische Freizeitorientierung an einer Peergroup, wie sie auch unter Nicht-Sinti zu finden ist. Darüber hinaus übt er, *die klassischerweise von männlichen Jugendlichen betriebene, Freizeitaktivität Fußball aus*. In seinem Freundeskreis wird eine Veränderung deutlich, die mit dem Anschluss Jerklos an den Freundeskreis seiner Freundin zusammenhängt.

> Mit dene wo ich jetz grad (.) ähm rumhock (.) des ähm hab ich von mei durch mei Freundin kennegelernt (1) un ebe es warn ihre Freunde und ich bin dann ebe mit ihr zsammegekomme und dann lernt man sich halt au kenne (.) mit dene hock ich jetz so rum

12.1 Fall 1: Jerklo (*Sinto*)

Derzeit besteht dieser Freundeskreis ausschließlich aus Auszubildenden, die einen Realschulabschluss oder die (allgemeine) Hochschulreife erworben haben. In Jerklos Vergangenheit lassen sich Freundschaftsverhältnisse, nicht nur ausschließlich zu anderen Sinti ausmachen.

> Ah da waren die in Ebringe (1) un ebe paar Zigeuners und so (2) und noch andere verschiede ne (1) durch (.) alles durch

Gegenwärtige Freundschaftsverhältnisse zu anderen Sinti zeigen sich bei Jerklo kaum.

> Damals wo ich in de [Hasel Förderschule in der „Stadt A"] war (.) da warens Sintis noch (1) aber jetz mittlerweile hab ich groß (.) nix mehr mit dene zu tun (2) ebe

In Jerklos Freundeskreis während der Förderschulzeit ist ein überwiegendes Desinteresse an Schule zu beobachten.

> [...] die meischte waren dann auch so wie ich (.) haben halt kein Bock ghabt auf Schule (.) schnell des die äh (.) acht Stunde (1) ähm sechs Stunde oder oder was da immer war fertig bringe und (1) dann wieder heim und des wars

Anders zeigt sich dies im Freundeskreis während der nachfolgenden Schule. Hier hebt Jerklo auch entsprechende Rahmenbedingungen hervor, die sich positiv auf seine schulische Motivation ausgewirkt haben.

> [...] und bei der andre da warn wir eh nur zu fünft und da hän ma uns ebe (.) da a(') ich mich auch dann angestrengt (.) das ich a gute Abschluss krieg (1) da warn eigentlich alle das mir (.) a Abschluss kriege (1) die hän uns dann vorbereitet aufs Arbeitslebe und so Zeug (2) deswege

Jerklo kennt keine Sinti, die eine Realschule besuchen. Ihm ist jedoch ein Sinto bekannt, der ein Gymnasium besucht. Dieser wohnte neben der Sinti-Siedlung und hat mit Jerklo die Förderschule besucht, bis er auf ein Gymnasium gewechselt ist. Auch hier stellt sich die Frage, welche Umstände einen Förderschulbesuch dieses Jungen rechtfertigten, wenn er anschließend sogar eine Gymnasialempfehlung erhielt. Zum einen könnte eine Präferenz der Eltern bezüglich der Nähe der Schule eine Rolle gespielt haben aber auch institutionelle Diskriminierung seitens der Schule wäre hier denkbar.

In seiner Freizeit hat Jerklo Diskriminierungserfahrungen aufgrund seiner Sinti-Angehörigkeit gemacht. Zum einen hat er erlebt, dass die Sinti-Zugehörigkeit mit negativen Eigenschaften in Verbindung gebracht wurde.

> Ja da war halt mal in in [Retzlingen] (.) da war ich au hab ja au viele Kollege und da war ich als gesesse (.) un ähm da war eine Frau immer und die ähm (.) immer

rumgemault un ihr (.) scheiß Zigeuner un de (.) hier siehts ja aus wie aufm Sintiplatz un des un des [...]

Darüber hinaus wurde ihm, seit dem er vor drei Jahren den Nachnamen seines Vaters angenommen hat, oftmals der Zugang zu seinen ehemaligen Stammdiskotheken in „Stadt A" verweigert. Auch dies könnte antiziganistische Einstellungen unter Nicht-Sinti deutlich machen, mit denen Jerklo in seiner Freizeit konfrontiert wird.

[...] in der Disko (1) ich weiß ich bin vorher auch reingekomme mit dem Name [Linz] (1) aber jetz als [Weiss] (1) ah du kommsch hier net rein [...] ich bin immer nur in ein zwei Diskotheke gegange und des ware die gleiche (.) da bin ich immer ohne Probleme reingekomme damals aber wenn ich jetz gehe will (.) nein hier kommsch net rein des des

Verhältnis zu Nicht-Sinti
Im Interviewmaterial zeigt sich auch eine positive Diskriminierung der Jerklo begegnet. Dies geschieht in Form der Bevorzugung seitens anderer Sinti aufgrund Jerklos Nachnamen, der auf seine Sinti-Angehörigkeit verweist.

Jerklo weist „ethnische" bzw. nationale Kategorien ausschließlich als formale Kategorien aus. Er nimmt eine universelle Position gegenüber „Nationalitäten" ein, sieht tendenziell keine Unterschiede zwischen Menschen aufgrund deren „Ethnizität" oder Nationalität.

[...] weil jeder isch e Mensch jeder isch gleich (.) ob jetz der andere Russe 447 isch oder Pole oder (.) Sinti (2) des macht irgendwie für mich nix aus

Jerklo scheint bewusst zu sein, dass eine Sinti-Angehörigkeit von manchen Menschen problematisiert wird. Es wird deutlich, dass er dem Vorurteil begegnet ist, dass Sinti und „Russen" sich untereinander nicht verstehen, was er zurückweist. Die Vorstellung homogener Nationalitäten nimmt Jerklo nicht an. Kontakte zu Roma bestehen bei Jerklo kaum, jedoch lässt sich hierfür kein bestimmter Grund ausmachen. Innerhalb der Förderschule wird der Kontakt zu zwei Roma-Mitschülern als positiv beschrieben.

Ja ja sie sind (.) die waren nett (.) ebe und mit dem einte (.) hab ich jetz als noch was zu tun (3) der isch eigentlich in Ordnung un der andere (1) ja den hab ich schon ewig nimmi mehr gesehn

Selbstidentifikation
Jerklos Selbstidentifikation als Sinti konstruiert sich insbesondere über seinen Vater, wenn er äußert worauf er stolz ist.

> auf unsre Sitte ne un so (1) auf mein Vater (1) er hat des ebe au alles so (.) gut gemacht hat mir alles (.) viel erklärt wie die Sintis lebe und so Zeug (1) des halt

So hat er etwa die Sprache Romanes unter anderem im Gebrauch mit seinem Vater erlernt. Die Sinti-Angehörigkeit scheint für Jerklo jedoch keine herausragende Rolle einzunehmen, sie ist vielmehr Normalität.

> Hach (1) bin stolz drauf ein(') einfach so (.) isch für mich halt normal weil (.) ich damit groß geworde bin (1) wenn jetz einer zu mir kommt m(') wel(') du bisch aber ähm (.) gucksch mich (.) dein Mutter isch Russe du bisch a halbe Russe (2) da sag ich ebe ich bin mit Sinti groß geworde und (1) glaub es (.) isch halt für mich normal (.) weil ich kenns net anderster

Seine Sinti-Angehörigkeit gibt Jerklo jedoch nur auf Nachfrage an. Aufgrund seiner Mutter zeigt er ebenfalls eine Identifikation als „Deutscher". Jerklo zeigt einen offenen Umgang mit der Sinti-Zugehörigkeit. Es gibt keine Situationen, in denen er diese verheimlicht.

Zwar benennt er Traditionen, die er als „sinti-spezifisch" auslegt. Diese könnten sich aber genauso als Einstellung unter Nicht-Sinti zeigen.

> Ja ähm (.) ähm das wir Pferdefleisch esse zum Beispiel (1) des da nete oder (1) so (.) nuttig rumrenne so mit (.) kei Ahnung so (.) bei uns die Fraue mit so kurze Miniröcke oder so (1) un ebe immer respektvoll (.) mim ältere (1) umgehen von der Familie (.) mim Vater oder Opa zum Beispiel

Trotz der vorgehenden Verwendung „wir" und „uns", was eine Gruppenidentifikation darstellt, sieht Jerklo tendenziell keine „ethnischen" bzw. „kulturellen" Unterschiede zwischen Sinti und Nicht-Sinti. Die Bezeichnung „Zigeuner/in" nimmt Jerklo nicht als Fremdbezeichnung und nicht negativ wahr. Neben dem Begriff „Sinti" verwendet er auch den Begriff „Zigeuner/in" als Selbstbezeichnung, da dieser auch von seinem Vater verwendet wird. Darüber hinaus weist Jerklo auf die gängige Verwendung in der Öffentlichkeit hin.

12.2 Fall 2: Juvena (*Sinteza*)

12.2.1 Objektive Daten

Juvena habe ich über ein Jugendzentrum kennengelernt, das sie unregelmäßig mit einigen Freundinnen besucht. Wir konnten uns bereits im Rahmen zweier informeller Treffen vor dem Interview etwas näher kennenlernen. Zum Zeitpunkt des

Interviews ist sie 18 Jahre alt und lebt mit ihrer Familie, ihren Eltern und zwei Brüdern (20 Jahre und Grundschulalter), in einer Vier-Zimmer-Mietwohnung in der Sinti-Siedlung in „Stadt A". Sie und ihre Familie sind in Deutschland geboren. Ihr Vater geht einer selbstständigen Tätigkeit im Bereich Antiquitäten nach. Ihre Mutter ist Hausfrau, hat jedoch einmal als Hilfskraft in einem Kindergarten gearbeitet. Beide haben keine abgeschlossene Schulausbildung. Juvenas Vater besuchte zunächst die (Brio Grundschule in der „Stadt A") und musste die nachfolgende Schule in der sechsten Klasse verlassen, um seine Familie mit zu unterstützen. Auch ihre Mutter musste die Schule vorzeitig verlassen, um in der Familie mitzuhelfen.

Juvenas älterer Bruder hat eine Hauptschule absolviert und arbeitet als Fahrer bei der Stadtgärtnerei. Ihr jüngerer Bruder besucht die (Brio Grundschule in der „Stadt A"). Die Familie ist von Köln nach „Stadt A" umgezogen, als Juvena die erste Klasse der Grundschule besuchte. Innerhalb der Familie wird ausschließlich Romanes gesprochen.

Juvena hat den Kindergarten und dann für ein Jahr eine Grundschule in Köln besucht. In der „Stadt A" besuchte sie zunächst die (Brio Grundschule in der „Stadt A") und dann für zwei Jahre die (Cleo Haupt- und Werkrealschule in der „Stadt A") bis sie sich freiwillig dazu entschied auf die (Hasel Förderschule in der „Stadt A") zu wechseln. In der achten Klasse brach sie die Schule ab und besuchte dann etwa zwei Jahre lang keine Schule mehr. Mit sechzehn beschloss sie ihren Hauptschulabschluss im (Bildungszentrum) nachzuholen. Um besser entscheiden zu können, welche Ausbildungsrichtung sie verfolgen möchte, absolvierte sie ein Jahr lang eine berufsvorbereitende Bildungsmaßnahme. Anschließend hat sie eine Ausbildung zur Verkäuferin bei einer großen Handelskette begonnen, diese aber aufgrund eines Diebstahlvorwurfes nach etwa über einem halben Jahr abgebrochen. Zum Zeitpunkt des Interviews ist Juvena ausbildungssuchend. Ihr Traumberuf ist es Verkäuferin zu werden.

Ihre Freizeit verbringt Juvena mit Freunden. Einen Verein hat sie noch nie besucht. Manchmal hält sie sich in einem Jugendzentrum in ihrem Wohnviertel auf.

12.2.2 Zusammengefasste konstitutive Merkmale des Falles

(Aus-)Bildungssituation
In Juvenas Bildungsbiografie zeigt sich, dass sie den Kindergarten und die Grundschule besucht hat. Deutlich wird ein hohes Selbstbestimmungsrecht innerhalb der Familie bezüglich der Entscheidung für die von ihr besuchten Schulen (Hauptschule, Förderschule). Darüber hinaus hat sie sich auch selbst dazu entschieden

12.2 Fall 2: Juvena (*Sinteza*)

die Schule in der achten Klasse abzubrechen, selbst wenn die Eltern gegen diese Entscheidung waren.

In der Grundschule, wie auch in der Hauptschule, hat Juvena die Erfahrung gemacht, mit gängigen Stereotypen als „Roma" und „Zigeuner/in" stigmatisiert zu werden. In ihren Ausführungen hierzu zeigt sich Juvenas eigene Verstrickung in den Vorurteilsdiskurs gegenüber „Roma" und „Zigeuner/innen".

> da warn halt Sintis nicht so beliebt irgendwie (.) die ham mich auch so oft verglichen mit Romas das wir halt asozial sind un so (.) so klauen (.) und halt immer Schlägerei anfangen un so was weil wir eigentlich so gar nicht sind

Die Bedeutung von Schule bzw. eines formalen Abschlusses lässt sich für Juvena zu Beginn des Schuleintritts als hoch beschreiben. Innerhalb ihrer weiteren Schullaufbahn lässt diese Bedeutung jedoch immer mehr nach und gipfelt in ihrem Schulabbruch.

Für Juvenas Schulzeit in der Haupt- und Werkrealschule können Diskriminierungserfahrungen aufgrund ihrer Sinti-Zugehörigkeit ausgemacht werden.

> auf der Schule waren fast gar keine Ausländer es war grad so (.) ne Hand voll (.) und paar Sintis von uns meine Leute halt un so (.) Bruder und mein Cousins (1) und (.) keine Ahnung die wollt (.) von die Eltern aus haben die halt immer reingeredet ja gib dich nich mit die ab die sind asozial dreckig klauen und (.) schlechter Umgang (.) anscheinend (.) tja und die waren halt immer so ne Clique für sich aus und auch wenn sie uns mal gesehn haben haben sie auch immer so voll gezogen ah da sind Zigeuner und sowas

Juvenas gesamten Schullaufbahn, wie auch die Wahl des von ihr präferierten Ausbildungsbereiches, ist an anderen Sinti bzw. Familienangehörigen (Cousinen, Cousins) orientiert, was auch für ihren Schulabbruch angenommen werden kann. An der Entscheidung für diese Orientierung sind die Eltern aber auch sie selbst beteiligt. Neben dem Bedürfnis nach freundschaftlicher bzw. familiärer Anbindung kann diese Orientierung auch als Schutzfunktion vor Diskriminierung bzw. Ablehnung durch Nicht-Sinti gedeutet werden.

> [...] die hatten gar keine Probleme mit Sintis wie wir (.) weil sehr viele von uns aus gehen sehr viele auch äh (.) unsre Cousinen klein die sin alle schon immer da drin (.) und ähm mein Vater war selber auf die Schule auch (1) und ich hatte mit gar kein Problem [...]

Der Wunsch nach Sicherheit überlagert hierbei die Bedeutung eines formalen Bildungsabschlusses, denn aufgrund negativer Erfahrungen in der Haupt- und Werkrealschule wechselte Juvena freiwillig auf eine Förderschule. Der Förderschulbesuch wird von ihr nicht problematisiert.

> Weil meine ganzen Cousinen drin waren und ich wollt halt auch dann rüber (1) ja bei uns war dann keiner mehr da und ich wollt dann rüber wechseln zu meinen Cousinen [...]

Jedoch wird Juvenas Schulabbruch nach der achten Klasse von ihr in hohem Maße problematisiert. Der Wunsch danach, eine berufliche Ausbildung zu absolvieren ist bei Juvena stark ausgeprägt.

> Weil ich gemerkt hab das es nicht so weiter geht (.) das ich doch en Abschluss brauch das es halt schon wichtig ist und das ich es schwer bereu (.) ich bereu es eigentlich immer noch das ich damals schon meine Schule abgebrochen habe (1) weil in der Zeit hätt ich da en Abschluss schon gemacht hätt ich mein Haupt gemacht dann hätt ich vielleicht jetz schon vielleicht en Real gemacht (.) in der Zeit (1) ich bereus halt schon deswegen [...]

Es zeigt sich ein Bedürfnis nach beruflicher Qualifizierung, Selbstbildung und finanzieller Unabhängigkeit. Ferner wird ein Wunsch nach beruflicher Beständigkeit bzw. finanzieller Sicherheit sichtbar. Eine selbstständige Tätigkeit scheint Juvena nicht zu präferieren.

Die Notwendigkeit ihren Hauptschulabschlusses nachzuholen ist während Juvenas einjährigen Schulabstinenz, in einer Auseinandersetzung mit ihren Cousinen, die selbst zunächst die Schule abgebrochen haben, der Jugendagentur aber auch ihren Eltern, entstanden. Letztere dienten hierbei als „Negativ-Vorbilder", die aufgrund persönlicher Betroffenheit ihrer Tochter die beruflichen und finanziellen Perspektiven aufzeigten, die aus einem fehlenden Schulabschluss resultieren.

Für die Zeit, in welcher Juvenas Wunsch nach einer beruflichen Ausbildung gewachsen ist, wird ein Bruch mit traditionellen Vorstellungen bezüglich der beruflichen Rollenverteilung zwischen Sinti-Frauen und -Männern deutlich. Das Einnehmen einer traditionellen Hausfrauenrolle, die Juvena als typisch für Sinti-Frauen beschreibt, weist sie für sich selbst zurück.

> die andren (.) weiß nicht denken sich wahrscheinlich ja bei uns is das ja so (.) bei uns wenn (.) wenn wir jetz heiraten un so (.) das die Frau eher sich so um Haushalt und so und Kinder kümmert und der Mann halt arbeiten geht und das Geld verdient (1) und dann hab ich gemerkt dass ich eigentlich nich so leben will ich will halt schon auch mein eigenes Geld verdienen (1) deswegen hab ich mein Abschluss gemacht und Ausbildung besucht und ich wollt halt was erreichen in mein Leben

Bezüglich der Ausbildungssuche beschreibt Juvena ihren Hauptabschluss als nachteilig, um einen Ausbildungsplatz zu erhalten. Diese Benachteiligung auf dem Arbeitsmarkt wird von ihr nicht problematisiert, sondern akzeptiert. Ihr ist bewusst, dass eine höhere schulische Ausbildung mehr Chancen auf dem Arbeitsmarkt bietet. Damit zeigt sie sich sensibel für gesellschaftliche Anforderungen an formale Bildung.

12.2 Fall 2: Juvena (*Sinteza*)

Es wird jedoch deutlich, dass auch Diskriminierungserfahrungen, die Juvena mit Arbeitgebern/innen gemacht hat, die Suche nach einem Ausbildungsplatz erschwerten. Wie auch im Fall 1. (Jerklo) führte das Wissen um Juvenas Nachnamen (einem gängigen Sinti-Nachnamen) zu einer negativen Reaktion des Gegenübers. In diesem Sinne zeigt sie sich doppelt benachteiligt.

> Ja ich kam rein und ich hatt nen Zettel in der Hand und hab mit ihn geredet hat die Hand gegeben war auch höflich und alles wollt en guten Eindruck machen und (.) erst war er begeistert und alles vom reden her und dann hat er den Zettel gelesen hat mein Nachnamen gelesen dann hat er mir gegeben und hat gesagt ich soll sofort seinen Laden verlassen

Auch auf der Suche nach einer Arbeitsstelle hat Juvena solche Diskriminierungserfahrungen gemacht.

> [...] da hab ich ne Arbeit gesucht des war nach der Ausbildung (.) da war ich in son Solarium oder ne Bar wars (.) ich weiß es nicht mehr (.) is schon länger her (.) und da war ich auch drin und (1) wahrscheinlich hat sie mir des sofort angesehen was ich halt bin (1) und meinte gleich ich soll raus aus ihren Laden sie will nix mit uns zu tun haben (.) und hat mich auch beschimpft un so [...] Dreckspack hat sie zu mich gesagt (.) und ich soll sofort raus und weiß ich was (1) sowas wolln wir nicht zu tun haben (.) das wir asozial sind (.) dann wollt ich auch nich ge(') diskutieren mit der hab ich gemeint ah lass ich einfach und geh da jetz raus (.) weiß nich komm ich nich so weit

Im Interview wird eine stark verankerte gesellschaftliche Wahrnehmung von Menschen entlang „ethnischer" bzw. nationaler Kategorien deutlich, mit denen Juvena während ihrer Schulzeit und Ausbildungssuche konfrontiert wurde. Sie hat regelmäßig die Erfahrung gemacht, als zur Mehrheitsbevölkerung „ethnisch" bzw. national anders sowie als „Roma" wahrgenommen zu werden.

Dass Juvena mit ihrer Familie jedes Jahr, etwa zwei Wochen oder früher, bevor die Sommerferien beginnen, auf die Reis fährt, wurde in der Hauptschule und Förderschule von dem Lehrpersonal regelmäßig problematisiert, obwohl Juvena deshalb keine Leistungsschwächen in der Schule zeigte. Auch achtete ihre Mutter stets darauf, dass Juvena auf der Reise für die Schule lernt.

Familiensituation

Juvenas Vater geht einer selbstständigen Tätigkeit im Bereich Antiquitäten nach. Ihre Mutter ist Hausfrau, hat jedoch einmal als Hilfskraft in einem Kindergarten gearbeitet. Beide haben keine abgeschlossene Schulausbildung. Juvenas Eltern waren beide gezwungen, die Schule aus familiären Gründen frühzeitig zu verlassen. Dabei musste die Mutter die Großfamilie und der Vater seine Eltern aufgrund ihres hohen

Alters und einer Krankheit des Vaters unterstützen. Es ist davon auszugehen, dass Juvenas Eltern die deutsche Sprache in Wort und Schrift beherrschen.

Juvenas älterer Bruder hat eine Hauptschule absolviert und arbeitet als Fahrer bei der Stadtgärtnerei in der „Stadt A". Ihr jüngerer Bruder besucht die Grundschule. Es scheint eine familiäre Tradierung der Grundschulwahl zu bestehen.

In Juvenas Familie wird ausschließlich Romanes gesprochen. Eine ablehnende bzw. skeptische Haltung der Eltern gegenüber staatlichen Institutionen, wie etwa Kindergarten und Schule, lässt sich im Interview nicht erkennen. Für Juvenas Eltern spielt schulische Bildung bzw. ein formaler Abschluss für die Tochter eine wichtige Rolle. Dies ergibt sich wohl auch daraus, dass beide Elternteile keinen Schulabschluss besitzen und sich dies als Nachteil für die eigene bzw. familiäre finanzielle Absicherung darstellt. Im Interview wird deutlich, dass eine selbstständige Arbeit, wie Juvenas Vater sie ausübt, von den Eltern nicht als erstrebenswerte Tätigkeit sondern vielmehr als eine Notlösung und eine unsichere Einkommensquelle angesehen wird. Die vielfach verbreitete Annahme, Sinti würden es stets bevorzugen selbstständig zu arbeiten, kann hier als romantisierendes Vorurteil zurückgewiesen werden.

> Also meine Mutter war halt schon mein Vater wollten halt schon das ich meine Schule weitermach (1) weil sie halt immer gesagt haben das es nix is wenn ich jetz meine Schule abbreche und gar keinen Abschluss hab dass ich [holt tief Luft] mitten im Leben steh ohne gar nix (.) und das es nicht so weiter geht (2) und des was unsre Väter machen so des geht halt sowieso nicht man lebt davon aber man wird nich reich davon jetz und auch nich sowas (.) richtiges jetz (.) des is (.) ein Tag is was un ein Tag is nix

Juvenas Eltern haben zwar versucht sie in Schulangelegenheiten zu unterstützen, jedoch empfand Juvena dies als wenig hilfreich. Dabei hebt sie deren Vermittlungsstil hervor, bei dem Juvena Verständnisschwierigkeiten hatte. Dies resultiert möglicherweise aus dem Umstand heraus, dass die Eltern die Schule nur kurz besuchten. Dies macht es notwendig, sich schulische Kenntnisse autodidaktisch anzueignen. Unterstützung bei schulischen Aufgaben bekam Juvena eine Zeit lang in einer Nachhilfe- und in einer Hausaufgabengruppe.

In Juvenas Familie zeigt sich eine starke klassische Geschlechterrollenverteilung. Sexualität wird innerhalb ihrer Familie weitgehend tabuisiert.

> ich weiß nicht man sagt halt nicht meine Mutter fragt mich jetzt nicht ob ich noch Jungfrau bin oder ob ich das schon gemacht hab (.) also so Thema reden wir nicht in der Familie so

Um Unterschiede zu Nicht-Sinti zu markieren, die Juvena generell als gravierend beschreibt, verwendet sie eine romantisierende Darstellung des Verhältnisses inner-

12.2 Fall 2: Juvena (*Sinteza*)

halb ihrer eigenen Familie. Dies erweist sich als Widerspruch zu ihren Aussagen im Interview, da unterschiedliche Interessen innerhalb der Familie als auch Konflikte sehr wohl von ihr beschrieben werden.

Innerhalb Juvenas Familie lässt sich ein jährliches „auf Reise gehen" finden, welches kurz vor den Schulsommerferien beginnt. Aus dem Interviewmaterial lässt sich jedoch nicht differenzieren, wie sich das Reisen ausgestaltet.

Innerhalb ihrer Familie werden gegenwärtige Diskriminierungserfahrungen thematisiert. So hat Juvenas Mutter die Erfahrung gemacht, auf ihrer Arbeitsstelle als „Zigeunerin" stigmatisiert zu werden. Darüber hinaus werden auch Geschichten über familiäre Erfahrungen während des Nationalsozialismus innerhalb Juvenas Familie kommuniziert und generationell weitergegeben. So etwa durch die Urgroßmutter, die das Konzentrationslager in Auschwitz überlebt hat. Zudem wird die Auseinandersetzung mit dem Nationalsozialismus durch entsprechende Fernsehberichte angestoßen. Juvena zeigt einen sehr emotionalen Umgang mit diesem Thema, der starke persönliche Betroffenheit auslöst. Obwohl Juvena nach ihrer Urgroßmutter die vierte Generation darstellt, nimmt sie sich selbst auch als ein Opfer des Nationalsozialismus wahr. Ihre Wahrnehmung der Entschädigungspolitik Deutschlands gegenüber „Sinti und Roma" verweist auf ein familiäres Trauma. Dies kann auch Effekte auf das Verhältnis zur Mehrheitsbevölkerung haben und sich verstärkt in einer Selbstethnisierung zeigen. In ihren Aussagen wird eine Enttäuschung gegenüber der Entschädigungspolitik Deutschlands sichtbar, die auch innerhalb der Familie thematisiert wird. So habe die Entschädigung nicht nachhaltig über die Generationen hinaus gewirkt – dies könnte Juvena zufolge nur der gezielte Abbau rassistischer Einstellungen innerhalb der Gesellschaft leisten.

> Ich hätte mir eher gewünscht das die irgendwas (.) Besonderes machen (.) äh jetz für Sintis und Romas (.) weil es war ja auch die Mehrheit wo da umgebracht haben (.) es is ja immer noch so (.) gibt ja immer noch Nazis un so (.) man merkts auch selber auch in [Stadt A] gibts die auch (.) ich habs auch schonmal er(') lebt (1) und ich finds halt immer noch schrecklich die hätten halt irgendwas dafür (.) machen müssen (.) weiß nich und des halt nich nur die eine Generation oder die zwei die auch (.) die nächsten Generation für die auch irgendetwas

Wohnsituation

Juvena wohnt gemeinsam mit ihrer Familie (Vater, Mutter und zwei Brüder) in einer Vierzimmerwohnung zur Miete in einer Sinti-Siedlung in der (Stadt A). Sie beurteilt es positiv dort zu wohnen und sieht keine Veränderungswünsche. Das Verhältnis zur Nachbarschaft beschreibt sie als unproblematisch.

Freizeitsituation

Bei Juvena zeigt sich eine Freizeitorientierung an einer Peergroup, wie sie auch unter Jugendlichen Nicht-Sinti vorzufinden ist. Dabei wird eine stärkere Bindung an näheren Familienmitgliedern (Cousinen, Cousins) als anderen Freizeitpartner sichtbar. Zweitere kennt sie von klein auf über die Nachbarschaft. Freundschaften zu ehemaligen Mitschülern/innen bestehen keine.

Ihre Freunde weisen unterschiedliche schulische Ausbildungsgrade auf, jedoch höchstens einen Realschulabschluss. Zum Zeitpunkt des Interviews absolvieren viele ihrer Freunde eine Ausbildung oder arbeiten in den Bereichen Verkauf, Hotelwesen oder in der Gastronomie. Einen Verein hat Juvena nie besucht, jedoch nutzt sie unregelmäßig ein Jugendzentrum in der Nähe ihres Wohnortes.

Verhältnis zu Nicht-Sinti

Die sequenzanalytische Rekonstruktion des Textes zeigt, dass Juvena in hohem Maße von kulturellen Unterschieden zwischen Sinti und Nicht-Sinti ausgeht. Ihre Wahrnehmung von Menschen, sich selbst eingeschlossen, ist stark durch „ethnische" bzw. nationale Kategorien gekennzeichnet. Für die Erklärung sozialer Verhältnisse unternimmt sie oftmals Rückgriffe auf „ethnische" Unterschiede, was sich als Kulturalisierungstendenz beschreiben lässt. Dabei scheint sie in einen stereotypen „kulturellen" Vorurteilsdiskurs verstrickt zu sein.

> [...] der Chef der irgendwie keine Ahnung (.) wahrscheinlich wurd da jetz auch mehr reingeredet weil eine auch da drin war (.) es war (.) ne Russin oder so (.) mit der hab ich mich nicht verstanden (.) wahrscheinlich weil ich Sinti bin [...]

Solch eine Verstrickung zeigt sich auch in Bezug auf die Wahrnehmung von „Roma", zu denen sie keine Kontakte hat.

> [...] die ham mich auch so oft verglichen mit Romas das wir halt asozial sind un so (.) so klauen (.) und halt immer Schlägerei anfangen un so was weil wir eigentlich so gar nicht sind [...]

Denkbar ist, dass Juvenas Einstellung zur Mehrheitsbevölkerung in hohem Maße beeinflusst ist und zwar durch das Wissen um die Erfahrungen von Familienmitgliedern im Nationalsozialismus, die Wahrnehmung ungenügender Aufklärung bezüglich der Thematik innerhalb der Gesellschaft und der familiären Wahrnehmung ungenügender Entschädigungspraxis, welche gegenwärtige Diskriminierungserfahrungen von „Sinti und Roma" nicht verhindern können. Dies könnte sich verstärkt in einer Selbstethnisierung zeigen. Tendenziell sieht sie das Verhältnis zwischen Sinti und Nicht-Sinti unter einem Problemfokus, denn in ihrem Bild von Gesellschaft stellen rassistische Einstellungen eher keine Ausnahmefälle dar.

> [...] früher weil es ist jetzt schon sehr irgendwie schlimm find ich jetzt schon Gesellschaft und so ja hälfte hälfte tät ich sagen die eine ist so die andere so und ich denk früher war es bestimmt noch schlimmer da war es härter für die anderen

12.2 Fall 2: Juvena (*Sinteza*)

Vorurteile gegenüber „Sinti und Roma" in der Mehrheitsbevölkerung weist Juvena zwar als erlernt aus, sie sieht jedoch selbst keine Strategien diese aufzubrechen. Erfahrene Diskriminierung oder von ihr wahrgenommene Andersbehandlung aufgrund ihrer Zugehörigkeit wird von ihr eher als Normalität im Verhältnis zur Mehrheitsbevölkerung gedeutet. Tendenziell hat sie einen defensiven Umgang mit solchen Erfahrungen entwickelt, was anhand des Interviews auch als eine Strategie der Vermeidung weiterer Diskriminierung gelesen werden kann, die auf einschlägigen Erlebnissen Juvenas beruht.

> Ja auch einfach Fremde (.) weil mich das halt gestört weil sie gesehen haben und dann hab ich mal gefragt ob irgend etwas ist weil sie mich dann so ansehen ja dann kamen gleich Schimpfwörter und so was willst denn Zigeunerhure und sowas

Das Interesse, etwa an der Sprache Romanes, durch Nicht-Sinti bewertet Juvena positiv. Eine gänzliche Abneigung gegen die Öffnung der Sprache für Nicht-Sinti lässt sich bei Juvena nicht wahrnehmen.

> Also ich fands schön dass die halt Intresse an dann (.) weil ich eigentlich sowas noch nie so gehört hab dass jemand so begeistert is un so Intresse haben (.) und für unsre Sprache das es ne schöne Sprache is (.) und unsre Kulturen und so (.) also ich fands schön

Bezüglich der Sprache Romanes wird im Interview sichtbar, dass selbst innerhalb der verschiedenen Generationen keine einheitliche Sprache bzw. Form des Romanes gesprochen wird.

Selbstidentifikation

Juvena identifiziert sich stark mit der Sinti-Angehörigkeit. Sie legt ihre deutsche Staatsangehörigkeit lediglich als formale Kategorie aus und beansprucht für sich eine Identifikation mit einer „Kultur" der Sinti.

> wenn jetz irgendwie Fremde zu mich kommt und fragt was für Nationalität oder irgendwas ich bin (.) ich bin ja eigentlich deutsch (.) in mein Ausweis steht ja auch ich bin a(') hier angehörig bin ich deutsch (.) aber von unsre Kultur halt bin ich halt Sinti

Juvena nimmt sich im Vergleich zur Mehrheitsbevölkerung als „ethnisch" anders wahr und nimmt in Anspruch, dass dies für andere auch äußerlich erkennbar ist. Dabei wird deutlich, dass sie sich selbst der Kategorie „Ausländer" zuschreibt, was auf eine wahrgenommene Außenseiterposition innerhalb der Gesellschaft verweist. Einfluss darauf können auch die Erfahrungen haben, in welchen ihr durch andere Personen oftmals ein Migrationshintergrund unterstellt wurde, wie etwa bei der Ausbildungssuche.

[...] meistens ham sie gemeint ich bin Italienerin oder Spanierin (.) weil sie mich immer gefragt haben ich hab so ein Südländischen Touch un so und dann hab ich aber gesagt nein ich bin Sinti (.) viele haben auch gewusst was des is und manche haben dann noch nachgefragt und haben gemeint ob ich Roma bin un so hab ich gesagt nein ich bin nicht Roma ich bin Sinti

Mit ihrer Sinti-Zugehörigkeit geht sie offen um, gibt diese jedoch nur auf Nachfrage an. Zwar erklärt sie an einzelnen Stellen selbst, dass es Sinti gibt, die „moderner" oder aber auch „traditioneller" eingestellt sind, versucht aber im Interview immer wieder eine einheitliche Sinti-„Kultur" mit einheitlichen Einstellungen darzustellen.

Unterschiede zur Mehrheitsbevölkerung benennt sie etwa im Umgang von Sinti mit Sexualität.

Die meisten Verhaltensgebote, welche sie als speziell für Sinti beschreibt, können als „sinti-spezifisch" zurückgewiesen werden, da diese auch innerhalb der Mehrheitsbevölkerung vorzufinden sind bzw. in einer historischen Betrachtung einst vorzufinden waren.

Juvena weist eine starke Orientierung an anderen Sinti und Familienmitgliedern auf, was sich jedoch auch als Schutzfunktion vor Diskriminierung durch Angehörige der Mehrheitsbevölkerung deuten lässt.

Die Bezeichnung „Zigeuner/in" weist sie ausdrücklich als Fremdbezeichnung zurück. Dieser Begriff ist für sie negativ konnotiert, was auch aus persönlichen Diskriminierungserfahrungen resultiert. Bereits die bloße Verwendung dieses Begriffes nimmt Juvena als subtile Diskriminierung wahr, deshalb verwendet sie ihn auch nicht, um sich selbst damit zu beschreiben. Aus den genannten Gründen lehnt sie auch die Verwendung dieses Begriffes in den Medien ab.

[...] ich bin Sinti und ich bin nicht Zigeuner (.) auch wenn sie jetz sagen würden ob ich Zigeuner bin sag ich nein ich bin nicht Zigeuner ich bin Sinti (1) weil ich dieses Wort ähm (.) gar nicht mag weil ich auch schlechte negative Erfahrungen damit hab (1) allein schon deswegen und (.) selber bezeichne ich mich auch nicht dafür

In Juvenas Lebensbezügen wird eine starke Rollentrennung zwischen Frauen und Männern deutlich, was von ihr selbst eher nicht problematisiert wird. Es zeigen sich Erwartungen traditionell eingestellter Autoritätspersonen an Mädchen und Frauen, die als Regeln gelten und bei Nichteinhalten zu sozialem Ausschluss führen können.

[...] wenn wir jetzt keine Ahnung was weiß ich mit dem und dem Sex haben und so was is bei uns auch nicht so weil wenn es bei uns rauskommt entweder kriegt das Mädel ne Glatze und so wird abgestraft deswegen (.) bei Junge ist das anders (1.) weil bei uns ist halt anders (.) wenn er jetzt mit nem Mädel irgendwas macht und jeder weiß das ist das nicht so schlimm weil er einfach ein Junge ist bei ner Frau ist das bei uns halt anders

Dabei wird erkennbar, dass Juvena Vorstellungen bezüglich des Umgangs mit Sexualität von älteren Generationen bzw. aus der Familie auch für sich selbst übernommen hat. Hier zeigt sich auch eine eigene unbewusste Abwertung des „weiblichen Geschlechts", dem sie einen Hang zur Promiskuität unterstellt, den es von außen zu zügeln gilt.

> Ich find das schon gut weil wenns bei uns jetzt nicht so wäre würde jedes Mädel sich irgendwie auf deutsch gesagt rumficken mit jedem und jeden ich find das jetzt auch nicht so schön

Die Auseinandersetzung mit dem Nationalsozialismus innerhalb der von Juvena besuchten Schulklassen führte dazu, dass Juvena sich noch mehr für das Thema und seine gesellschaftliche Vermittlung interessiert hat. Ihre Aussagen zum Ende unseres Interviews verweisen auf ein erhöhtes Bedürfnis nach gesellschaftlicher Auseinandersetzung mit den Erfahrungen von „Sinti und Roma" im Nationalsozialismus und letztlich auf eine hohe Bedeutung des Themas für die eigene Identität Juvenas sowie ihr Verhältnis zur Mehrheitsbevölkerung.

> [...] ich wollte (.) weiß nich das die andren auch es so erfahren wie es richtig war (2) das man so ein Thema nich einfach in ner Schublade verstecken tut und gut is (.) irgendwann mal rausholen (1) weil das Thema hat mich mein Leben lang bis heute immernoch intressiert und ich finds halt immernoch schlimm was damals alles geschehen is (.) un sowas is auch nich von Heute auf Morgen gut zu machen (.) und dann reicht es doch was die schon da durch gemacht haben (.) und noch die andren wo jetz noch leben und traumatisiert sind (.) und so wir was wir jetz wissen und erfahren von unsren Leuten (.) und dann auch noch Nazis und so (.) andre (.) die jetz sagen oh scheiß Zigeuner und sowas [...]

12.3 Fall 3: Leyla (*Sinteza*)

12.3.1 Objektive Daten

Zu Leyla konnte ich Kontakt über einen Regisseur herstellen, der einen Film über Leylas Familie gedreht hat. Das Interview haben wir telefonisch durchgeführt. Zum Zeitpunkt des Interviews ist Leyla 17 Jahre alt und lebt mit ihrer Familie, den Eltern, einem elfjährigen Bruder und einer dreijährigen Schwester, in einer Vier-Zimmer-Wohnung in einem Zweifamilienhaus in der „Stadt B". Bis auf den Vater, der in der Türkei geboren ist, sind alle Familienmitglieder in Deutschland geboren.

Leylas Vater arbeitet als selbstständiger Autohändler. Er hat eine Sonderschule besucht und dort vielleicht einen Schulabschluss absolviert. Leylas Mutter ist

Hausfrau und hat keinen Schulabschluss. Sie hat neun Jahre lang eine Hauptschule besucht, jedoch keinen Abschluss erworben. In der Vergangenheit hat sie in der Gastwirtschaft des Großvaters und des Onkels gekellnert.

Leylas Großmutter mütterlicherseits hat mit dreizehn oder vierzehn Jahren die Schule nicht mehr besucht und ist dann mit der Familie hausieren gegangen. Welche Schulausbildung der Großvater hat, ist nicht bekannt. Er und dessen Schwester waren beide im Konzentrationslager interniert.

Väterlicherseits hat Leyla nur noch eine Großmutter.

Leylas Bruder wechselt demnächst von der Grundschule auf das Gymnasium, welches auch von Leyla besucht wird.

Leyla selbst hat den Kindergarten und die Grundschule besucht. Zum Zeitpunkt des Interviews besucht sie die elfte Klasse eines Gymnasiums. Sie hat noch keinen konkreten Berufswunsch.

Ihre Freizeit verbringt Leyla mit ihrer Familie und mit Freunden außerhalb der Familie. Sie besucht seit zehn Jahren einen Kung-Fu-Verein. Vorher hat sie Fußball in einer Schul-AG und dann in einem Verein gespielt. Aus dem Gespräch nach dem Interview weiß ich, dass Leylas Vater Muslim ist. Da Leyla zum Zeitpunkt des Interviews zum ersten Mal den Ramadan ausprobiert und sonst im Interview nicht konkret Bezug auf Religiosität nimmt, lässt sich vermuten, dass sie selbst nicht (nur) islamischen Glaubens ist.

Innerhalb Leylas enger Familie wird nur deutsch gesprochen. Zur Zeit versucht Leyla mit ihrem Vater mehr türkisch zu sprechen, um die Sprache besser anwenden zu können. Leyla hat nur Basiskenntnisse in Romanes.

12.3.2 Zusammengefasste konstitutive Merkmale des Falles

(Aus-)Bildungssituation

In Leylas Bildungsbiografie zeigt sich, dass sie den Kindergarten und die Grundschule absolviert hat. Dabei wurde der Kindergarten, den sie besucht hat, auch von vielen anderen Familienmitgliedern besucht. Leyla hat dann eine Gymnasialempfehlung erhalten, was für sie sehr wichtig gewesen ist, da bis dahin noch nicht viele ihrer Familienmitglieder eine Realschule oder ein Gymnasium besucht haben. Es zeigt sich eine hohe Motivation bezüglich der Schule und eine hohe Bedeutung eines Abschlusses und guter Noten, selbst wenn Leyla sich dafür in ein neues ihr weitgehend unbekanntes Schulumfeld begeben musste.

> [...] es war halt (.) auch schon was Besonderes weil bis dahin waren noch nich so viele von uns auf nem Gymnasium (.) und da mus(') es war schon komisch als ich dann mir überlegt hab (.) ja alle die jetzt mit mir in der Klasse sind die kommen nicht mit aus meiner Klasse kam glaub ich noch ein Mädchen sonst auf meine Schule und

12.3 Fall 3: Leyla (*Sinteza*)

sonst keiner und dann hab gesagt naja aber du willst das jetzt machen weißt de (.) ich wollts ich weiß nich manchmal will man das einfach

Bezüglich ihrer Schulzeit benennt Leyla von sich aus vor allem die Beziehung zu Autoritätspersonen wie Lehrer/innen und einer Schuldirektorin, Mitschüler/innen werden eher außen vor gelassen. Das positive Verhältnis zu ihren Lehrern/innen scheint dabei ausschlaggebend gewesen zu sein, dass Leyla ihre Schulzeit positiv wahrnimmt. In der Grundschule hat Leyla das Gefühl gehabt aufgrund der Sinti-Angehörigkeit von der Schuldirektorin anders behandelt worden zu sein.

> Ach die war so unfreundlich immer (.) aber zu (.) also ich will ja jetzt nich verurteilen aber zu vielen von uns also in meiner Klasse wir waren glaub fünfzehn Leute und davon bestimmt zehn Leute Sinti (.) und zu denen war die halt äh so herablassend

Das Verhältnis zu den Mitschülern kann für Leyla als positiv beschrieben werden. Erfahrungen mit Diskriminierung aufgrund der Sinti-Angehörigkeit hat Leyla in ihrer Schulzeit kaum gemacht. Sie benennt zwei Situationen in denen sie durch Mitschüler/innen einmal, eher scherzhaft, als „Zigeunerin" bezeichnet wurde und in einem anderen Mal die Sinti-Angehörigkeit mit negativen Eigenschaften in Verbindung gebracht wurde. Beide Male zeigt sich eine aktive Zurückweisung durch Leyla. Auch sie weist die von ihr erfahrenen Reaktionen der Mitschüler/innen als erlernt aus.

> [...] und dann hab ich gesagt (.) sei lieber leise sonst kann ich dir nichts versprechen und das war in der sechsten Klasse und da denk ich mir dann auch das kommt ja nicht von den Kindern

Leyla wurde bei Schulangelegenheiten ausschließlich von ihren Eltern unterstützt, insbesondere von der Mutter. Hilfe von der Mutter bekam Leyla jedoch nur soweit wie die Mutter den Schulstoff beherrschte. Beide Elternteile achten stets darauf, dass Leyla für die Schule lernt. Leyla zeigt sich bezüglich schulischer Aufgaben sehr selbstständig. Sie glaubt an sich selbst und ihre Fähigkeiten, sie zeigt sich sehr selbstbewusst. Darauf scheint auch die fördernde Haltung wichtiger erwachsene Personen, wie ihrer Grundschullehrerin Einfluss gehabt zu haben.

> nach dem zweiten Schuljahr hab ich die [Frau Horn] bekommen (.) die ähm (.) hat sich sehr viel mit Sinti und Roma immer beschäftigt und hat immer viel Kontakt mit unserer Familie und so (.) und (.) ähm (.) die hat dann auch uns erstmal so locker kriegen müssen weil die Lehrerin vorher halt so streng war und so (.) und dann (.) hat die uns immer so erklärt ja (.) was halt wichtig ist (.) so weißt du (.) das man das man dass man sagt wenn man was nicht will das hat die uns halt schon so beigebracht und ich fand das auch wichtig das sie das gemacht hat in der Grundschule weil manche die wissen das ja noch nich mal (.) ja (.) und (.) mit der hab ich jetzt immer noch Kontakt

Leyla hat noch keine festen Präferenzen bezüglich der Berufswahl. Jedoch zeigt sich die Verankerung einer gesellschaftlich erwarteten, klassischen beruflichen Laufbahn in Leylas Denken. Sie hofft am Ende des Abiturs zu wissen, welchen Beruf sie ergreifen möchte. Für die Berufswahl zeigt sich für Leyla der finanzielle Aspekt eher nachrangig, vielmehr ist der Spaß am Beruf ausschlaggebend. Es wird auch eine hohe Bedeutung von Familie für Leyla deutlich.

> [. . .] ich weiß ja noch nich was ich für nen Beruf machen will von daher hoffe ich das es einer ist der mir Spaß macht und bei dem ich einigermaßen gut viel Geld verdiene (.) und dann halt das ich ne Familie gründe

Innerhalb des Sozialkunde- und im Geschichtsunterricht während der Behandlung des Zweiten Weltkriegs erzählte Leyla ihren Mitschülern/innen von den ihr erzählten Erfahrungen ihres Großvaters und dessen Familie.

> Ich hab dann erzählt das mein Opa im KZ war und so (.) und (.) wie die dann danach gelebt haben da sind die dann viel rumgezogen weil keiner wollte das die da wohnen und so

Die geschichtlichen Erfahrungen der „Sinti und Roma" im Zweiten Weltkrieg sind eher zufällig als systematisch angesprochen worden. Es scheint sogar so, als wäre der Unterricht erst durch Leylas Erzählungen mit den Erfahrungen der „Sinti und Roma" im Nationalsozialismus angereichert worden zu sein, also erst durch ihre eigene Initiierung. Im Verhältnis zur Thematisierung der Verfolgung der jüdischen Bevölkerung im Unterricht sieht Leyla eine ungleichwertige Thematisierung der Verfolgung von „Sinti und Roma".

> [. . .] wir haben halt über den zweiten Weltkrieg und so gesprochen und dann (.) kam das eher so (.) beiläufig so mit ja (1) wir habens auch zweimal glaub ich durchgenommen bei zwei verschiedenen Lehrern (.) und äh (.) die sprechen immer mehr über die Juden (.) was ich auch ein bisschen sch(') schade nich aber dumm also doof finde (.) weil es waren ja nun mal beide Völker die da leiden mussten

Die Weitergabe der ihr erzählten familiären Erfahrungen ist für Leyla bedeutsam, um sich die Tragweite der Geschehnisse erst richtig vorstellen zu können.

> Ja die (.) die wussten ja bis dahin noch nich wie das so wirklich war weil ich glaub (.) die wissen halt das war schlimm und so aber bis man das mal von jemanden erfährt der das so mitgekriegt oder der das mitkriegt wie das war (.) also so aus zweiter Hand oder so (.) dann wissen die erstmal wie das so (.) also wie schlimm das wirklich war (.) ich glaub sonst können die sich das gar nich so vorstellen

Trotz dessen, dass innerhalb des schulischen Unterrichts der Fokus auf die Lage der jüdischen Bevölkerung während des Nationalsozialismus gelegt wurde, zeigt sich

12.3 Fall 3: Leyla (*Sinteza*)

Leyla solidarisch und fordert eine ernsthafte Auseinandersetzung mit der Thematik durch ihre Mitschüler/innen.

> [...] letztens hab ich einen Mitschüler (.) bin ich so wütend geworden (.) wir hatten deutsch ne und dann (.) hat hat meine Lehrerin ein Gedicht vorgelesen vorgetragen (.) äh über (.) auch über KZ (.) und das die halt (.) ihre eigen(') die Todesmusik zu den Toden ihrer eigenen Leute spielen mussten (.) aber das bezog sich halt auf die Juden (.) und die haben halt (.) immer so (.) wie Witze also nich Witze aber immer so (.) doof darüber gesprochen und dann hab ich irgendwann (.) hab ich dem gesagt also jetzt hör mal (.) das ist doch nich witzig oder sowas kannst jetzt mal einfach die Klappe halten oder was vernünftiges sagen

Innerhalb Leylas Schullaufbahn war ihre Sinti-Angehörigkeit bekannt. Zunächst verwiesen familiäre Strukturen innerhalb der Grundschule auf diese Angehörigkeit. Erst durch den Wechsel auf eine neue Schule, ohne familiäre Anbindungen, wird eine autonome Entscheidung zur Selbstversorgung ermöglicht.

> Ich hab das denen gesagt bzw. in der Grundschule weiß ich gar nich woher aber die wussten das aber in der weiterführenden Schule auf dem Gymnasium hab ich das denen erzählt weil (.) ich steh ja dazu

Familiensituation

Bis auf den Vater, der in der Türkei geboren ist, sind alle Familienmitglieder in Deutschland geboren. Ihr Vater arbeitet als selbstständiger Autohändler. Vorher hat er eine Sonderschule besucht und hat dort vielleicht einen Schulabschluss erworben. Für den Sonderschulbesuch des Vaters weist Leyla ausdrücklich Defizite in der deutschen Sprache und nicht allgemeine Leistungsdefizite als Grund aus. Damit zeigt sich ein negativer Status der Institution Sonderschule für Leyla. Hier werden aber auch Mechanismen institutioneller Diskriminierung bei schulischen Entscheidungen sichtbar, die den Vater aufgrund von Sprachdefiziten in eine Sonderschule ausweisen und damit gravierende Folgen für seine zukünftigen Berufschancen haben.

> Ja der kam ja mit sechs Jahren hier hin und wurde dann eingeschult toll konnte kein Wort deutsch

Leylas Mutter ist Hausfrau. Früher hat sie in der Gastwirtschaft des Großvaters und des Onkels gekellnert. Hier kann leider nicht geklärt werden, ob es sich dabei um den Vater der Mutter oder den Vater des Vaters handelt. Sie hat neun Jahre lang eine Hauptschule besucht, jedoch keinen Abschluss erworben. Leylas Eltern problematisieren ihre fehlenden schulischen Abschlüsse. Beide Elternteile beherrschen die deutsche Sprache in Wort und Schrift.

Leyla hat eine dreijährige Schwester und einen Bruder, der zum Zeitpunkt des Interviews demnächst von der Grundschule auf das Gymnasium wechselt, welches auch von Leyla besucht wird. Dieses Gymnasium wird von zwei weiteren Familienmitgliedern besucht.
Väterlicherseits hat Leyla nur noch eine Großmutter aber keinen Großvater mehr.
Die Tante mütterlicherseits arbeitet in einer Investmentgesellschaft in München. Leylas Großmutter mütterlicherseits hat mit dreizehn oder vierzehn Jahren die Schule nicht mehr besucht und ist dann mit der Familie hausieren gegangen. Welche Schulausbildung der Großvater hat, ist nicht bekannt. Der Großvater und dessen Schwester waren beide im KZ. Hier zeigt sich eine starke emotionale Betroffenheit bei Leyla.

> mein Herz fängt immer noch schneller an zu klopfen wenn ich da dran (.) wenn ich so darüber rede (.) wie das halt war für ihn und so (.) und also in der Schule jetzt so wenn man jetzt so speziell darauf zu sprechen kommt und ich weiß gar nich also keine Ahnung ich empfind das irgendwie immer noch so meine Lehrerin hat auch gesagt will jemand ein Referat dazu machen ich hab gesagt (.) also ehrlich ich würde gerne ein Referat dazu machen aber ich würd das nich durch halten

Auch bei Leylas Mutter zeigt sich solch eine Reaktion. Hier kann von einem familiären Trauma gesprochen werden.

> Ja das ist (.) ich weiß nich ob das normal is oder nich also bei meiner Mutter ist das auch so aber das ist ja die Tochter das ist ja mein Opa

Insgesamt werden die familiären Erfahrungen im Nationalsozialismus selten thematisiert und eher zufällig, da es für die Betroffenen belastend ist darüber zu sprechen. Deutlich wird, dass andere Familienangehörige es forcieren, Genaueres über diese Zeit zu erfahren.

> [...] wenn wir jetzt ein paar Leute zusammen sitzen und dann kommen wir so zufällig dadrauf (.) weil die redet auch nich so gerne davon aber dann manchmal kriegen wir die dann dazu was zu erzählen

Leylas Großmutter mütterlicherseits zeigt eine skeptische Einstellung gegenüber Bildungsinstitutionen, die noch von keinen anderen Familienangehörigen besucht worden sind. Jedoch zeigt sich, dass innerhalb der Familie, unter den jüngeren Generationen, diese Einstellung auch umstritten ist und eine unterschiedliche Haltung innerhalb der Generationen auch Akzeptanz findet.

> Die Mutter von meiner Mutter also (.) die hat gesagt ja [Leyla] da ist doch gar keiner den du kennst ich so doch also Mami heißt auf unserer Sprache Oma und ich so

12.3 Fall 3: Leyla (*Sinteza*)

doch Mami (.) natürlich von meiner Grundschule halt gell dann die so ja aber auf der anderen Schule also nebendran ist direkt die Realschule und die Hauptschule gewesen und dann hat die gesagt ne da sind doch aber alle gewesen und so und ich so ja aber ich will halt auf die Schule und dann mach was du willst (.) ja aber meine Mutter und mein Vater die haben mich da schon unterstützt

Die beiden Familien von Leylas Eltern haben nicht viel Kontakt miteinander, außer auf besonderen Gelegenheiten, wie etwa Geburtstagen. Konflikte werden nicht aufgeführt. Das Verhältnis des Vaters zur Familie der Mutter kann als positiv beschrieben werden, wie auch umgekehrt.

Wie für Leyla selbst wird für ihre Eltern eine sehr hohe Bedeutung von Schule bzw. des Gymnasialbesuchs deutlich. Hierbei findet auch Kontrolle der Lernbetätigung Leylas durch die Eltern statt. Besonders die Mutter ist involviert in Leylas Bildungsbemühungen. Bezüglich der Berufswahl Leylas zeigt sich für die Mutter eher der Wunsch nach einer angesehenen gesellschaftlichen Position für die Tochter. Der Vater hegt den Wunsch, dass Leyla vor allem finanziell abgesichert ist, aber auch Spaß an ihrem Beruf haben soll. Er wünscht sich, dass Leyla studiert. Die hohe schulische Bedeutung resultiert Leyla zufolge vor allem daraus, dass beide Elternteile keine abgeschlossene Schulausbildung haben.

[. . .] meine Mutter hat halt jetzt nicht so (2) nen Abschluss [lacht verlegen] und mein Vater (.) weil früher war das halt noch nich so wichtig weil die sind dann auch auf Reise gefahren sind hausieren gegangen und haben ihr Geld halt anders verdient ne (.) und jetzt wird das halt immer wichtiger weil du kannst die ja früher das alles was die früher gemacht haben nicht mehr so machen (.) und mein Vater kam mit sechs Jahren aus der Türkei nach Deutschland konnte kein Wort deutsch (.) und hat halt auch keinen richtigen Abschluss und (.) von daher ist das denen jetzt schon wichtig weil die (.) wollen das ich das besser mache als sie weißt du

Ein Gymnasialbesuch innerhalb Leylas Familie ist eher selten, jedoch bereits vorgekommen.

Innerhalb Leylas enger Familie wird stets nur Deutsch gesprochen. Ihr Vater beherrscht auch die türkische Sprache. Gegenwärtig versucht Leyla mit ihrem Vater türkisch zu sprechen, damit sie diese Sprache lernt. In Romanes hat Leyla eher nur Basiskenntnisse, sie kann sich verständigen.

Ein traditionelles „auf die Reise Gehen" ist in Leylas Familie kaum mehr vorzufinden, wenn, dann vereinzelt bei älteren Generationen, wie bei dem Bruder ihres Großvaters oder einiger seiner Kinder. Jedoch ist Leylas Mutter in ihrer Kindheit mit der Familie noch „auf die Reise" gefahren. Zwar haben diese Reisen auch während der Schulzeit stattgefunden, Leyla berichtet jedoch, dass dies keine negativen Auswirkungen auf die schulischen Leistungen der Mutter gehabt habe.

> [...] die war auch immer gut in der Schule hat die mir erzählt die hat auch erzählt dass die die sind ja auf Reise immer gefahren und dann hätte die Lehrerin immer gesagt wenn die dann ne Arbeit geschrieben hat als sie wiederkam warum die das denn alles könnte obwohl die doch nich da gewesen ist (1) ja die konnte das einfach irgendwie

Im Gegensatz zu den anderen Interviews zeigen sich in diesem Interview unterschiedliche Motive des „auf die Reise Gehens". Christliche Motive für das „auf die Reise Gehen" sind Leyla nicht bekannt. Sie kennt das „auf Reise gehen" in Verbindung mit dem „hausieren gehen", also dem Verkauf von Waren an der Haustür. Dabei begründet Leyla den Umstand, dass ihre engere Familie nicht auf die Reise geht, mit der türkischen Herkunft ihres Vaters, also mit einem „ethnischen" Verweis.

Für Leyla zeigt sich ein hoher Stellenwert von und eine starke Verbindung zu Familie. Innerhalb der weiteren Familie bestehen eheliche Verbindungen zwischen Sinti und „Roma". Die Schwester der Mutter ist mit einem „Roma" verheiratet. Deshalb hat Leyla auch viel Kontakt zu anderen Roma.

Es werden geschlechtsspezifisch vorgegebene Bekleidungsnormen innerhalb Leylas weiterer Familie deutlich, die sich jedoch innerfamiliär unterscheiden. Die Einhaltung dieser Bekleidungsnormen wird von Leyla nicht erwartet, jedoch zeigt sich eine Anpassung an diese, aus einer Gruppenidentifikation heraus.

> Also eigentlich wird das nich erwartet aber in letzter Zeit zieh ich lieber nen Rock an weil alle nen Rock anhaben

Familienmitglieder von Leyla machen immer wieder negative Erfahrungen aufgrund ihrer Sinti-Angehörigkeit, z. B. durch rassistische Beleidigungen.

> Tanten Onkel Cousinen ältere Cousinen und so (.) die erzählen immer mal das jemand kam und was zu denen gesagt hat (.) zu meiner Tante kam vor ein paar Jahren da war sie im Globus einkaufen und da war die alleine da und da ha(') das sagt die auch im Film erzählt die das (.) äh (.) kamen zwei Männer mit Glatzen und dann haben die zu ihr gesagt ja dich hat Hitler vergessen zu vergasen (.) und dann ist sie halt raus und so und eigentlich ist sie so schlagfertig aber da konnt die gar nichts mehr sagen hat nur ihren Mann angerufen und ist heim gefahren [...]

In Leylas Familie wird der Begriff „Zigeuner/in", insbesondere von ihrem Großvater, als Selbstbeschreibung verwendet. Ansonsten wird innerhalb ihrer Familie eher der Begriff Sinti als Selbstbeschreibung genutzt.

Wohnsituation

Leyla wohnt gegenwärtig in einer Vier-Zimmer-Wohnung in einem Zweifamilienhaus in der „Stadt B". Die Wohnlage orientiert sich an den Familienmitgliedern des Vaters. Das Nachbarschaftsverhältnis kann als positiv beschrieben werden. Aufgrund des Zuwachses von Leylas Familie durch ihre kleine Schwester ist die Familie auf der Suche nach einer größeren Wohnung. Vorher hat Leylas Familie in der

12.3 Fall 3: Leyla (*Sinteza*)

direkten Nähe der Großmutter mütterlicherseits gewohnt. Die Großmutter wohnt selbst in einem Haus, in dem immer wieder unterschiedliche Verwandte leben. Eine Präferenz Leylas Familie mit anderen Sinti zusammenzuwohnen kann insgesamt nicht beobachtet werden.

Freizeitsituation
Für Leyla zeigen sich eher Freizeitaktivitäten, die für Mädchen als geschlechtsuntypisch gelten. Sie besucht seit dem siebten Lebensjahr einen Kung-Fu-Verein. Der Vereinsbesuch ist mithilfe ihres Vaters entstanden. Bereits mit zehn Jahren hat sie einen schwarzen Gürtel erworben. Weiter wird ein Wunsch Leylas nach mehr weiblichen Vereinsmitgliedern deutlich. Damit wird eine Orientierung an weiblichen Freizeitpartnerinnen sichtbar, wie sie meist allgemein unter weiblichen Jugendlichen zu finden ist. Besonders zeigt sich eine starke positive Beziehung zu ihrem Trainer, durch dessen anerkennende Haltung gegenüber Leylas Leistungen. Diese Haltung wirkt sich stark auf ihre Motivation aus, den Sport weiterzuverfolgen.

> Ja ich war da die Jüngste dann hat er noch gesagt (.) ja hört alle zu hier (.) die Jüngste die bei mir den schwarzen Gurt gemacht hat (.) ich so ok (.) vor allen Leuten steh ich da ja (.) und das mach ich jetzt immer noch [...]

Zudem hat Leyla bis vor drei Jahren in einem Fußballverein gespielt. Die Motivation Fußball zu spielen ist bei Leyla aus einem schulischen Angebot, einer Fußball AG für Mädchen, entstanden. Auch hier zeigt sich der Trainer und dessen anerkennende Haltung als ein wichtiger Bezugspunkt für die Entscheidung dem Sport nachzugehen.

> [...] vor vier Jahren oder so hat der dann mit der Mädchen AG nen Verein gegründet in Immendorf und (1) äh hat der gesagt Leyla komm doch bitte was sollen wir ohne dich machen (.) und dann hab ich gesagt ja ok dann (.) wenn ich darf halt und dann hat meine Mutter gesagt ja ok (.) und dann bin ich hab ich da mitgespielt drei Jahre

Leyla verbringt viel Zeit mit Familienmitgliedern. Es können auch Freundschaftsverhältnisse zu Nicht-Sinti ausgemacht werden. Sie pflegt auch außerhalb der Familie Freundschaftsverhältnisse zu Mitschülern/innen und Personen, die sie aus dem Kung-Fu-Verein kennt. Leyla hat Freunde, welche eine Realschule oder ein Gymnasium besuchen. Für ihre Freunde hat Schule bzw. ein guter Abschluss und eine berufliche Ausbildung eine hohe Bedeutung.

Verhältnis zu Nicht-Sinti
Leyla beschreibt andere Personen eher nicht anhand „ethnischer" bzw. nationaler Kategorien. Es wird jedoch deutlich, dass für ihre Wahrnehmung von Menschen „ethnische" bzw. nationale Kategorien eine Rolle spielen.

> Ja also ich find das wichtig dazu zu stehen (.) weil wenn man (.) wenn man gefragt wird was man ist und man sagt das dann nich dann find ich das schlimm [...]

Bei ihr zeigt sich die Idee von „kulturellen" Unterschieden zwischen den Menschen, die auf einer „ethnischen" bzw. „nationalen Abstammung" fußen. Jedoch bestimmen diese angenommenen Unterschiede nicht das Verhältnis zu Nicht-Sinti. Insgesamt sieht Leyla in der Gesellschaft weniger negative Einstellungen gegenüber Sinti. Es zeigt sich eine offene unbefangene Einstellung gegenüber Nicht-Sinti. Es können viele positive Beziehungen zu Nicht-Sinti ausgemacht werden. Sie möchte durch Nicht-Sinti aufgrund ihrer Sinti-Angehörigkeit in keiner Weise anders behandelt werden. Bisher hat Leyla keine wirklich negativen Erfahrungen aufgrund ihrer Sinti-Angehörigkeit gemacht. Manchmal nimmt Leyla jedoch Vorurteile bei Nicht-Sinti wahr. Sie weist diese als erlernt aus. Somit nimmt sie diese nicht als vornherein gegeben und unveränderbar an.

> [...] die hat das auch in Verbindung mit meiner Familie gebracht (.) also alle Sinti sind Assis und dann hab ich gesagt (.) sei lieber leise sonst kann ich dir nichts versprechen und das war in der sechsten Klasse und da denk ich mir dann auch das kommt ja nicht von den Kindern

Leyla nimmt wahr, dass der Begriff Sinti bzw. „Sinti und Roma" innerhalb der Gesellschaft keinen hohen Bekanntheitsgrad hat.

Selbstidentifikation

Leyla weist eine Identifikation als Sinti auf. Es wird jedoch deutlich, dass sie sich nicht ausschließlich als Sinteza wahrnimmt, sondern teilweise auch eine angenommene türkische „Kultur" für sich in Anspruch nimmt. Nationalität bzw. „Ethnizität" scheint eine hohe Bedeutung für ihre Identität zu haben. Jedoch bestimmt ihre Identifikation insgesamt nicht ihr Verhältnis zu Nicht-Sinti.

> Ja auch so andere Sitten und Bräuche (.) also von beiden Kulturen auch von meinem Vater her deswegen (.) das kommt ja noch zusammen

Leyla nimmt in Anspruch, eine andere „Kultur" zu haben als Nicht-Sinti. Jedoch erscheint ihre Argumentation dafür im Interview nicht schlüssig und widerspricht sich teilweise auch. Ein Widerspruch zeigt sich in dem von ihr wahrgenommenen Unterschied, dass Sinti im Gegensatz zu Nicht-Sinti mehr Respekt gegenüber älteren Generationen haben, denn dafür zeigt sich im Interview keine uneingeschränkte Gültigkeit.

> [...] ja wenn ein Lehrer zu mir unfreundlich ist und übertreibt (.) dann ja (.) kommt halt die richtige Antwort ne

Leyla kann als selbstbewusste und ehrgeizige Person beschrieben werden, die sich auch aktiv zur Wehr setzt, wenn ihr etwas missfällt. Sie zeigt einen offenen Umgang mit der Sinti-Angehörigkeit, teilt diese jedoch eher nur auf Nachfrage mit.

Der Begriff „Zigeuner/in" scheint für Leyla anfänglich negativ konnotiert. Sie weist ihn ausdrücklich als Fremdbezeichnung zurück. Sie nimmt wahr, dass der Begriff Sinti bzw. „Sinti und Roma" innerhalb der Gesellschaft keinen hohen Bekanntheitsgrad hat und sieht sich der Verwendung des Begriffs „Zigeuner/in" in den Medien ausgeliefert.

> Ja (.) im ersten Moment denk ich mir immer so (.) warum können die nichts dazu lernen und einfach Sinti schreiben aber andererseits die meisten Leute kennen sogar das Wort gar nicht Sinti und Roma (.) also den Begriff (.) deswegen (.) ja müssen die das j(') also eigentlich müssen die das ja nich weil die könnten das ja erklären und dann nicht mehr benutzen (.) ja (.) aber im ersten Moment bin ich immer wieder sauer darüber und dann denk ich mir (.) man kann ja eh nichts dran ändern

Wenn das Begriffspaar „Sinti und Roma" Anderen nicht bekannt ist, greift Leyla zu dessen Erklärung jedoch auf den Begriff „Zigeuner/in" zurück. Damit steht sie in der Gefahr gesellschaftliche Stereotype, die mit dem Begriff verbunden sind, zu reproduzieren.

Ein Widerspruch im Interview ergibt sich bei Leylas Bewertung des Begriffs „Zigeuner/in", als dessen Verwendung innerhalb ihrer Familie zur Sprache kommt. Einen prinzipiell beleidigenden Effekt spricht sie dem Begriff nicht zu. Dabei zeigt sich eine unreflektierte Einstellung gegenüber dem Gebrauch des Begriffes „Zigeuner/in" oder „ethnischen" bzw. nationalen Kategorien, denn eine positive Diskriminierung wird von ihr nicht als eine Diskriminierung erkannt, womit wieder Stereotype reproduziert und verfestigt werden.

> Ja ich find das wie man das sagt (.) es kann ja auch sein (.) wenn man sagt ja der Türke ist so und so (.) wenn das so positiv ist aber man kann ja auch sagen ja ey der Türke ist doch so doof (.) also wie man das sagt die Art und Weise

12.4 Fall 4: Amer (*Rom*)

12.4.1 Objektive Daten

Amer kannte ich bereits vor dem Interview über den Kontakt zum (Jugendzentrum II. in der „Stadt A"). Ich hatte ihn bereits einmal zum Thema „Freizeitpraktiken Jugendlicher" interviewt.

Amer ist zum Zeitpunkt des jetzigen Interviews 14 Jahre alt und wohnt mit seiner Familie, seinen Eltern und drei Brüdern, in einer Vier-Zimmer-Mietwohnung in der „Stadt A". Er und seine Familie sind im Kosovo geboren und leben seit zwölf Jahren in Deutschland, in das sie aus Kriegsgründen im Kosovo einreisten. Seit etwa sechs Jahren besitzt seine Familie eine Erlaubnis, sich dauerhaft in Deutschland niederlassen zu können.

Amers Vater hat einen Nebenjob bei einer regionalen Zeitung und als Hausmeister in dem von der Familie bewohnten Gebäude. Seine eigentliche Beschäftigung übt er in Frankreich aus, wo er Sitze für eine bekannte Autofirma herstellt. Amers Mutter ist Hausfrau. Sie hat vorher ein paar Monate als Reinigungskraft in einer Bäckerei gearbeitet. Amer ist nicht bekannt welche schulische Ausbildung seine Eltern haben. Seine Mutter spricht nur wenig deutsch. Der Vater beherrscht die deutsche Sprache besser als die Mutter. Die Eltern sprechen Romanes und Serbisch. Amer und seine Brüder beherrschen die deutsche Sprache eher als Romanes. Mit ihrem Vater sprechen sie meist deutsch.

Amers ältester Bruder beginnt im September eine Ausbildung zum Elektriker. Vorher hat er die (Gregor Ganztagsschule in der „Stadt A") besucht und wahrscheinlich die mittlere Reife erworben. Sein zweitältester Bruder ist momentan auf der Suche nach einem Ausbildungsplatz. Da ich im Rahmen dieser Arbeit, auch ein Interview mit ihm gemacht habe, weiß ich, dass er die (Bodin Haupt- und Werkrealschule in der „Stadt A") besucht hat und einen Hauptschulabschluss erworben hat. Amers jüngster Bruder ist gerade in die (Euler Ganztagsgrundschule Landwasser) gekommen.

Amer selbst hat den Kindergarten und für ein paar Monate die Grundschule der (Hasel Förderschule in der „Stadt A") besucht. Seine restliche Grundschulzeit hat er in der (Abis Grundschule in der „Stadt A") verbracht. Derzeit besucht er die siebte Klasse der (Bodin Haupt- und Werkrealschule in der „Stadt A"). Amers Traumberuf ist Architekt.

Amer verbringt seine Freizeit beim Spielen von amerikanischem Football in einem Verein in der „Stadt A". Darüber hinaus besucht er das (Jugendzentrum II. in der „Stadt A") und verbringt Zeit mit seiner Freundin und seinen Eltern. Die Freundin absolviert gerade eine Ausbildung zur Zahnarzthelferin. Da ich auch sie einst zum Thema „Freizeitpraktiken Jugendlicher" interviewt habe, weiß ich, dass sie keine Romni (weibliche „Roma"-Angehörige) ist.

Die Familie hat die islamische Religion und geht nicht „auf die Reise".

12.4.2 Zusammengefasste konstitutive Merkmale des Falles

(Aus-)Bildungssituation
Amer hat den Kindergarten und dann ein paar Monate eine Fördergrundschule besucht, ist danach auf eine Regelgrundschule gewechselt. Aus dem Interviewma-

12.4 Fall 4: Amer (Rom)

terial kann nicht geklärt werden, weshalb Amer zunächst eine Fördergrundschule besucht hat. Gegenwärtig besucht Amer die siebte Klasse einer Haupt- und Werkrealschule. Hierbei hat er sich aus Gründen der Entfernung für den Besuch der jeweiligen Schule entschieden.

Bei Amer zeigt sich insgesamt eine positive Einstellung gegenüber Schule. Dabei steht für ihn eine schulische Ausbildung mit einer positiven Zukunft in Verbindung. Er betont jedoch eine familiäre Priorität. Seine Motivation einen guten schulischen Abschluss haben zu wollen scheint sich auch aus dem Umstand zu rekrutieren, seine Familie unterstützen zu können. Hier spielt aber auch der Respekt gegenüber den Eltern eine Rolle, die früher in Kriegsverhältnissen leben mussten.

> [...] ja Schule ist mir eigentlich schon wichtig aber eher meine Familie dass ich sie auch unterstützen kann irgendwie

Amer zeigt sich sehr selbstbewusst gegenüber seinen schulischen Leistungen, obwohl er gemäß der schulischen Notengebung zu der Note „befriedigend" tendiert. Dabei bewertet er nicht seine eigenen Fähigkeiten negativ, sondern vielmehr die Vermittlung des Lernstoffes durch die Lehrenden

> Ja also ich sage es mal so (.) die erklärens mir irgendwie nicht so richtig in Mathe und dann versteh ich einfach nicht was ich machen soll (.) naja

Sein Berufswunsch ist es Architekt zu werden, jedoch zeigt er sich bei der Umsetzung dieses Wunsches eher passiv. Ähnlich zeigt er sich auch bei seinem schulischen Werdegang. Er hat keine festen Zukunftspläne was seinen schulischen Werdegang betrifft.

> [...] mal schauen ich guck wie meine Note werden

Einen gegenwärtigen Realschulbesuch lehnt Amer ab. Hierbei zeigt sich die Übernahme einer Fremdbeschreibung, welche die Realschule als zu schwierig ausweist. Das Interview lässt erkennen, dass es sich hierbei eher nicht um die Bewertung durch Lehrpersonen handelt, als vielmehr durch Verwandte von Amer. Wahrscheinlich ist, dass diese Verwandten selbst nicht die Realschule besuchen, da Amer an anderer Stelle äußert keine Personen zu kennen, welche eine Realschule besuchen.

Die Kommunikation mit Lehrenden wird positiv beschrieben. Hier geht Amer von einem Wie-du-mir-so-ich-dir-Prinzip aus. Er zeigt die Haltung, dass das Verhalten der anderen auch ganz klar von dem eigenen Verhalten abhängt und er das Verhalten anderer somit aktiv beeinflussen kann.

> Ach sind ganz nett zu mir (.) wenn ich sie respektvoll behandel dann behandeln sie auch mich mit Respekt (.) wenn ich nett bin sie die auch nett

Es scheinen nicht viele Freundschaftsverhältnisse zu Mitschülern/innen zu bestehen, jedoch auch keine Schwierigkeiten. In Amers Klasse können Sinti als auch weitere „Roma" ausgemacht werden.

Unterstützung bei Schulangelegenheiten bekommt Amer nur durch seinen ältesten Bruder. Er lernt aber auch manchmal gemeinsam mit seiner Freundin für die Schule.

Negative aber auch positive Erfahrungen aufgrund seiner „Roma"-Angehörigkeit hat Amer innerhalb der Schule bisher nicht gemacht. Innerhalb Amers Klasse ist seine Roma-Angehörigkeit bekannt. Diese wurde erstmals im Rahmen der Auseinandersetzung mit Amers Namen thematisiert.

> Ja die haben als erstes gedacht Amer is (.) die haben gedacht das wär ein türkischer Name weil das ist ein Türkenname und da hab ich gesagt ne das wär ein Romaname [...]

Es zeigt sich, dass zu Beginn von Amers Schulbesuch in der Haupt- und Werkrealschule ein Informationsbedarf bezüglich der „Roma"-Angehörigkeit bei seinen Mitschülern/innen bestanden hat. Dies wurde in Form eines Referates durch die „Roma"-Schüler aufgearbeitet.

> Ja die wollten halt wissen was Roma eigentlich ist (.) ja und ist ganz normal halt

Deutlich wird, dass die „ethnischen" Zugehörigkeiten der Schülerschaft in deren gegenseitigen Wahrnehmung von Bedeutung sind.

> Ja die haben viel Interesse gezeigt (.) also die meisten haben die Türken gefragen weil die Feiern irgendwie n bisschen komisch sagen die irgendwas mit Blust und dann hochheben und ich weiß es nicht

Anderweitig thematisiert wurden „Sinti und Roma" in Amers Schulzeit nicht.

Familiensituation
Er und seine Familie sind im Kosovo geboren und leben seit zwölf Jahren in Deutschland, in das sie aus Kriegsgründen einreisten. Seit etwa sechs Jahren besitzt seine Familie eine Erlaubnis, sich dauerhaft in Deutschland niederlassen zu können. Vor allem die Kriegsverhältnisse, in denen Amers Eltern früher haben leben müssen, scheinen seine familiäre Bindung zu stärken.

Der Übergang aus dem Kosovo nach Deutschland scheint innerhalb der Familie nur wenig thematisiert worden zu sein. Amer wurde von seinen Eltern erst spät in die aufenthaltsrechtlichen Bestimmungen für seine Familie involviert.

12.4 Fall 4: Amer (*Rom*)

> [...] ich glaub es 2001 oder 2000 wir waren alle noch ganz klein wir hatten nichts davon gewusst und mit elf oder zwölf Jahren haben wir ich erst mal gewusst dass wir hier bleiben können

Die schulische Ausbildung seiner Eltern ist Amer nicht bekannt. Sein Vater hat einen Nebenjob bei einer regionalen Zeitung und als Hausmeister in dem von der Familie bewohnten Gebäude. Seine eigentliche Beschäftigung übt er in Frankreich aus, wo er Sitze für eine bekannte Autofirma herstellt. Amers Mutter ist Hausfrau. Sie hat einmal einige Monate als Reinigungskraft in einer Bäckerei gearbeitet.

Der Vater beherrscht die deutsche Sprache besser als die Mutter. Die Eltern sprechen Romanes und Serbisch. Amer selbst verwendet dabei nicht die Bezeichnung „Romanes", sondern „*Muttersprachen Roma*". Serbisch beherrscht Amer nicht. Mit ihrem Vater sprechen Amer und seine Brüder meist deutsch. Da die Mutter nicht so gut deutsch spricht, könnte eine intensivere Kommunikation der Söhne mit dem Vater vermutet werden.

> Also wir reden öfter mit unserm Vater deutsch weil wir uns dann besser verstehen als unsere Muttersprache weil deutsch können wir viel besser als n biss(') unsere Muttersprache ja und manchmal reden wir halt mit ihm Muttersprache und ähm (.) auch deutsch

Amers ältester Bruder beginnt im September 2012 eine Ausbildung zum Elektriker. Vorher hat er eine Ganztagsschule besucht (Gregor Ganztagsschule in der „Stadt A") und wahrscheinlich die mittlere Reife absolviert. Sein zweitältester Bruder ist momentan auf der Suche nach einem Ausbildungsplatz. Da ich ihn im Rahmen dieser Arbeit ebenfalls interviewt habe, weiß ich, dass er die (Bodin Haupt- und Werkrealschule in der „Stadt A") besucht und einen Hauptschulabschluss erworben hat. Amers jüngster Bruder besucht eine Ganztagsgrundschule (Euler Ganztagsgrundschule Landwasser).

Es scheint, als stellt für Amers Eltern eine schulische Ausbildung keine Priorität dar bzw. es werden von Amer und seinen Brüdern keine bestimmten schulischen Leistungen verlangt. Jedoch wird Amer motiviert, für seine Berufswünsche zu lernen.

Amer und seine Familie haben die islamische Religion. Die „Roma"-Zugehörigkeit spielt innerhalb Amers Familie jedoch keine große Rolle, vielmehr die Religion. Über negative Erfahrungen aufgrund der „Roma"-Angehörigkeit hat Amer von anderen Familienmitgliedern bisher nichts berichtet bekommen.

Wohnsituation

Amer wohnt mit seiner Familie, seinen Eltern und drei Geschwistern, in einer Vier-Zimmer-Mietwohnung in der „Stadt A". Vorher hat seine Familie in einer Vier-Zimmer-Mietwohnung in einem anderen Stadtteil in der „Stadt A" gewohnt. Amer teilt sich mit seinem zweitältesten Bruder ein Zimmer und sein ältester- und sein jüngster Bruder teilen sich ein Zimmer. Amer war es möglich zu Hause zu lernen, auch wenn er sich sein Zimmer teilen musste. Es gefällt Amer dort wo er wohnt. Das nachbarschaftliche Verhältnis kann als positiv beschrieben werden, es bestehen keine Schwierigkeiten. Es zeigt sich eine besondere Integration des Vaters in die Hausgemeinschaft, da er dort als Hausmeister tätig ist.

> Äh die sind eigentlich ganz nett mein Vater is der Hausmeister wie meine Mama mir gesagen hat gesagt hat und so ja okay sind eigentlich ganz nett zu uns

Eine Präferenz des Wohnortes, die an anderen Familienmitgliedern angrenzt, kann bei Amers Familie nicht ausgemacht werden. Bezüglich der Großmutter äußert Amer:

> Ähm ich glaub ich hab nur eine die is äh n paar Kilometer von uns weg zehn Minuten Autofahren und ja (.) die ich geh sie halt manchmal besuchen wenn ich mal Zeit hab oder sowas oder die kommen uns besuchen

Freizeitsituation
In seiner Freizeit spielt Amer amerikanisches Football in einem Verein in der „Stadt A". Das Verhältnis zu den Vereinsmitgliedern lässt sich positiv beschreiben, wobei keine ausgeprägte Beziehung zu den Vereinsmitgliedern zu erkennen ist.

> Ach die sind alle ganz nett die sprechen auch englisch manchmal aber ist okay

Meistens verbringt Amer seine Freizeit in einem Jugendzentrum (Jugendzentrum II. in der „Stadt A"). Es wird eine positive Beziehung zum Sozialpädagogen des Jugendzentrums deutlich. Freunde, seine Brüder und seine Freundin werden als Freizeitpartner/innen benannt.

> Am meisten hier im [Jugendzentrum II. in der „Stad A"] eigentlich weil ich hier Freunde sehe meine Brüder seh ich auch hier mit denen hab ich auch Spaß und ja meine Freundin ist auch hier mit der hab ich auch genau Spaß und ja

Die Familie zeigt sich für Amer von hoher Bedeutung, da die Eltern z. B. auch als Freizeitpartner/innen genannt werden. Sein einzig konkret von ihm genannter Freund weist Schule einen hohen Stellenwert zu, jedoch scheint auch für ihn Familie Priorität zu haben. Amer pflegt keine Freundschaften zu Realschülern/innen. Freundschaften mit Gymnasiasten können weitgehend ausgeschlossen werden.
Auch in seiner Freizeit hat Amer bisher keine negativen oder aber positiven Erfahrungen aufgrund seiner „Roma"-Angehörigkeit gemacht.

12.4 Fall 4: Amer (*Rom*)

Verhältnis zu „Nicht-Roma"
In der Auswertung des Interviews mit Amer zeigt sich, dass für ihn „ethnische" bzw. nationale Kategorien in seiner Wahrnehmung von Menschen nur eine geringe Rolle spielen. Diese können für ihn lediglich als formale Kategorien ausgelegt werden. Deren Bedeutung für die zwischenmenschliche Kommunikation wird von Amer durchgehend negiert.

> [...] Mensch ist Mensch aber Unterschiede nicht die feiern nur manchmal die Hochzeiten anders und oder Feiertage wie Bairam halt [...]

Bei Amer bestehen Freundschaftsverhältnisse zu Nicht-„Roma". Zudem führt Amer eine Partnerschaft mit einer Nicht-Roma. Diese absolviert zum Zeitpunkt des Interviews eine Ausbildung zur Zahnarzthelferin.

Mit Sinti hat Amer nur wenig Kontakt. Zu den Sinti, die er benennt, fügt er zwar hinzu:

> [...] die machen halt öfters da Probleme und so weiter

Insgesamt zeigt sich damit aber keine generelle Abneigung gegen Sinti als vielmehr gegen „kriminelle" Handlungen, womit Amer als gesetzeskonform beschrieben werden kann.

> Ach zum Beispiel einer wurd mal verhaftet oder so was Schlägerei und ich will einfach nichts damit zu tun haben und dann halt ich mich einfach raus oder will gar nicht befreundet sein

Negative Erfahrungen mit Nicht-„Roma" hat Amer aufgrund seiner „Roma"-Zugehörigkeit nicht gemacht.

Selbstidentifikation
Amer zeigt einen offenen Umgang mit seiner „Roma"-Angehörigkeit sowie mit seiner Religion. Dass er Roma ist, bringt er aber nicht immer zur Sprache. Die Angehörigkeit steht für ihn nicht im Vordergrund.

> Nee erst wenn wir uns mal bisschen besser so kennen lernen und öfters mal Kontakt halten dann red ich mal darüber aber sofort gleich nicht

Die Frage ob die Roma-Angehörigkeit für Amer von Bedeutung ist zeigt, dass er seine Identität weniger über die „Roma"-Zugehörigkeit konstruiert, als vielmehr über seine Religion. Die einzige Verbindung zur „Roma"-Zugehörigkeit scheint der Gebrauch des Romanes zu sein.

> Also wenn ich jetzt ehrlich bin (.) nicht aber ich meine ich bin n Mensch und jeder ist ein Mensch und ich hab ne Religion und die respektier ich aber Roma zu sein ist

eigentlich was anderes man spricht halt Muttersprache ist halt Roma aber (.) eigentlich nicht so

Den Begriff „Zigeuner/in" weist Amer ausdrücklich als Fremdbezeichnung zurück. Er fühlt sich durch die Verwendung dieses Begriffes nicht betroffen und problematisiert es nicht, wenn er durch andere Menschen in einer ironischen Weise mit diesem Begriff bezeichnet wird. Er verwendet den Begriff auch selbst in einer ironischen Weise um Freunde damit, unabhängig von ihrer „ethnischen" Zugehörigkeit, zu bezeichnen.

Also ich bin kein Zigeuner ich bin Roma ähm (.) eigentlich machts mir nichts aus aber wenn man sagt zu mir Zigeuner und er lacht dabei dann weiß ich das es Spaß ist also von meinen Kollegen halt enge Freunde du Zigeuner und dann lacht er dann weiß ich auch das es Spaß ist und dann sag ich selber du Zigeuner dann wissen wir das es selber Spaß ist und is nicht so ernst gemeint

12.5 Fall 5: Mano (*Sinto*)

12.5.1 Objektive Daten

Mano sowie dessen Mutter habe ich auf einem Quartiersfest in der „Stadt A" mithilfe einer studentischen Mitarbeiterin einer Einrichtung der Quartiersarbeit in der „Stadt A" kennengelernt. Zum Zeitpunkt des Interviews ist er 12 Jahre alt und wohnt mit seiner Familie, seinen Eltern und vier Geschwistern (21-, 18-, 14- und 10 Jahre alt), in einer Fünf-Zimmer-Mietwohnung in einer Sinti-Siedlung in der „Stadt A". Er und seine Familie sind in Deutschland geboren.

Sein Vater geht einer selbstständigen Tätigkeit nach, in der er viel mit dem Auto unterwegs ist. Der Arbeitsbereich des Vaters ist Mano jedoch unbekannt. Der Vater hat die (Wegner Fördergrundschule in der „Stadt A" innerhalb der Sinti-Siedlung) und dann entweder die (Hasel Förderschule in der „Stadt A") oder eine Hauptschule besucht. Er hat keine abgeschlossene Schulausbildung und keine berufliche Ausbildung. Manos Mutter ist Hausfrau. Er nimmt an, dass sie eine Hauptschule besucht hat. Ob die Mutter eine abgeschlossene Schulausbildung hat, ist Mano nicht bekannt. Sie hat keine berufliche Ausbildung absolviert. Beide Elternteile beherrschen die deutsche Sprache in Wort und Schrift.

Manos älteste Schwester ist 21 Jahre alt, Hausfrau und Mutter einer Tochter. Zum Zeitpunkt des Interviews erwartet sie ihr zweites Kind. Sie hat die (Abis Grundschule in der „Stadt A") und dann die (Cleo Haupt- und Werkrealschule in der „Stadt A") besucht, die Schule jedoch abgebrochen. Sie hat keinen Schulabschluss. Die zweitälteste Schwester ist 18 Jahre alt und Hausfrau. Sie hat die

(Abis Grundschule in der „Stadt A") und (Hasel Förderschule in der „Stadt A") besucht und hat ebenfalls die Schule abgebrochen. Sie hat keinen Schulabschluss. Die Gründe für die Schulabbrüche seiner Schwestern kennt Mano nicht. Manos einziger Bruder ist 14 Jahre alt und besucht die (Bodin Haupt- und Werkrealschule in der „Stadt A"), die auch von einem Cousin besucht wird. Es ist anzunehmen, dass auch er eine Grundschule besucht hat, wie die restlichen Geschwister. Die jüngste Schwester ist zehn Jahre alt und besucht die (Brio Grundschule in der „Stadt A").

Mano selbst hat den Kindergarten und dann die (Brio Grundschule in der „Stadt A") besucht. Danach wechselte er auf die (Hofer Realschule in der „Stadt A"). Zum Zeitpunkt des Interviews besucht er dort die sechste Klasse. Sein Traumberuf ist der des Polizisten.

Mano hält sich in seiner Freizeit meist in der Sinti-Siedlung auf. Er verbringt seine Freizeit mit Freunden sowie beim Fußball- und Playstationspielen. Zudem ist er in einem Boxverein.

Innerhalb der Familie wird ausschließlich Romanes gesprochen.

12.5.2 Zusammengefasste konstitutive Merkmale des Falles

(Aus-)Bildungssituation
In der Interviewauswertung zeigt sich, dass Mano den Kindergarten als auch die Grundschule besucht hat. Seine Lehrer/innen haben sich dafür engagiert, dass Mano die Realschule besucht. Gegenwärtig besucht er die sechste Klasse einer Realschule. Der Meinung seiner Lehrer bringt Mano hohes Vertrauen entgegen. Dies zeigt sich etwa in der Übernahme der Fremdbeschreibung durch Lehrer/innen bezüglich seiner schulischen Leistungsfähigkeit.

> Gymnasium is zu (.) ähm (2) da muss man halt viele Hausaufgaben machen un so auf meiner Schule halt auch aber (1) auf Gymnasium da ist es schwer und auf Hauptschule ist es leicht un ähm (.) Realschule is grad so mittel was ich kann so

Dies kann auch für die Bedeutungszuweisung von Lernen und Bildung herausgestellt werden.

Mano nimmt seine jetzige schulische Ausbildung als eine Besonderheit unter den Sinti aus der Sinti-Siedlung wahr.

> Hmm (.) also hier vom Platz bin ich glaub ich der einzige wo auf ner Realschule bin

Insgesamt zeigt sich bei Mano eine sehr hohe Bedeutung schulischer und beruflicher Ausbildung, was auch durch die Familie, insbesondere Manos Vater, unterstützt wird. Der Gedanke eines Berufs bzw. einer Arbeit scheint in Manos Denkmuster fest verankert. Dabei entspricht sein Berufswunsch, Polizist zu werden einem klassischen Berufswunsch von Jungen in der westlichen Gesellschaft. Mano zeigt sich sensibel für die gesellschaftliche Bedeutung eines Schulabschlusses und seine Auswirkungen auf den weiteren Lebensverlauf.

> Guter Abschluss is mir ganz wichtig wegen meiner Zukunft

Es zeigt sich eine positive Einstellung zu Schule. Dabei wird auch eine hohe Bedeutung von Selbstbildung, durch eine hohe Motivation Neues zu lernen sichtbar. Bspw. wenn Mano äußert, was ihm an Schule gefällt.

> Hmm dass ich so viel Lern mitkrieg (1) mitbekomm ja

Sichtbar wird aber auch, dass Mano schulisches Lernen in Abhängigkeit zum Interesse bzw. Spaß am jeweiligen Fach stellt. Obwohl Mano schulische Rahmenbedingungen, wie etwa strenge Lehrer oder viele Hausaufgaben, negativ beschreibt, sind diese nicht ausschlaggebend für seine Einstellung gegenüber Schule.

Im Interview zeigt sich, dass der Zeitraum des „auf Reise Gehens" von Manos Familie durch die Schule begrenzt wird. Jedoch kann ein Kompromiss zwischen der Institution und der Familie ausgemacht werden.

> Und jetzt da ich auf Realschule gehts nicht mehr da muss ich (1) kann ich nur zwei oder drei Wochen vorher vor den Sommerferien weg

Mano selbst deutet die Begrenzung des Reisebeginns während der Schulzeit durch die Schule positiv, da er es ansonsten, wie im Sinne seiner Lehrer, eher als ein Bildungshindernis deutet.

> Also ich verpass dann zuviel Matrial was wir lernen Lernstoff und so

Innerhalb der Schule stellen sich schriftliche Anforderungen im Deutschen für Mano als Schwierigkeit heraus. Es kann eine besondere Rolle des mündlichen Sprechens für Manos Lernerfolg und -interesse ausgemacht werden.

> Deutsch und Mathe (2) Mathe kann ich gut mündlich aber nicht gut schriftlich (.) ich kann auch gut erklären aber ich kann nicht auf Blatt erklären weil ich bin ja ein (1) nicht richtiger Deutscher und des ich red ja nicht viel deutsch zu Hause

Da Mano innerhalb der Familie ausschließlich Romanes spricht, könnte sich ein Spannungsverhältnis zwischen einem fehlenden schriftsprachlichen Standard aufgrund der rein mündlich überlieferten Sprache Romanes und den Erwartungen der Schule zeigen, die von einem solchen Standard in deutscher Sprache ausgeht.

Das Interview macht zwei weitere Sinti sichtbar, welche dieselbe Realschule wie Mano besuchen.

12.5 Fall 5: Mano (*Sinto*)

In der Grundschule haben Mano und seine Cousins die Erfahrung gemacht, negativ als „Zigeuner" stigmatisiert zu werden. Da dies in hohem Maß als verletzend empfunden wurde, zeigt sich in ihrem Umgang mit diesen Situationen, die sich in Form von körperlicher Gewalt darstellen.

> Da hat mal son Russe oder Chinese was des war (.) der hat mal ihr scheiß Zigeuner die ganze Zeit gesagt (.) dann sind wir (.) wir hatten Unterricht sind wir bis in sein Klassenzimmer gerannt und dann (1) gabs Schlägerei

Dabei spielt auch der Einfluss von Gruppendynamik (Cousins) auf Manos Gewaltanwendung in der Grundschule eine Rolle. Körperliche Gewalt als Reaktion auf verbale Diskriminierung bewertet Mano negativ bzw. als fehlerhaftes Verhalten, da er deren institutionelle „Ablehnung" in der Schule wahrnimmt.

> Also (.) ich glaub halt mal wenn ich mich (.) richtig jetzt benommen hätte wie in der Realschule glaub ich hätt ich auch (.) Gymnasium Angebot bekomm (5) weil ich hab auch immer angestellt in der Grundschule und so

Dass er seinen Umgang mit verbaler Beleidigung in der Realschule verändert hat, stellt die hohe Bedeutung von Schule für ihn heraus. Jedoch nimmt Mano körperliche Gewalt als Reaktion auf selbst erfahrene körperliche Gewalt in Anspruch und stellt dies nicht in Frage.

> Ähm normalerweis (.) jetzt also (.) bin ich nicht mehr so wie früher jetzt kann ich mich bisschen kontrollieren (1) aber wenn wenn wenn ich rumgeschubst wird (.) dann lass ich mich nichts gefallen (.) also ich fang jetzt nicht mit anderen an jetz wie früher

Ein Teufelskreis kann sich entwickeln, wenn die Stigmatisierung als „Zigeuner/innen", die in hohem Maße als identitätsverletzend empfunden werden kann, mit der Konfliktlösungsstrategie körperliche Gewalt beantwortet wird, durch Lehrpersonen jedoch als allgemeine Aggressivität interpretiert wird. Somit stünden die Kinder in der Gefahr, wiederum einer Stigmatisierung als „Problemfälle" ausgesetzt zu sein. Dies wirkt sich negativ auf ihre schulische Laufbahn aus, gefährdet etwa die Versetzung in höher qualifizierende Schularten oder hat gar eine Ausweisung in Förderschulen zur Folge.

In der Realschule hat Mano bisher keine negativen Erfahrungen aufgrund seiner Sinti-Zugehörigkeit gemacht. Diese wird zwar manchmal innerhalb der Schülerschaft thematisiert, jedoch erfolgt dabei eine positive Bewertung durch andere Schüler./innen

Bisher wurde in Manos Schulzeit im Unterricht keinerlei Bezug *auf* „Sinti und Roma" genommen. Eine im Unterricht verankerte, geschichtliche Auseinandersetzung mit den Erfahrungen von „Sinti und Roma" bewertet Mano positiv. Dadurch wird aber auch seine Annahme deutlich, dass Informationen zum bzw. eine Auseinandersetzungen mit diesem Thema bei Nicht-Sinti nicht oder kaum gegeben sind.

> des wär gut (.) ja des wär gut (.) damit die anderen ma auch mal sehen wie (1) zum Beispiel die Verwandten von mein Opa und so alle gelitten haben

Familiensituation
Als seine Familie beschreibt Mano seine Eltern und vier Geschwister. Alle Familienmitglieder sind in Deutschland geboren. Der Vater hat die (Wegner Fördergrundschule in der „Stadt A" innerhalb der Sinti-Siedlung) und dann entweder die (Förderschule in der „Stadt A") oder eine Hauptschule besucht. Er hat keine abgeschlossene Schulausbildung, da ihm laut Mano hierfür die intrinsische Motivation gefehlt hat. Eine berufliche Ausbildung hat er ebenfalls nicht absolviert. Manos Vater erzählt ihm nicht, was er beruflich macht. Er erzählt ihm lediglich, dass er einer selbstständigen Tätigkeit nachgeht. *Die Tätigkeit des Vaters muss hier vor dem Hintergrund seiner fehlenden schulischen und beruflichen Ausbildung gesehen werden. Vielfach ist die Selbstständigkeit die einzige Lösung, sich und seine Familie eigenständig finanziell absichern zu können.* Manos Mutter hat wahrscheinlich die Grundschule und dann eine Hauptschule besucht. Mano ist nicht bekannt, ob sie einen Schulabschluss hat. Sie hat keine berufliche Ausbildung absolviert und ist Hausfrau. Beide Elternteile beherrschen die deutsche Sprache in Wort und Schrift. Innerhalb der Familie wird fast ausschließlich Romanes gesprochen.

Manos zwei Schwestern (21- und 18 Jahre alt) haben beide die Schule abgebrochen und keine berufliche Ausbildung absolviert. Beide haben die (Abis Grundschule in der „Stadt A") besucht. Die älteste Schwester ist dann auf die (Cleo Haupt- und Werkrealschule in der „Stadt A") gewechselt. Die jüngere Schwester hat nach der Grundschule die (Hasel Förderschule in der „Stadt A") besucht. Beide Schwestern sind Hausfrauen. Damit deutet sich für sie eine klassische Rollenverteilung zwischen Männern und Frauen an. Dies kann für Manos Familie insgesamt angenommen werden. Manos jüngste Schwester ist zehn Jahre alt und besucht die (Brio Grundschule in der „Stadt A"). Manos einziger Bruder ist 14 Jahre alt. Es ist anzunehmen, dass auch er eine Grundschule besucht hat, wie die bisherigen Geschwister. Zum Zeitpunkt des Interviews besucht er die (Bodin Haupt- und Werkrealschule in der „Stadt A"), die auch von einem Cousin Manos besucht wird.

Darüber hinaus hat Mano zwei Großväter und zwei Großmütter sowie eine Urgroßmutter.

Die Möglichkeit zu Hause zu lernen stellt sich bei Mano positiv dar. Bei Schulangelegenheiten unterstützt ihn seine Familie, insbesondere sein Vater.

12.5 Fall 5: Mano (*Sinto*)

Bezüglich Manos schulischen Ausbildung kann für Manos Eltern, insbesondere für den Vater, eine hohe Bedeutung ausgemacht werden. Zukünftige finanzielle Unabhängigkeit scheint dabei ausschlaggebender Faktor für den Vater zu sein. Hier ist ein starker Zusammenhang mit der Wahrnehmung seiner eigenen Chancen aufgrund seines fehlenden Bildungsabschlusses anzunehmen.

> Mein Vater ist streng mit der Schule (.) also wenn ich was nicht richtig mach (.) dann is er streng weil er will dass ich richtig lerne und konzentriert dann richtig dass es keine Probleme gibt (1) weil er will dass meine Zukunft mal dass ich Geld verdiene richtig gut

Der Vater erweist sich nicht nur als Antriebsfeder von Manos Bildungsanstrengungen, sondern auch bei der Weitergabe von Traditionen, die Mano als Sinti-spezifisch ausweist.

> Gitarre lern ich (1) des ja auch Tradition von Sinti Gitarre (.) Musik und so

Mögliche negative Erfahrungen aufgrund ihrer Sinti-Angehörigkeit werden durch die Eltern an Mano nicht weitergegeben. Jedoch haben die Geschwister bereits die Erfahrung gemacht, als „Zigeuner" stigmatisiert zu werden.

> Die werden manchmal auch scheiß Zigeuner (.) mein Bruder oder irgend meine Schwester (.) die jüngste

Es ist anzunehmen, dass Manos Einstellung, die Sprache Romanes nicht an Nicht-Sinti weiterzugeben, familiär tradiert wurde.

> Aber ich mag nicht dass die (.) dass die Sinti Sprache äh (1) die anderen lernen des mag ich nicht (.) weil dann versteht sich (1) wenn jetz Sinti reden und Deutscher weiß kennt dann die Sprache oder so (.) in Ausländer und versteht uns das mag ich nich

Manos Familie geht jedes Jahr maximal zwei Wochen vor den Schulsommerferien „auf die Reise". Dabei nimmt der christliche Glaube der Familie hier eine besondere Rolle ein. Die Reisedauer variiert dabei zwischen einem und maximal drei Monaten.

> Ja ähm wir gehen jedes Jahr des is Tradition des machen schon meine (1) Uhr Uhr Uhr Großväter un no wei(') noch was (1) wir gehen jedes Jahr auf Reise also mit (.) Missionszelt also Gottesdienst fahren wir überall (1) ganz Deutschland (1) manchmal in Frankreich und manchmal in andere Länder

Innerhalb seiner Familie zeigt sich, dass unter seinen Familienangehörigen Sinti auch mit Nicht-Sinti Beziehungen eingegangen sind.

> Mein Mutter ist so so wie ichs grad gesagt hab (2) so Vater äh so Sinti und Mutter so (.) kein Sinti also is meine Mutter halb Sinti (.) und mein Vater ganz

In Manos weiterer Familie wird auch die Einstellung sichtbar, einen *Kindergartenbesuch der Kinder abzulehnen.*

> Ja mein Cousin mit dem ich immer rumhäng (.) der war nich (2) und meine kleine Cousine die is vier die geht nich in Kindergarten

In Manos Familie wird über Erfahrungen seiner Familienmitglieder im zweiten Weltkrieg gesprochen. Auch Ausstellungen zum Thema regen eine Auseinandersetzung an. Dabei zeigt sich eine starke emotionale Betroffenheit innerhalb der Familie.

> Ja mein (.) mein Opa seine (1) Opas und so alle (.) Opas oder Väter und Mütter von mein Opa (1) die wu die ham ja den Krieg mitgemacht (1) die mussten dann leiden (.) ganze Sinti und Roma (2) mussten alle leiden (1) und des wird mir manchmal erzählt (.) hier es gibt ja son manchmal Austellung (.) da woi wir noch (.) da wo du noch siehst zum Beispiel (.) wo sie verbrannt wurden und diese Dusche wo Gas rauskommt (1) da warn wir letztes Mal (1) da hat mir mein Vater des alles erzählt des waren alles unsere Verwandten hat er gesagt (.) fast

Hier wird auch eine emotionale Betroffenheit Manos sichtbar, die mit Wut einhergeht.

> Ich krieg dann eine Wut auf Nazis (2) und ich (.) des tut mir dann Leid dass sie so gelitten haben

Wohnsituation
Mano wohnt mit seiner Familie, seinen Eltern und zwei Geschwistern (14- und 10 Jahre alt), in einer Fünf-Zimmer-Mietwohnung in einer Sinti-Siedlung in der „Stad A". Seine zwei ältesten Geschwister wohnen nicht mehr mit der Familie zusammen. Alle drei Kinder, die gemeinsam mit ihren Eltern zusammenwohnen, haben ein eigenes Zimmer. Es scheint jedoch noch nicht sehr lange her zu sein, dass Mano sich ein Zimmer mit seinem Bruder geteilt hat. Innerhalb der Nachbarschaft bestehen gleichzeitig sehr viele Verwandtschaftsverhältnisse, die er besonders positiv an seiner Wohnsituation bewertet. Diese mindern das Bedauern darüber, dass die Wohngebäude in der Sinti-Siedlung renovierungsbedürftig sind und Fußballplätze in der näheren Umgebung fehlen.

> Gut sehr gut (2) dass wir hier alle eine Familie sind (1) also hier auf dem Sintiplatz sind alle eine Familie eigentlich

Freizeitsituation
Seine Freizeit verbringt Mano meist in der Sinti-Siedlung. Bei ihm zeigen sich klassische Freizeitaktivitäten von Kindern und Jugendlichen, wie sie auch in der

12.5 Fall 5: Mano (*Sinto*)

„Mehrheitsgesellschaft" vorzufinden sind. So orientiert er sich in seiner Freizeitgestaltung an eine Peergroup. Diese setzt sich meist aus Familienangehörigen (Cousins) zusammen. Zudem verbringt er seine Freizeit manchmal mit seinen Mitschülern/innen, unter denen keine Sintis zu finden sind. Mano weist die Bedeutung von Schule für seine Freunde als hoch aus. Diese besuchen zum Beispiel eine Hauptschule, eine Förderschule oder eine Realschule. Dabei sind unter den Freunden, die eine Realschule besuchen, keine Sinti. Hierbei zeigt sich eine Verstrickung Manos in den gesellschaftlichen Vorurteilsdiskurs gegenüber „Sinti und Roma".

> [...] Sinti sind meistens Ansteller

Mano hat keine Freunde oder Bekannte, die ein Gymnasium besuchen.

Zudem übt Mano die klassisch von männlichen Jugendlichen betriebene Freizeitaktivität Fußball aus und spielt Playstation.

Es wird deutlich, dass das „auf Reise Gehen" der Familie Mano bei der Ausübung seiner vereinsförmigen Freizeittätigkeit Boxen hindert, was von ihm jedoch nicht problematisiert zu werden scheint. Den Nutzen dieses Angebots sieht Mano vielmehr im Spaß als etwa in der Beherrschung der Technik in der Sportart.

> Ah und noch Boxen da mein Va(') ich war eigentlich immer Boxen aber jetz da wir jetz auf Reise fahrn (1) jetz kann ich nich und nach der Reise hat mein Vater gesagt un(') meldet er mich an wieder in Boxen

Seine Beschäftigung mit der Gitarre, die durch seinen Vater forciert wird, wird hier insbesondere als Aneignung von Traditionen deutlich.

> Mein Onkel spielt Gitarre und ich (.) hör gerne Sinti Musik und es gefällt mir und des will ich auch so könn

Verhältnis zu Nicht-Sinti
Mano und Familienmitglieder haben während des „auf Reise Gehens" die Erfahrung gemacht, durch Kinder negativ als „Zigeuner/innen" stigmatisiert und mit nationalsozialistischen Symbolen konfrontiert zu werden. Darauf reagierten seine Cousins mit der Anwendung körperlicher Gewalt. Jedoch weist Mano die Einstellung der Kinder als erlernt aus und nicht als von vornherein gegeben.

> Wir warn mal auf ner Reise und da warn (1) also Nazis halt (.) dies(') wurden so aufgezogen kleine Kinder und meine Cousins haben sich mit den geschlagen (.) weil die ham gesagt scheiß Zigeuner und so (3) haben so Hakenkreuze überall hingemalt und so

Im Interview wird deutlich, dass bei Mano die Nennung von Personen, durch „ethnische" bzw. nationale Kategorien stattfindet. Erkennbar wird ein gesellschaftlicher Zwang zur „ethnischen" bzw. nationalen Einordnung von Menschen, der Mano innerhalb der Schule begegnet. Dies veranlasst Mano sich ebenfalls in solche Kategorie einzuordnen, was von ihm jedoch nicht problematisiert, sondern vielmehr als Normalität empfunden wird.

> Ja da hab ich mich vorgestellt (1) jeder hat gesagt was er ist und dann hab ich auch gesagt was ich bin (2) Italiener Türken haben die anderen gesagt und so (1) dann hab ich gesagt dass ich Sinti bin

In Manos Zukunftswünschen wird ein universales zwischenmenschliches Harmoniebedürfnis deutlich, welches für ihn die Bedeutung etwa „ethnischer" oder geschlechtlicher Unterschiede negiert.

> Dass ich mal (.) gute Polizist werd gute Gitarrist und (.) dass ich mich mit jedem versteh

Die negative Bewertung von Sinti durch die Mehrheitsbevölkerung geht für Mano mit starken Gefühlen der Verletzung und Wut einher, was wohl vor allem aus den historischen Erfahrungen seiner Familie im Nationalsozialismus herrührt. Dabei scheint dies ausschlaggebend zu sein, wenn eine Abgrenzung zu Nicht-Sinti stattfindet.

Zivilcourage hebt Mano positiv hervor, weist hierfür jedoch eine geringe gesellschaftliche Ausprägung aus.

> Heut zu Tag gibts ja keine Leute mehr die dir helfen

Das Zugehörigkeitsgefühl zu einem Land bzw. einer Nation scheint er als ein Hindernis wahrzunehmen, sich als Mensch frei in der Welt bewegen zu können. Dies kann als romantisierende Sichtweise bewertet werden, da bereits die formale Staatsangehörigkeit, ohne dass man sich mit dem jeweiligen Staat identifiziert, den Zugang zu anderen Ländern beschränken kann.

> [...] ich find gut dass wir kein Land haben (4) dass wir überall gehen können (5) auf der ganzen Welt sind Sinti

Es wird deutlich, dass sich Romanes innerhalb der verschiedenen Länder auf der Welt unterscheidet, was einen Einfluss der Sprache der Mehrheitsbevölkerung auf die Sprache Romanes vermuten lässt.

> Also es gibt ja italienische Sinti türkische Sinti (.) überall (1) die reden halt anders bisschen wie wir (.) deutsche Sinti [...]

12.5 Fall 5: Mano (*Sinto*)

Mano kennt anscheinend Menschen, von denen er annimmt, dass sie „Roma" sind. Dies lässt darauf schließen, dass er von äußeren Merkmalen ausgeht, die eine „ethnische" Zugehörigkeit signalisieren. Die Bedeutung dieser Zugehörigkeit ist für ihn jedoch nicht bedeutsam.

> Ja (1) des sind (.) ich bin mir nicht sicher ob des Roma sind (1) aber ich versteh mich mit Roma

Selbstidentifikation
Mano identifiziert sich zwar als Sinti, jedoch geht dies für ihn tendenziell nicht mit Annahme einer „ethnischen" bzw. „kulturellen" Andersartigkeit zu Nicht-Sinti einher. Manos *positive Bewertung der Sinti-Angehörigkeit betrifft vor allem die familiäre Gemeinschaft, die etwa innerhalb seiner Wohnverhältnisse gegeben ist.*

> Ich finds gut dass ich Sinti (1) dass wir Sinti sind

Zwar verweist Mano öfter auf Sinti-Traditionen, dies scheint jedoch auch aus dem Umstand zu resultieren, dass er sich im Interview auch als Experte zum Thema Sinti befragt sieht, von dem erwartet wird die Lebensweise von Sinti allgemein darzustellen. *Dabei stellt Mano Traditionen auch in Frage.*

> Ich find alles eigentlich gut (.) an Sinti also die Sprache die Tradition (1) alles (2) und für uns (.) des ist nicht so gut wenn Sinti () find ich (.) wir dürfen kein Arzt sein wir müssen Röcke tragen die Mädchen halt (2) und vieles anderste Pferd dürfen wir nicht essen (1) is alles unrein für uns

Ein Merkmal dafür, sich nicht als „richtiger Deutscher" zu fühlen, besteht für Mano auch darin, eine andere Muttersprache zu sprechen.

> [...] weil ich bin ja ein (1) nicht richtiger Deutscher und des ich red ja nicht viel deutsch zu Hause

Sichtbar wird, dass Mano selbst in den gesellschaftlichen Vorurteilsdiskurs gegenüber „Sinti und Roma" verstrickt ist und generalisierende Vorurteile reproduziert. Jedoch positioniert sich Mano bezüglich seiner (Aus-)Bildungssituation als eine Art Gegenbeispieler, worauf er auch stolz ist.

Mano zeigt einen offenen Umgang mit seiner Sinti-Angehörigkeit, gibt diese jedoch nur auf Nachfrage an. Es gibt keine Situation, in der er diese Angehörigkeit verleugnet oder verheimlicht. Den Begriff „Zigeuner/in" weist Mano als Fremdbezeichnung aus, da er für ihn negativ konnotiert ist, Vorurteile für Nicht-Sinti transportiert und dadurch Sinti als „Außenseiter" stigmatisiert.

> Ja das die denken Zigeuner immer schmutzig und so (.) das hört sich so (.) eklig an so schmutzig Zigeuner (2) als ob wir Außenseiter sind so hört sich das an

Andererseits verwendet Mano diese Bezeichnung selbst, um sich zu beschreiben, wenn seinem Gegenüber nicht bekannt ist, was Sinti bedeutet. Damit reproduziert er diese Stigmatisierung durch die Verwendung des Begriffes, mit den darin enthaltenen Stereotypen. Bezeichnend stellt sich der Umstand dar, dass Mano die Erfahrung macht, dass der Begriff „Sinti", jedoch nicht der Begriff „Zigeuner", in Frage gestellt wird.

> Hmm (.) weil manche wissen ich s(') die fragen dann mich manche (1) die wo mich noch nicht kennen und wollen dann meine Freunde sein dann fragen sie was ich bin dann sag ich Sinti dann sagen die was ist des (.) dann sag ich halt Zigeuner weil sie verstehen des (.) dann so

Die Sprache Romanes weist Mano als etwas „Sinti-Spezifisches" aus, das nur Sinti vorbehalten werden sollte. Er spricht sich gegen die Vermittlung der Sprache an Nicht-Sinti aus.

Kontrastierender Vergleich der Einzelfälle 13

(Aus-)Bildungssituation
Alle Befragten weisen einen Kindergarten und einen Grundschulbesuch auf. Es bestehen auch Fälle, in denen die Fördergrundschule besucht wurde.

Besuchte weiterführende Schulen der Interviewten reichen von der Förderschule, der Schule für Erziehungshilfe, der Haupt- und Werkrealschule über die Realschule bis hin zum Gymnasium.

Für die Fälle, die eine Förderschule besucht haben, kann eine allgemeine Leistungsschwäche, etwa durch eine Lernbehinderung, ausgeschlossen werden, sodass hier Mechanismen institutioneller Diskriminierung deutlich werden. In einem Fall jedoch wurde der Besuch der Förderschule aus einer Orientierung an anderen Sinti bzw. Familienmitgliedern heraus freiwillig gewählt, selbst gegen den Wunsch der Eltern. Diese Orientierung kann hier jedoch auch als Schutzfunktion vor Ablehnung bzw. Diskriminierung aufgrund der Sinti-Angehörigkeit gedeutet werden, welche die Bedeutung formaler Bildung überlagerte.

Ein eigener Förderschulbesuch wird von den Befragten nicht problematisiert. Hierbei wird auch darauf verwiesen, dass die Förderschule bereits von anderen Familienmitgliedern besucht wurde, innerhalb der Familie also quasi als „normal" gilt. Wenn die Förderschule besucht wurde, waren dort tendenziell auch weitere Sinti zu finden. Weiter besuchen anderweitig genannte Sinti wie auch „Roma" die Haupt- und Werkrealschule. Ein paar sonstig genannte Sinti lassen sich auch auf der Realschule und auf dem Gymnasium ausmachen.

Gegenwärtig besuchen die Befragten entweder die Schule oder sind ausbildungssuchend. Ein Befragter ist arbeitslos gemeldet.

Brüche innerhalb der Bildungsbiografie umfassen in einem Fall einen Schulabbruch in der achten Klasse und in einem anderen Fall den Rauswurf aus der Schule, ebenfalls in der achten Klasse.

Positiv wahrgenommen werden am Schulbesuch engagierte Lehrpersonen, Lieblingsfächer, die Möglichkeit sich selbst zu bilden und gemeinsame Aktionen, die den Schulalltag durchbrechen. Besonders strenge Lehrpersonen, Lehrpersonen, die Schüler/innen aufgrund besserer Noten bevorzugen sowie Lehrpersonen, welche die Schüler als „dumm" stigmatisieren, werden negativ bewertet. Die Fächer Mathe und Deutsch, aber auch das frühe Aufstehen, viele Hausaufgaben sowie die Wahrnehmung von Benachteiligung aufgrund der eigenen Sinti-Angehörigkeit, werden an der Schule negativ bewertet. Es zeigt sich, dass in einem Fall (Sinti-Angehörigkeit) die Erfahrung gemacht wurde durch die Mitschülerschaft mit gängigen Stereotypen als „Roma" und oder als „Zigeuner/in" stigmatisiert zu werden. Dies scheint Einfluss auf eine verstärkte Gruppenanbindung an andere Sinti gehabt zu haben sowie auf die Entscheidung, die Klasse zu verlassen. Anderweitig zeigt sich aber auch eine aktive Reaktion, in Form von Gewaltanwendung. Hier wäre denkbar, dass eine regelmäßige Stigmatisierung als „Zigeuner/in", die in hohem Maße als identitätsverletzend empfunden werden kann, mit der Konfliktlösungsstrategie körperliche Gewalt beantwortet wird und diese Reaktion durch Lehrpersonen evtl. als allgemeine Aggressivität interpretiert wird. Dadurch ständen die Kinder, die sich eine solche Konfliktlösungsstrategie angeeignet haben, in der Gefahr, fälschlicherweise als „Problemfälle" stigmatisiert zu werden. Dies wiederum wirkt sich folgenreich auf ihre schulische Laufbahn aus und gefährdet etwa die Versetzung in höher qualifizierende Schularten. Andere Fälle machten aufgrund der Sinti- oder Roma-Angehörigkeit gar keine Diskriminierungserfahrungen mit der Mitschülerschaft.

Schwierigkeiten in den Fächern werden dadurch erklärt, dass der Stoff falsch- oder auf eine zu „trockene" Art vermittelt wird. Dem Widerstand gegenüber der Art der Vermittlung des schulischen Wissens steht die Logik des Systems Schule entgegen. Desinteresse wird hier meist als Eigenverschulden der Schüler/innen gelesen und mit schlechten Noten bewertet, wenn sich nicht doch das Lehrpersonal im Einzelfall besonders engagiert. Da Noten den Anspruch erheben, die Leistungsstärke der Schüler/innen realitätsgetreu abbilden zu können und darauf weitere „pädagogische" Maßnahmen aufbauen, werden aus diesen Schülern/innen „Opfer" des Systems, die als leistungsschwach stigmatisiert werden und diese Fremdbeschreibung im schlimmsten Falle sogar in ihre eigene Wahrnehmung von sich selbst übernehmen. Weiter muss hier reflektiert werden, welche Folgen diese Bewertungen für den Zugang zu weiterführenden Schulen und beruflicher Ausbildung haben und somit für die gesamte Lebensführung der Betroffenen. Denn gegenwärtig sind Lebenschancen von Menschen in hohem Maße von Leistungsnachweisen in Form von Zertifikaten und Qualifikationen abhängig.

13 Kontrastierender Vergleich der Einzelfälle

In einem anderen Fall zeigen sich Schwierigkeiten in bestimmten Fächern aufgrund der schriftlichen Anforderungen in der deutschen Sprache. Diese Schwierigkeiten scheinen sich aufgrund der innerhalb der Familie gesprochenen Sprache Romanes zu ergeben. Hier könnte sich ein Spannungsverhältnis zwischen einem fehlenden schriftsprachlichen Standard aufgrund der rein mündlich überlieferten Sprache Romanes und den Erwartungen der Schule zeigen, die von einem solchen Standard in deutscher Sprache ausgeht. Eine Alphabetisierung in Romanes, etwa im Rahmen schulischen Romanes-Unterrichts, könnte dabei die Alphabetisierung in der deutschen sowie in anderen Sprachen unterstützen.

Während der Schulzeit wurde die Sinti- oder „Roma"-Angehörigkeit in jedem Fall öffentlich vertreten. Jedoch ist deren Angabe eher nicht von sich aus geschehen, sondern vielmehr auf die Nachfrage *„was man ist"*. Dabei zeigt sich innerhalb der von den Befragten besuchten Schulen, dass die Einordnung entlang „ethnischer" oder auch nationaler Kategorien bei der Selbstbeschreibung innerhalb der Schülerschaft von Bedeutung ist und dies selbst auch von Lehrern forciert wird. Solche Wahrnehmungsmuster lassen sich auch für die Ausbildungssuche erkennen. Deutlich wird hier eine Art gesellschaftlicher Zwang zur „ethnischen" bzw. nationalen Einordnung, dem man ausgesetzt ist. Dies trifft besonders für die Fälle zu, die als „ethnisch" anders wahrgenommen werden. Dadurch werden jedoch Annahmen „kultureller" Andersartigkeit reproduziert und verfestigt. Dieses Wahrnehmungsmuster ist aber auch bei den Befragten selbst vorzufinden – mal stärker, mal schwächer, jedoch stets präsent. Es bestehen auch Fälle, in denen keine Entscheidungsfreiheit bezüglich der Angabe der Angehörigkeit bestand, da Familienverhältnisse bereits vorher darauf verwiesen haben.

Das Verhältnis zu Lehrpersonen zeigt sich tendenziell unproblematisch. Es können freundschaftliche Verhältnisse ausgemacht werden, jedoch bestehen auch Fälle, in denen, wie bereits angesprochen, eine Stigmatisierung als „dumm" durch Lehrpersonal stattfindet. Selbst die Anwendung körperlicher Gewalt durch Lehrpersonal wird geschildert. Diese scheint als Reaktion auf den verbalen Angriff (Beleidigen) eines Befragten angewendet worden zu sein. Dies macht auf die Notwendigkeit von Konfliktlösungsstrategien innerhalb der pädagogischen Ausbildung aufmerksam.

Zum Zeitpunkt des Interviews zeigt sich bei allen Interviewten ein hoher Stellenwert von schulischer- und beruflicher Ausbildung. Hier wird die Übernahme moderner gesellschaftlicher Erwartungen sichtbar. Insgesamt wird die Orientierung an einer klassischen Bildungsbiografie deutlich, in der nach abgeschlossener Schulausbildung eine berufliche Ausbildung anschließt. Berufe, die angestrebt werden, reichen vom Beruf des Landschaftsgärtners, der Verkäuferin über den Polizisten bis hin zum Architekten. In einem Fall zeigt sich der Berufswunsch unkonkret. Dabei rekrutiert sich die Motivation an der beruflichen Ausbildung aus dem Wunsch nach Selbstbildung, finanzieller Unabhängigkeit und dem Wunsch die Familie unterstützen zu können. In keinem Fall wird eine Präferenz selbstständiger Tätigkeit sichtbar.

Bei den Fällen, die zum Zeitpunkt des Interviews ausbildungssuchend sind, zeigt sich, dass aufgrund ihres Nachnamens, der von anderen mit ihrer Sinti-Angehörigkeit in Verbindung gebracht wird, ein erschwerter Zugang zu Ausbildung besteht. Dies macht auf antiziganistische Einstellungen innerhalb der Gesellschaft aufmerksam. Auch wurde auf der Suche nach Arbeit die Erfahrung gemacht, verbal als „Zigeuner/in" mit negativen Attributen stigmatisiert zu werden. Gegenüber diesen Erfahrungen zeigen die Betroffenen einen eher passiven Umgang.

Bezüglich der Einschätzung eigener schulischer Leistungsfähigkeiten ergibt sich bei der Durchsicht der Fälle durchgängig eine selbstbewusste Bewertung. Hier wird aber auch eine Übernahme von Fremdbeschreibungen durch Lehrpersonen oder Freunde in eigene Denkmuster deutlich, welche die Leistungen der Betreffenden als unzureichend ausweisen, um eine höhere Schulart zu besuchen. Bezüglich der Entscheidung für die jeweilig besuchten Schularten gibt es Fälle, die ihre Wahl der Schulart selbstbestimmt gegen die Lehrerempfehlung (im Rahmen der schulischen Bestimmungen) oder auch gegen die Präferenz der Eltern durchgesetzt haben. Es zeigt sich aber auch die Übernahme der Empfehlung des Lehrpersonals, welches als Experten/innen für die Einschätzung der eigenen schulischen Fähigkeiten wahrgenommen wurden. Auch ist die Haltung zu finden, Entscheidungen für den Besuch bestimmter Schulen als äußere Ereignisse wahrzunehmen, denen man ausgeliefert ist.

Die befragten Fälle gehen entweder regelmäßig traditionell „auf die Reise" oder gehen dem nicht nach. Bei jenen die reisen, gab es Fälle, die auch während der Schulzeit „auf die Reise gehen" oder gingen. Bezüglich der Aushandlung der Reisedauer zeigt sich hier zwar eine erfolgreiche Kompromissbildung zwischen Familie und Schule, aber auch eine tendenzielle Problematisierung des „auf Reise Gehens" während der Schulzeit durch die Schule. Dabei könnte die Problematisierung des „auf Reise Gehens", welches einen traditionellen Charakter besitzen kann, durch Sinti-Angehörige als ein Angriff auf die eigene Identitätskonstruktion gesehen werden. Vor allem vor dem Hintergrund geschichtlicher Erfahrungen müsste hier ein sensibler Umgang durch Bildungsinstitutionen geschaffen werden. Als Motive des „auf Reise Gehens" werden hier das Zelebrieren christlicher Akte oder das Hausieren deutlich.

Unterstützungsleistungen bezüglich schulischer Angelegenheiten zeigen sich durch außerschulische Angebote, Eltern sowie Geschwister oder die Freundin, aber auch durch das Jugendamt. Dabei werden die Bildungsbemühungen der Kinder durch die Eltern wohl vor allem aus der Motivation unterstützt, seinem Kind eine bessere schulische Ausbildung zu ermöglichen, als man sie selbst aufweist. Jedoch gibt es auch Fälle, in denen sich die Eltern bei den Bildungsbemühungen der Kinder eher passiv gegenüberstehen.

Eine Auseinandersetzung mit „Sinti und Roma" innerhalb der besuchten Klassen, etwa zu historischen Erfahrungen im Nationalsozialismus, gab es, selbst bei abgeschlossener schulischer Ausbildung, manchmal nicht. Wenn das Thema im Unterricht aufgetaucht ist, wurde es nur angeschnitten. Dabei kann hier jedoch tendenziell ein Bedarf ausgemacht werden, anderen die Sinti- oder „Roma"-Angehörigkeit zu erklären oder auch über die Verfolgung von „Sinti und Roma" im Dritten Reich zu informieren. Letzteres zeigt sich vor allem dort, wo Familienangehörige direkt von Verfolgung betroffen waren bzw. eine Auseinandersetzung mit diesen Erfahrungen innerhalb der Familie stattgefunden hat. Hier wird auch der Wunsch deutlich, diese familiären Erfahrungen in den Unterricht einzubringen.

Familiensituation

Unter den Eltern der Befragten zeigen sich Eheschließungen, in denen beide Elternteile Sinti oder „Roma" sind. Es bestehen jedoch auch Eheschließungen zwischen Sinti und Nicht-Sinti. Dabei ist in einem Fall die Mutter eine Sinteza und in einem anderen der Vater ein Sinto, die/der mit einem Nicht-Sinti verheiratet ist. Hier zeigt sich, dass es auch die Idee von „halben"-Sinti als Elternteilen gibt, welche selbst aus einer Familie stammen, in der ein Elternteil Sinti und ein anderer Nicht-Sinti ist. Auch bei anderen Familienangehörigen lassen sich Eheschließungen zwischen Sinti und Nicht-Sinti, wie auch Eheschließungen zwischen Sinti und „Roma" finden.

Die Familien (Eltern und Geschwister) aller befragten Sinti sind in Deutschland geboren, bis auf einen Vater. Dieser ist in der Türkei geboren und im Alter von sechs Jahren mit seiner Familie nach Deutschland immigriert. Bei dem befragten Rom sind Eltern und Geschwister bis auf den jüngsten Bruder im Kosovo geboren. Diese Familie wanderte vor zwölf Jahren nach Deutschland ein, um dem Krieg im Kosovo zu entfliehen. Seit etwa sechs Jahren besitzt seine Familie eine Erlaubnis, sich dauerhaft in Deutschland niederlassen zu können. Der Befragte ist in die aufenthaltsrechtlichen Bestimmungen seiner Familie erst relativ spät eingebunden worden.

Bei allen Eltern der untersuchten Fälle zeigt sich eine traditionelle Geschlechterrollenaufteilung, in der die Mutter eine Hausfrauenrolle und der Vater die Rolle des Berufstätigen bzw. des Ernährers einnimmt. Dabei gehen die meisten Väter gegenwärtig einer selbstständigen Tätigkeit nach, wie z. B. im Bereich Antiquitäten oder dem Autohandel. Dagegen hat ein Vater eine Stelle im Paketservice bei der deutschen Post und ein weiterer Vater, mit „Roma"-Angehörigkeit, arbeitet als Sitzhersteller bei einer Autofirma und geht zudem noch zwei Nebenjobs nach (bei einer regionalen Zeitung und einer Hausmeistertätigkeit). In einem Fall war der Vater früher mit dessen eigenem Vater im Schrotthandel tätig.

Es bestehen Fälle in denen die schulische Ausbildung der Väter unbekannt ist. In den Fällen wo sie bekannt ist haben alle Väter eine Grundschule besucht. Darunter fanden sich auch Väter, welche eine Grundförderschule besucht haben. Hierunter war ein Sinto, wie auch der in der Türkei geborene Vater. In einem Fall hat der Vater einen Hauptschulabschluss erworben. In einem anderen Fall wahrscheinlich einen Förder-/Sonderschulabschluss. Ein Vater weist entweder einen Förder-/Sonderschulabschluss oder einen Hauptabschluss auf. Zudem gibt es Väter ohne abgeschlossene Schulausbildung. Ein Vater musste die Schule ab der sechsten Klasse verlassen, um seine Familie zu unterstützen, ein weiterer verließ die Schule scheinbar aufgrund fehlender intrinsischer Motivation. In einem Fall ist nicht bekannt, ob eine berufliche Ausbildung vom Vater absolviert wurde. Alle anderen Väter weisen keine berufliche Ausbildung auf.

Die Mütter nehmen allesamt eine Hausfrauenrolle ein. Ein paar Mütter haben vorher einmal entweder als Reinigungskraft, als Servicekraft in einer familiären Gaststätte oder als Hilfskraft im Kindergarten gearbeitet. Es besteht ein Fall, in dem nicht bekannt ist, ob die Mutter einen Schulabschluss erworben hat. Vorher hat diese wahrscheinlich eine Hauptschule besucht. Eine Mutter weist wahrscheinlich einen Hauptschulabschluss auf, eine andere entweder einen Förder-/Sonderschulabschluss oder einen Hauptschulabschluss. In anderen Fällen hat die Mutter keine abgeschlossene Schulausbildung. Hierfür scheinen familiäre Gründe ausschlaggebend gewesen zu sein. Die Mütter der Befragten haben entweder keine berufliche Ausbildung absolviert oder es ist den Befragten nicht bekannt.

Die Kommunikation der Befragten mit ihren Familien findet entweder ausschließlich in Romanes statt, oder überwiegend oder ausschließlich in deutscher Sprache. Tendenziell sind bei den Befragten weniger Romanes- als vielmehr Deutschkenntnisse vorhanden. Neben dem Begriff Romanes findet sich auch die Bezeichnung „Roma" oder „Zigeunisch". Die Eltern des Befragten, die aus dem Kosovo eingewandert sind, sprechen zudem Serbisch.

Bezüglich der schulischen Ausbildung der Geschwister der Befragten zeigen sich Fälle, in denen die Schule von Geschwistern abgebrochen wurde und diese somit keinen Schulabschluss aufweisen. Von Geschwistern wurde eine Förderschule oder eine Ganztagsschule besucht. Zudem gibt es Geschwister, die einen Hauptschulabschluss erworben haben. Gegenwärtig besuchen Geschwister entweder eine Haupt- und Werkrealschule, eine Grundschule, worunter auch eine Ganztagsgrundschule zu finden ist, oder noch keine Schule. In einem Fall wechselt das Geschwister einer Befragten auf dasselbe Gymnasium, welches von ihr besucht wird. Ein Geschwister besucht gerade den Kindergarten. Für die Geschwister, die den Schulbesuch abgebrochen haben, zeigt sich keine abgeschlossene berufliche Ausbildung. Hier handelt es sich um zwei weibliche Personen, die bereits in einem relativ jungen Alter eine

13 Kontrastierender Vergleich der Einzelfälle

Hausfrauenrolle eingenommen haben (mit 18- und 21 Jahren). Dies kann auch für eine weiteres weibliches Geschwister vermerkt werden (mit etwa 21 Jahren). Hier wurde trotz Schulabschluss keine berufliche Ausbildung absolviert. In einem Fall ist nicht bekannt, ob das Geschwister eine berufliche Ausbildung absolviert hat. Ein Geschwister besucht einen Vorbereitungskurs, um eine berufliche Ausbildung zu erlangen. Ein weiteres Geschwister beginnt eine Ausbildung zum Elektriker und ein anderes ist auf der Ausbildungssuche. Zudem findet sich ein Geschwister, das gegenwärtig als Fahrer bei der Städtischen Gärtnerei angestellt ist.

In fast allen Fällen beherrschen die Eltern die deutsche Sprache in Wort und Schrift. Lediglich, in der aus dem Kosovo immigrierten Familie beherrscht der Vater die deutsche Sprache, die Mutter jedoch fast nicht. Dies stellt insoweit keine Besonderheit dar, da der Vater aufgrund seiner beruflichen Einbindung tendenziell mehr Kontakt mit der deutschen Sprache hat, als die Mutter, die sich eher im häuslichen Kontext aufhält. Dies beschränkt jedoch nicht nur den eigenen Handlungsraum der Mutter, sondern wirkt sich auch herausfordernd auf die familiäre Kommunikation aus. So lässt ein Interview erkennen, dass aufgrund der überwiegenden Deutschkenntnisse der Kinder eine geringere Kommunikation mit der Mutter besteht, die nur sehr wenig deutsch spricht. Hier wäre zu überlegen, wie eine erfolgreiche sprachliche Inklusion der anderssprachigen Frauen gelingen könnte, die sich überwiegend in häuslichen Kontexten aufhalten.

Die Bedeutung von schulischer sowie von beruflicher Ausbildung stellt sich in den Interviews für die Eltern als hoch dar. Hier zeigt sich, dass sich besonders die Elternteile, die selbst keinen Schulabschluss haben, für eine schulische Ausbildung ihrer Kinder engagieren. Als Ziele von Bildungsanstrengungen für die Eltern können finanzielle Unabhängigkeit aber auch die Einnahme gesellschaftlich angesehener beruflicher Positionen (z. B. Lehrperson) ausgemacht werden. Es gibt jedoch auch Eltern, denen Schule zwar wichtig zu sein scheint, sich jedoch kein aktives Engagement für die Bildungsbemühungen der Kinder zeigt. Gründe hierfür lassen sich aus den geführten Interviews nicht ableiten, jedoch sind vielfältige Faktoren denkbar, wie etwa Überforderung aufgrund mangelnder eigener schulischer Ausbildung, geringer zeitlicher Ressourcen oder mangelnder Deutschkenntnisse. In einem Fall ist die Bedeutung von schulischer Ausbildung für die Eltern, aufgrund den Erfahrungen eines Interviewten mit seinem schlechten Abschluss eine Ausbildungsplatz zu finden, gewachsen. Dies äußert sich in einer stärkeren Förderung bzw. Begleitung der jüngeren Geschwister. Bestimmte Erwartungen an die schulische Ausbildung der Befragten werden nur in einem Fall gestellt. Hier wünscht sich der Vater ein Studium für seine Tochter.

Innerhalb der Familien lässt sich eine christliche- oder eine islamische Religion finden. Die Sinti- oder „Roma"-Angehörigkeit ist in den Familien entweder keine starke Bezugsgröße oder es findet eine familiäre Tradierung von „ethnisch" ausgewiesenen Verhaltensweisen statt. Manche Traditionen werden von den Befragten als spezifisch für ihre Angehörigkeit übernommen, in anderen Fällen werden Traditionen auch in Frage gestellt. Es zeigt sich zudem, dass traditionelle Lebensweisen oder spezifisch für die Angehörigkeit ausgelegte Regeln innerhalb der Familien brüchig werden.

Familienangehörige haben negative Erfahrungen aufgrund einer Sinti- oder „Roma"-Angehörigkeit gemacht. So haben eine Mutter, Geschwister oder weitere Verwandte erlebt als „Zigeuner/innen" oder auch zusätzlich mit (negativen) Attributen stigmatisiert oder mit klar rassistischen Hintergründen diskriminiert zu werden. In anderen Fällen werden keine solchen Erfahrungen von Familienmitglieder geschildert.

Innerhalb der Fälle lassen sich bei den Sinti auch Familienmitglieder finden, welche die Verfolgung im Nationalsozialismus selbst erlebt haben und in Konzentrationslagern interniert waren. Deren Erfahrungen werden innerhalb der betroffenen Familien thematisiert und so generationell weitergegeben. Jedoch zeigt sich, dass diese Erzählungen tendenziell von anderen Familienmitgliedern forciert werden oder man eher zufällig über dieses Thema spricht. Dabei zeigt sich eine starke emotionale Betroffenheit bei den Befragten, welche auch bei anderen Familienmitgliedern vorzufinden ist. In einem Fall scheint das Wissen um die Erfahrungen im nationalsozialistischen Deutschland und die starke emotionale Betroffenheit, das gegenwärtige Verhältnis zur „Mehrheitsgesellschaft" negativ zu beeinflussen. Eine Auseinandersetzung mit den Erfahrungen von „Sinti und Roma" im Nationalsozialismus findet etwa durch entsprechende Fernsehberichte oder durch Besuche von Ausstellungen zum Thema statt. Es gibt aber auch Fälle, denen kaum etwas bis nichts über die Erfahrungen von „Sinti und Roma" im Nationalsozialismus bekannt ist.

Manche befragten Sinti gehen mit ihren Familien traditionell „auf die Reise", andere überhaupt nicht. Innerhalb der Fälle wird hierfür ein religiöses Motiv deutlich, in einem anderen Fall wird das Motiv des „Hausierens" benannt. Traditionell „auf die Reise" geht die „Roma"-Familie nicht.

Die Bedeutung von Familie ist in den befragten Fällen hoch. Jedoch können unterschiedlich starke Beziehungen ausgemacht werden.

Innerhalb der Familien wird einerseits ausschließlich der Begriff „Sinti" oder „Roma" als Selbstbeschreibung genutzt, in anderen Fällen jedoch auch der Begriff „Zigeuner/in".

Wohnsituation
Die befragten Sinti wohnen in einer Sinti-Siedlung in der „Stadt A". Aus Gesprächen mit Sozialpädagogen/innen ist bekannt, dass die Sinti-Siedlung als Reihenhaus-

13 Kontrastierender Vergleich der Einzelfälle

Siedlung nach dem Standard des sozialen Wohnungsbaus errichtet worden ist, mit einer angrenzenden Fördergrundschule. Diese existiert mittlerweile nicht mehr. Dass die angrenzende Grundschule als Förderschule konzipiert wurde, stellt sich bezeichnend für den damaligen Umgang mit „Sinti und Roma" dar. Von den Befragten, die in der Sinti-Siedlung wohnen, wird die Wohnsituation positiv beschrieben. Hier wohnen die Befragten entweder zu fünft in einer Vier-Zimmer-Mietwohnung oder zu fünft in einer Fünf-Zimmer-Mietwohnung.

Ein Sinto wohnt gemeinsam mit seiner Freundin (Nicht-Sinti) und deren Schwester in der Wohnung ihrer Mutter zusammen. Vorher hat er mit seiner Familie (Eltern und wahrscheinlich auch seinen fünf Geschwistern) in einer Fünf-Zimmer-Mietwohnung mit Keller und Garten in der Sinti-Siedlung gewohnt. Eine Sinteza wohnt mit ihrer Familie in einer Vier-Zimmer-Wohnung in einem Zwei-Familienhaus in der „Stadt B". Die Wohnlage orientiert sich hierbei nicht an anderen Sinti, sondern an Familienmitgliedern des Vaters, der Nicht-Sinti ist. Aufgrund des Familienzuwachses ist die Familie auf der Suche nach einer größeren Wohnung. In einem Fall wohnt der befragte Roma mit seiner Familie (Eltern und drei Geschwistern) in einer Vier-Zimmer-Mietwohnung in der „Stadt A". Hier zeigt sich eine besondere Integration des Vaters in die Hausgemeinschaft, der dort als Hausmeister tätig ist. Vorher hat die Familie in einer Vier-Zimmer-Mietwohnung in einem anderen Stadtteil in der „Stadt A" gewohnt.

Die Nachbarschaftsverhältnisse werden allesamt als positiv und konfliktfrei beschrieben. Innerhalb der Sinti-Siedlung zeigen sich viele Verwandtschaftsverhältnisse, was in einem Fall als besonders positiv an der Wohnsituation hervorgehoben wird. Veränderungswünsche bezüglich der Wohnbedingungen gibt es unter den Befragten, die in der Sinti-Siedlung wohnen, entweder keine oder sie betreffen die Renovierung der Gebäude oder die Verbesserung von Freizeitmöglichkeiten, in Form eines Fußballfeldes.

In einem anderen Fall, unabhängig von der Sinti-Siedlung, besteht der Wunsch in der näheren Umgebung der Großmutter zu wohnen. Insgesamt wird deutlich, dass nicht alle Generationen einer Familie in der näheren Umgebung wohnen, sondern auch verteilt in anderen Städten Deutschlands

Freizeitsituation
Unter den Befragten wird eine Orientierung an einer Peergroup sichtbar, wie sie in der Regel auch allgemein unter Jugendlichen zu finden ist. Freunde und Freizeitpartner/innen sind Mitschüler/innen, Nachbarn/innen, Vereinsmitglieder, Partner/innen aber auch viele Familienmitglieder, wie Brüder, Cousins oder Cousinen.

Bei den befragten Sinti zeigen sich Freundschaftsverhältnisse mit anderen Sinti aber auch mit Nicht-Sinti. Der Befragte mit „Roma"-Angehörigkeit pflegt

Freundschaftsverhältnisse mit Nicht-Sinti und Nicht-„Roma". Die Menge an Freundschaftsverhältnissen mit der „Mehrheitsgesellschaft" variiert dabei von Fall zu Fall. Es gibt Fälle, in denen etwa Befragte mit Sinti-Angehörigkeit fast ausschließlich andere Sinti als Freunde haben. Oftmals bestehen hier familiäre Beziehungen, sodass sich diese Konstellation auch ganz klar daraus erklären kann. In anderen Fällen pflegen Sinti kaum Freundschaften mit anderen Sinti. Der befragte Roma pflegt Freundschaftsverhältnisse mit Roma sowie mit Nicht-Roma.

Wenn partnerschaftliche Verhältnisse bestehen, dann mit Angehörigen der „Mehrheitsgesellschaft".

Der schulische Ausbildungsgrad der Freunde umfasst den Besuch der Förderschule, Hauptschule, Haupt- und Werkrealschule, der Realschule oder dem Gymnasium. Dabei sind unter den Freunden, die eine Realschule oder ein Gymnasium besuchen, eher Nicht-Sinti und Nicht-„Roma" auszumachen.

In den Fällen, in denen die Schule bereits abgeschlossen wurde, bestehen Freundschaftsverhältnisse zu arbeitenden Personen oder Personen, welche eine Ausbildung absolvieren.

Bezüglich der Freizeitsituation der Befragten zeigen sich Fälle, in denen von männlichen wie auch weiblichen Befragten Fußball gespielt oder einem Kampfsport nachgegangen wird. Zudem finden sich ein Fall, in dem Football gespielt wird. Anderweitig wird in der Freizeit z. B. eine Spielkonsole genutzt oder das Spielen einer Gitarre erlernt. Weiter werden Vereinstätigkeiten und der Besuch von Jugendzentren bei männlichen und weiblichen Befragten sichtbar. Es zeigen sich enge und positive Verhältnisse zu anderen Vereinsmitgliedern, Trainern/innen sowie Sozialpädagogen/innen.

Verhältnis zur „Mehrheitsgesellschaft" sowie zwischen „Sinti und Roma" selbst
Es bestehen Fälle, welche Diskriminierungserfahrungen aufgrund der Sinti-Angehörigkeit gemacht haben. Ein Befragter macht regelmäßig die Erfahrung aufgrund des Nachnamens, der mit einer Sinti-Angehörigkeit in Verbindung gebracht wird, nicht in Diskotheken hineingelassen zu werden. In einem anderen Fall hat die Befragte einmal die Erfahrung gemacht, aufgrund des Nachnamens bei der Jobsuche als „Zigeunerin" stigmatisiert zu werden. Darüber hinaus wurde ein anderer Befragter ebenfalls als „Zigeuner" stigmatisiert und zudem mit nationalsozialistischen Symbolen konfrontiert. Hier wird das Vorhandensein rassistischer Einstellungen innerhalb der Gesellschaft deutlich. In diesem Fall zeigt sich auch, dass wahrgenommene Diskriminierung von Sinti mit Gefühlen von Wut und Verletzung einhergeht und dazu beiträgt sich gegenüber der „Mehrheitsgesellschaft" abzugrenzen. In anderen Fällen wurden keine negativen Erfahrungen aufgrund der Angehörigkeit gemacht. Als positive Erfahrungen aufgrund der jeweiligen Angehörigkeit

13 Kontrastierender Vergleich der Einzelfälle

wird auch eine positive Diskriminierung beschrieben, die jedoch nicht als solche erkannt wird. Hier besteht die Gefahr, gesellschaftliche Stereotype zu reproduzieren bzw. zu verfestigen, deshalb bedarf es hier einer Auseinandersetzung mit negativen wie auch positiven Stereotypen.

Reaktionen auf erfahrene Diskriminierung aufgrund der Zugehörigkeit zeigen sich bei den Fällen in verschiedenen Formen. So ist ein eher defensiver Umgang vorzufinden, der Vorurteile und Diskriminierungserfahrungen als Normalität hinnimmt und eher keine Möglichkeiten zur Veränderung dieser Situation sieht. Dieser Umgang scheint jedoch auch als Strategie der Vermeidung weiterer Diskriminierungserfahrungen angewendet zu werden. Manche Fälle ignorieren Stigmatisierungsversuche anderer. Jedoch zeigt sich auch ein aktiver Umgang mit wahrgenommenen Vorurteilen und Diskriminierungserfahrungen in Form von verbalem zur Wehr setzen. Hier wird auch wahrgenommen, dass bestimmte Einstellungen innerhalb der Gesellschaft veränderbar sind. Es zeigt sich aber auch eine aktive Zurückweisung von Vorurteilen und erfahrener Diskriminierung, die in Form von Gewaltanwendung zu lösen versucht wird.

Innerhalb der interviewten Fälle zeigen sich unterschiedliche Einstellung gegenüber der „Mehrheitsgesellschaft". Es lassen sich Fälle finden, in denen in hohem Maße von „kulturellen" Unterschieden zwischen Sinti und Nicht-Sinti ausgegangen wird. Hier wird das Verhältnis tendenziell unter einem Problem-Fokus betrachtet und eher negativ eingeschätzt. Darüber hinaus gibt es Fälle, welche „kulturelle" Unterschiede zwar annehmen oder auf verschiedene Traditionen verweisen, diese jedoch tendenziell als Erklärung für soziale Verhältnisse ablehnen. Wie im Abschnitt Freizeitsituation bereits angemerkt, zeigt sich für jeden Fall, dass „ethnische" oder nationale Kategorien für die Wahrnehmung von Menschen eine Rolle spielen – je nach Fall in einer unterschiedlichen Intensität. Dabei werden diese Kategorien in einigen Fällen eher als formale Kategorien ausgewiesen. In anderen Fällen scheinen sie eher identitätsstiftend zu sein.

Es bestehen Fälle, in denen sich ein erhöhter Bedarf an der gesellschaftlichen Auseinandersetzung mit der historischen Verfolgung von „Sinti und Roma" im Nationalsozialismus zeigt. Es wird auch eine Enttäuschung gegenüber der bundesrepublikanischen Entschädigungspolitik der betroffenen „Sinti und Roma" und ihren Familien deutlich, da sie die Stigmatisierung und Diskriminierung von „Sinti und Roma" in der gegenwärtigen Gesellschaft nicht aufgelöst wurde. In einem anderen Fall wird angeprangert, dass der Begriff „Sinti und Roma" innerhalb der Gesellschaft kaum bekannt ist, sondern eher der Begriff „Zigeuner/innen".

Bezüglich der Sprache Romanes, lässt sich in einem Fall eine klare Abneigung gegen die Veröffentlichung der Sprache für Nicht-Sinti finden. Andere Befragte scheinen offener damit umzugehen. In einigen Fällen kann hierzu nichts ausgesagt werden. Durch die Interviews wird jedoch deutlich, dass sich die Sprache Romanes innerhalb unterschiedlicher Länder, aber selbst innerhalb der verschiedenen Generationen unterscheidet.

Auch das Verhältnis zwischen Sinti und „Roma" stellt sich unterschiedlich dar. In einem Fall wird die eigene Verstrickung in den gesellschaftlichen Vorurteilsdiskurs gegenüber „Roma" deutlich. In anderen Fällen zeigt sich ein neutrales bzw. positives Verhältnis zu „Roma", worauf auch Eheschließungen zwischen Sinti und „Roma" innerhalb der Familie der jeweiligen Befragten hinweisen. Für den interviewten „Roma" lässt sich keine spezifische Einstellung zu Sinti feststellen.

Selbstidentifikation
In allen Fällen zeigt sich ein offener Umgang mit der jeweiligen Angehörigkeit. Jedoch wird deutlich, dass diese eher auf Nachfrage angegeben wird. In einem Fall wird die Angehörigkeit auch von sich aus angegeben, weil dadurch auch versucht wird, Vorurteile innerhalb der Gesellschaft abzubauen. Es besteht kein Fall, in dem die jeweilige Angehörigkeit verheimlicht wird.

Bei dem befragten „Roma" konstruiert sich die eigene Identität nicht über die Angehörigkeit, sondern vielmehr über die Religion. Hier scheint der Gebrauch der Sprache Romanes die einzige Verbindung zur „Roma"-Angehörigkeit zu sein. Die Befragte, deren Eltern eine Sinteza und ein Nicht-Sinto mit „türkischem" Migrationshintergrund sind, gibt an, beide „Kulturen" für ihre Identität zu beanspruchen. Hier zeigt sich die Idee „kultureller" Unterschiede zwischen Menschen, die auf „ethnischen" und nationalen Abstammungen fußen. Das Verhältnis zu Nicht-Sinti wird dadurch jedoch nicht bestimmt. In einem anderen Fall zeigt sich eine Identität als Sinti aber auch als „Deutscher". Dabei konstruiert sich eine Identifikation über den Vater, die andere über die Mutter. Insgesamt spielen diese Angehörigkeiten jedoch keine große Rolle im Verhältnis zu anderen Menschen. Hier werden tendenziell keine „kulturellen" Unterschiede zwischen Sinti und Nicht-Sinti gesehen. Es besteht aber auch der Fall, bei dem beide Elternteile Sinti sind und die Befragte sich ausnahmslos als Sinteza identifiziert und deutlich „kulturelle" Unterschiede im Gegensatz zur „Mehrheitsgesellschaft" ausweist. Hierbei werden etwa starre Vorstellungen über Geschlechterrollen oder die Tabuisierung von Sexualität innerhalb der Familie als „sinti-spezifisch" angenommen und auch von der Befragten für sich selbst übernommen. Für Familien, in denen nicht offen über Sexualität gesprochen wird, zeigt sich ein schulischer Sexualunterricht von großer Bedeutung um einen verantwortungsvollen Umgang mit Sexualität und vor allem mit Verhütung erlernen zu können. Weiter nimmt sich diese Befragte als „Ausländer" wahr, was auf eine wahrgenommene Außenseiterposition innerhalb der Gesellschaft verweist. In diesem Fall wäre jedoch denkbar, dass besonders die geschilderten Diskriminierungserfahrungen dieser Befragten ihre Wahrnehmung prägen, also als eine Art

13 Kontrastierender Vergleich der Einzelfälle

Selbstethnisierung verstanden werden könnten. Ein weiterer Fall, mit zwei Sinti als Elternteile, identifiziert sich zwar als Sinto, jedoch geht dies für ihn tendenziell nicht mit der Annahme „ethnischer" oder „kultureller" Unterschiede zur „Mehrheitsgesellschaft" einher. Die positive Bewertung seiner Angehörigkeit bezieht sich vielmehr auf die familiäre Gemeinschaft. Traditionelle Vorgaben werden von ihm auch in Frage gestellt. In diesem Fall zeigt sich auch eine eigene Verstrickung in den gesellschaftlichen Vorurteilsdiskurs, in dem generalisierende Vorurteile über Sinti reproduziert werden.

Der Begriff „Zigeuner/in" wird entweder eindeutig als Fremdbezeichnung zurückgewiesen und/oder auch als Selbstbezeichnung innerhalb der Familie verwendet. Dabei wird die Zurückweisung dieses Begriffes dadurch begründet, dass er negativ konnotiert ist, er von anderen als Beleidigung eingesetzt wurde, er Vorurteile transportiert und einen selbst als „Außenseiter" stigmatisiert. Hier zeigt sich auch eine Ablehnung gegenüber der Verwendung dieses Begriffes in den Medien. Es wird aber auch selbst Rückgriff auf den Begriff „Zigeuner/in" genommen, um damit anderen Menschen zu erklären, was „Sinti und Roma" sind, wenn sie dies nicht wissen. Damit besteht jedoch die Gefahr, gesellschaftliche Stereotype, die mit diesem Begriff verbunden sind, zu reproduzieren. Hier wird in jedem Fall ein Bedarf an der breiteren Veröffentlichung der Selbstbezeichnungen deutlich. Andererseits wird der Begriff „Zigeuner/in" auch in einer ironischen Weise verwendet, um andere, unabhängig von ihrer „ethnischen"-Zugehörigkeit, zu bezeichnen.

Schlussfolgerungen 14

In meiner Abschlussbetrachtung möchte ich mich auf die prägnantesten Ergebnisse aus der empirischen Untersuchung beziehen und hier versuchen Schlussfolgerungen, insbesondere für einen pädagogischen Umgang mit dem Thema „Sinti und Roma", zu finden.

In der Auswertung der Interviews stellen sich die Bildungsbiografien der Befragten „Sinti und Roma" äußerst heterogen dar. In allen Fällen zeigt sich ein Besuch des Kindergartens und der Grundschule, sodass hier von klassischen Bildungsverläufen gesprochen werden kann, wie sie in der Regel auch in der „Mehrheitsgesellschaft" vorzufinden sind. Bereits hier ergeben sich jedoch Hinweise auf institutionelle Diskriminierung, da in Fällen, in denen die Fördergrundschule besucht wurde, keine allgemeine Leistungsschwäche ausgemacht werden kann. Dies scheint sich auch beim weiterführenden Schulbesuch wiederzufinden. So könnte sich die Lehrpersonen bei der entsprechenden Empfehlung etwa entlang der „ethnischen"-Zugehörigkeit oder aber der sozialen Herkunft orientiert haben. Hier bedürfte es qualitativer Analysen, um Mechanismen direkter und indirekter institutioneller Diskriminierung in Organisationen zu ermitteln und auch die Zusammenhänge zwischen politischen Vorgaben, öffentlichen Diskursen sowie der Praxis in Organisationen zu beleuchten. Auch müsste ermittelt werden, welche Rolle die soziale Lage bzw. Herkunft von „Sinti und Roma" bei ihrer Benachteiligung durch Bildungsinstitutionen spielt.

Wenn die Förderschule besucht wurde, waren dort tendenziell weitere Sinti zu finden. Während der Schulzeit war in allen Fällen die jeweilige Angehörigkeit den Lehrpersonen und Mitschülern/innen bekannt. Ein Selbstbestimmungsrecht bezüglich des Angebens der Zugehörigkeit zeigt sich dadurch erschwert, dass familiäre Verbindungen innerhalb der Schule bereits im Voraus darauf verweisen können. Innerhalb der Schülerschaft sowie bei den Lehrpersonen scheinen „ethnische" oder nationale Kategorien bedeutsam zu sein. Hier wird eine Art gesellschaftlicher Zwang zur „ethnischen" bzw. nationalen Einordnung sichtbar, dem man ausgesetzt ist, vor allem bei den Fällen, die aufgrund äußerer Merkmale als „ethnisch" anders wahrgenommen werden. Jedoch wird dies durch die Befragten eher als „Normalität" gedeutet. Durch diesen Zwang zur Einordnung findet ein Verweis statt, der Menschen in „Außenseiter/innen" und „Etablierte" einordnet und in der Gefahr steht, Annahmen über „kulturelle" Andersartigkeit zu bedienen. Hier sollten Pädagogen/innen ein reflexives Verhältnis einnehmen, um solche Einordnungen nicht selbst zu reproduzieren und um den Status der Schüler/innen als „Fremde", „Andere" etc. nicht zu bestätigen und womöglich zu verstärken. Sie sollten eine kritische Haltung gegenüber der Annahme einnehmen, dass „ethnische" oder nationale Herkunft wie auch „Kultur" zentrale Differenzdimensionen sind. Jedoch sollte ihre strukturelle Bedeutung für das menschliche Zusammenleben durchaus ernst genommen werden.

Pädagogen/innen benötigen eine Sensibilität für Dominanzverhältnisse und Ausgrenzungsmechanismen aber auch das Bewusstsein, dass die Bedeutung von „ethnischer" oder nationaler Herkunft oder aber „Kultur" für die Betroffenen nicht aus einer Außenperspektive bestimmt werden kann. Die Identität eines Menschen wird durch verschiedene Referenzsysteme gebildet und stellt somit auch immer ein dynamisches Gebilde dar.

Wie alle Menschen müssen „Sinti und Roma" als Subjekte anerkannt werden, welche auch ein Recht auf eigene Identitätsentwürfe haben, auch wenn diese sich in einer kollektiven Form zeigen. Die Annahme sollte verworfen werden, dass es ein „Festgeschriebensein" durch eine angenommene „Kultur" gibt. Vielmehr entwickeln Menschen aus unterschiedlichen Bezügen eine oder vielleicht sogar mehrere vielschichtige Identität(en). Jedoch müssen hier Prozesse und die Folgen von Selbst- und Fremdethnisierungsprozessen mitgedacht werden. Es zeigt sich die Notwendigkeit einer differenzkritischen und dominanzsensiblen Haltung von pädagogischen Professionellen, damit das Denken in „Wir" und die „Anderen" nicht verfestigt wird. Dafür braucht es ein entsprechendes Ausbildungs- und Fortbildungsangebot. In der pädagogischen Ausbildung für Lehrpersonen sowie für Sozialpädagogen/innen müssten dafür Ansätze, etwa nichtrassistischer Bildungsarbeit oder Diversity-Pädagogik, vorhanden sein. Hierbei brauchen Pädagogen/innen auch das Wissen über historische Prozesse der Entstehung von Nationalität, „Ethnizität" und „Kultur" sowie deren Bezugnahme, also Mechanismen von „Andersmachung" und der damit verbundenen Macht- und Herrschaftsprozessen, um ein kritisches Verhältnis einnehmen zu können.

Weiter zeigt sich bei den Befragten, dass Diskriminierungserfahrungen in der Schule, aufgrund der jeweiligen Angehörigkeit, den Wert formaler Bildung überlagern und zu einer verstärkten Orientierung an „ethnisch" gleichen oder „ethnisch" ähnlich angenommenen Gruppen führen können. Dies kann wiederum negativen

14 Schlussfolgerungen

Einfluss auf die generelle Einstellung gegenüber der „Mehrheitsbevölkerung" haben. Hier braucht es eine Implementierung von Ansätzen zur Auseinandersetzung mit „ethnischen" Vorurteilen, Diskriminierung und Rassismus im Unterricht. Ziel sollte es sein, über die Geschichte rassistischer Bilder und Praktiken aufzuklären und Stereotype zu dekonstruieren. Dabei sollte jedoch nicht moralisierend vorgegangen, sondern wie etwa im Sinne nicht-rassistischer Bildungsarbeit, an eigene Diskriminierungserfahrungen der Schülerschaft angeknüpft werden. Zudem ist für Pädagogen/innen eine Auseinandersetzung mit der eigenen Verstrickung in rassistische Denk- und Handlungsmuster wichtig. Auch wäre es erforderlich sich allgemein mit Formen der Diskriminierung auseinanderzusetzen und Möglichkeiten der Gegenwehr zu entwickeln. Hier gehört auch die Information über rechtliche Antidiskriminierungsbestimmungen hinzu. Darüber hinaus sollte versucht werden, die Schülerschaft zu einer gesellschaftspolitischen Auseinandersetzung mit der Frage zu befähigen, wie „Ethnizität", „Kultur" und Identität hergestellt werden und wann und weshalb Referenz darauf genommen wird. Um Diskriminierung von Schüler/innen aufgrund „ethnisch" angenommen Differenzen zu vermeiden, könnte nach der theoretischen Auseinandersetzung innerhalb der Klasse eine Art Klassenverfassung aufgesetzt werden, in der alle Beteiligten sich paritätisch auf einen wünschenswerten Umgang untereinander einigen und auf die bei Verletzung bestimmter Regeln immer wieder verwiesen werden kann. Dies wäre auch als Einstieg in eine erste Auseinandersetzung mit den Themen „Ethnizität", „Nationalität" und „Kultur" denkbar. Hier wäre es aber auch von Bedeutung Zivilcourage innerhalb der Klasse zu stärken, um gemeinsam gegen Diskriminierung vorgehen zu können. Hierbei sollte den Schülern/innen ein gewaltfreier Umgang mit Konflikten gezeigt werden, um etwa Vorurteilen zu begegnen. Denn, wie die Interviews zeigen, kann die Stigmatisierung als „Zigeuner/in" in hohem Maße als identitätsverletzend empfunden und mit körperlicher Gewalt als Konfliktlösungsstrategie beantwortet werden. Hier ergibt sich die Schwierigkeit, dass die Gewaltanwendung aufgrund regelmäßiger Diskriminierung durch Lehrpersonen unreflektiert als allgemeine Aggressivität interpretiert werden könnte. Dadurch stünden die Kinder, die sich eine solche Konfliktlösungsstrategie angeeignet haben, in der Gefahr, fälschlicherweise als „Problemfälle" stigmatisiert zu werden. Dies wiederum wirkt sich folgenreich auf ihre schulische Laufbahn aus und gefährdet etwa die Versetzung in höher qualifizierende Schularten oder hat gar eine Ausweisung in Förderschulen zur Folge.

Darüber hinaus wird deutlich, dass wahrgenommenes Engagement der Lehrpersonen positive Auswirkungen auf die Bildungsmotivation und den Bildungsverlauf der Schüler/innen hat und das Lehrpersonen ganz allgemein großen Einfluss auf die Selbstwahrnehmung der Schülerschaft, vor allem in Bezug auf ihre schulischen

Fähigkeiten, haben können. Außerdem können aus den Interviews Lehrpersonen ausgemacht werden, die ihre Schüler/innen konkret als „dumm" stigmatisieren. Zwar steht bereits das Bewertungssystem der Schule im Allgemeinen in der Gefahr, Schüler/innen als „leistungsschwach" zu stigmatisieren, was wiederum negativen Einfluss auf deren Bildungsmotivation haben kann. Lehrpersonen zeigen sich hier jedoch in einer besonders einflussreichen Rolle, wenn sie von den Schüler/innen als Experten/innen der Bewertung der eigenen Leistungsfähigkeit wahrgenommen werden. Zwar kann das Bewertungssystem der Schule ohne strukturelle Veränderungen nicht umgangen werden, jedoch sollten Lehrpersonen ihren Schülern/innen zumindest die eigenen Bewertungsgrundlagen in einer konstruktiven Weise als „Momentaufnahme" deutlich machen, um die Leistungsbewertung nicht als dauerhaft festgeschrieben zu markieren, sondern immer mit der Möglichkeit diese verbessern zu können. Im Umkehrschluss kann hier auch davon ausgegangen werden, dass sich die positive Thematisierung der eigenen schulischen Leistungsfähigkeit positiv auf die Bildungsmotivation der Schüler/innen auswirken kann, auch wenn hier andere Faktoren, wie etwa innerfamiliäre Bedingungen, nicht ausgeblendet werden dürfen.

Selbst die Anwendung körperlicher Gewalt durch Lehrpersonal, als Reaktion auf erfahrene verbale Beleidigung, wird innerhalb der Interviews deutlich. Dies verweist auf die Notwendigkeit, auch innerhalb der pädagogischen Ausbildung den Umgang mit Konflikten zu reflektieren und sich konstruktive Lösungsstrategien anzueignen.

Zudem deutet sich innerhalb der Interviews ein Spannungsverhältnis zwischen einem fehlenden schriftsprachlichen Standard im Deutschen und den Erwartungen der Schule an. Die Sprache Romanes zeigt sich als eine rein mündlich überlieferte Sprache. Wird Romanes als Muttersprache erlernt, fehlen somit die schriftsprachlichen Voraussetzungen, von denen die Schule ausgeht. Hier könnte die Alphabetisierung in Romanes, etwa im Rahmen schulischen Romanes-Unterrichts, die Alphabetisierung in der deutschen sowie in anderen Sprachen unterstützen. Dies sollte auch unter Einbindung von Lehrpersonen geschehen, die selbst Angehörige von „Sinti und Roma" sind. Dabei sollte nicht die Vorstellung im Vordergrund stehen, eine bessere Kommunikation zwischen der Schülerschaft und den Lehrpersonen aufgrund derselben „ethnischen" Herkunft herstellen zu können. Der Einsatz von Lehrpersonen aus „Minderheiten", aber auch mit sogenanntem „Migrationshintergrund" vermag es ein realistischeres Bild von Gesellschaft innerhalb der Bildungsinstitutionen abzubilden und sich so positiv auf alle Bereiche auszuwirken. Zudem könnten diese Lehrpersonen als Beispiele für die Schüler/innen fungieren, eine höhere Schulausbildung erreichen zu können.

14 Schlussfolgerungen

Bei den Interviewten scheint die Notwendigkeit von schulischer sowie beruflicher Ausbildung als Bedingung für eine positiv wahrgenommene Zukunft fest verankert zu sein. Diese Motivation sollte durch eine adäquate pädagogische Ausbildung des Lehrpersonals aufgefangen und gestärkt werden. Insgesamt wird innerhalb der Interviews die Orientierung an einer klassischen Bildungsbiografie deutlich, in der nach abgeschlossener Schulausbildung eine berufliche Ausbildung anschließt. In keinem Fall wird eine Präferenz selbstständiger Tätigkeit sichtbar.

Nicht nur innerhalb der Schule, sondern auch auf der Ausbildungs- und Arbeitssuche berichteten die Interviewten über gemachte Diskriminierungserfahrungen. In den vorliegenden Interviews kann ein erschwerter Zugang zu Ausbildung und Arbeit aufgrund des Nachnamens festgestellt werden, der von anderen mit einer Sinti-Angehörigkeit in Verbindung gebracht wird. Dies macht auf antiziganistische Einstellungen innerhalb der Gesellschaft aufmerksam. Schwierig erweist sich die Aufdeckung dieser Benachteiligung. In diesem Fall könnte vielleicht ein anonymisiertes Bewerbungsverfahren den Zugang zu Ausbildung und Beruf erleichtern und es dadurch möglich machen, sich gegen solche Verfahren zur Wehr zu setzen. Denn, ist man erst zu einem persönlichen Gespräch eingeladen, wird es einfacher, zumindest in manchen Fällen, einschätzen zu können, ob eine Diskriminierung aufgrund der jeweiligen Angehörigkeit besteht. Dadurch könnten gegebenenfalls rechtliche Schritte eingeleitet werden.

Zum Thema traditionell „auf Reise Gehen" gibt es, neben den Fällen, die gar nicht „auf die Reise" gehen bzw. nicht während der Schulzeit, auch Fälle, die mit ihren Familien während der Schulzeit unterwegs sind. Dabei zeigt sich in Bezug auf die Reisedauer eine erfolgreiche Kompromissbildung zwischen Familie und Schule, aber auch eine tendenzielle Problematisierung des „auf Reise Gehens" während der Schulzeit durch die Schule. Diese Problematisierung könnte als Angriff auf die familiäre bzw. eigene Identität wahrgenommen werden, insbesondere vor dem Hintergrund historischer Erfahrungen von „Sinti und Roma". Die Frage, ob das „auf Reise Gehen" unbedingt während der Schulzeit der Kinder stattfinden muss, kann natürlich unterschiedlich diskutiert werden. Jedoch nutzt es nicht, betreffende Familien einfach vor kompromisslose Bedingungen der Schule zu stellen und an ihre Vernunft zu appellieren, das „auf Reise Gehen" während der Schulzeit einzustellen. Denn diese Strategie steht in der Gefahr eher Widerstände zu produzieren. Hier sollte sich das Schulsystem flexibler zeigen und andere Lösungsstrategien entwerfen. Für die Fälle, in denen kein Kompromiss bezüglich des Reisebeginns und der Reisedauer gefunden werden kann, könnte z. B. die Möglichkeit geschaffen werden, dass die betreffenden Schüler/innen eine Schule vor Ort besuchen. Oder aber das Schulmaterial wird entsprechend aufbereitet, so dass die Schüler/innen es „auf die Reise" mitnehmen könnten. Dadurch könnte für manche Familien die

Akzeptanz der Schule erhöht und gleichzeitig eine bessere Kooperation mit den Eltern geschaffen werden. Diskutiert werden kann hier jedoch, dass „Sinti und Roma" dadurch eine Sonderstellung erhalten würden. Andererseits könnte eine solche Öffnung der Schule für die gesamte Schülerschaft zu einem nicht zu bewältigenden organisatorischen Aufwand führen.

Innerhalb der Interviews wird deutlich, dass die Eltern, die selbst keine abgeschlossene Schulausbildung aufweisen, ihre Kinder besonders in deren Bildungsbemühungen unterstützen und zum Lernen motivieren.

Weiter wird ein konkreter Bedarf der Thematisierung der Verfolgung von „Sinti und Roma" im Dritten Reich deutlich, da diese, im Gegensatz zu der damals verfolgten jüdischen Bevölkerung, im Schulunterricht keine oder kaum Erwähnung finden. Ich möchte anmerken, dass dies auch andere Gruppen betrifft, wie etwa Menschen mit psychischen Krankheiten oder mit Behinderungen die innerhalb der Thematik kaum Erwähnung finden.

Hierzu bedürfte es einer Verankerung im Lehrplan und des Vorhandenseins geeigneter Unterrichtsmaterialien. Darüber hinaus sollte für Pädagogen/innen wissenschaftliche Fachliteratur zur Verfügung gestellt werden, die keine Kulturalisierungstendenzen aufweist. Ein Mehr an der Thematisierung der Verfolgung von „Sinti und Roma", bedarf es jedoch auch in der medialen Öffentlichkeit. Dies könnte gesellschaftlich bestehende Stereotype von „Sinti und Roma" dekonstruieren helfen und gegenüber Diskriminierung sensibilisieren.

Zudem zeigt sich auch der Bedarf an der Bekanntmachung der Selbstbezeichnungen „Sinti und Roma". Im vorliegenden Datenmaterial wurde deutlich, dass, trotz Ablehnung des Begriffes „Zigeuner/in", auf diesen zurückgegriffen wird, um anderen Menschen zu erklären, was „Sinti und Roma" sind, sofern sie dies nicht wissen. Damit besteht jedoch die Gefahr, gesellschaftliche Stereotype, die mit diesem Begriff verbunden sind, zu reproduzieren. Auch dies könnte oder sollte im Unterricht reflexiv aufgegriffen werden.

Bezüglich der familiären Situation lassen sich innerhalb der Familien der befragten „Sinti und Roma" auch „Mischehen" mit Angehörigen der „Mehrheitsbevölkerung" feststellen aber auch zwischen Sinti und „Roma". Zwar zeigen sich auch stereotyp angelehnte Aussagen von Sinti in Bezug auf „Roma". Eine generelle Abneigung zwischen „Roma" und Sinti kann jedoch zurückgewiesen werden. Denkbar wäre jedoch, dass auch eine abgrenzende Haltung von Sinti gegenüber „Roma" zu finden sein könnte. „Roma" werden in den Medien insbesondere als bettelnde oder kriminelle „Roma" dargestellt. Da sie, ebenso wie Sinti, durch die „Mehrheitsbevölkerung" vielfach als „Zigeuner/innen" wahrgenommen werden, stehen diese medialen Bilder in der Gefahr auf alle „Sinti und Roma" übertragen zu werden.

14 Schlussfolgerungen

Die Familien (Eltern und Geschwister) aller befragten Sinti sind in Deutschland geboren, bis auf einen Vater, der eine „türkische" Migrationsgeschichte aufweist. Die Familie des befragten „Roma" ist, bis auf den jüngsten Bruder, im Kosovo geboren. Diese Familie wanderte vor zwölf Jahren nach Deutschland ein, um dem Krieg im Kosovo zu entfliehen. Seit etwa sechs Jahren besitzt seine Familie eine Erlaubnis sich dauerhaft in Deutschland niederlassen zu können. Bezüglich möglicher Schwierigkeiten aufgrund der aufenthaltsrechtlichen Situation können keine Aussagen gemacht werden, da der Befragte selbst wenig Einblick in diese zu haben scheint.

Die (Aus-)Bildungssituation innerhalb der Familien stellt sich bei den älteren Generationen tendenziell schlechter dar, als bei den jüngeren. Unabgeschlossene Schulausbildungen bei den Eltern sind relativ häufig zu finden. Die Bedeutung von schulischer sowie von beruflicher Ausbildung stellt sich für Eltern jedoch als hoch dar. Hier engagieren sich die Elternteile, die selbst keinen Schulabschluss haben, tendenziell besonders stark für eine schulische Ausbildung ihrer Kinder. Es wird deutlich, dass eine unabgeschlossenen schulische Ausbildung Einfluss auf die Wahl der Selbstständigkeit als Arbeitsform hat, weil nur wenig andere Möglichkeiten bestehen sich und seine Familie zu versorgen. Die Bildungssituation von Geschwistern stellt sich heterogen dar. Jedoch muss hier angemerkt werden, dass kaum höhere Abschlüsse vorhanden sind und dass hier auch Geschwister ohne abgeschlossene schulische Ausbildung zu finden sind. Dies betrifft im vorliegenden Material weibliche Geschwister (Sinti), die relativ früh eine Hausfrauenrolle eingenommen haben. Diesbezüglich wird weiterer Forschungsbedarf deutlich, um herauszufinden, ob und welche Rollenerwartungen innerhalb traditioneller Familien speziell an Mädchen gestellt werden.

Weiter wird in den Interviews deutlich, dass Traditionen generationell weitergegeben und fortgeführt werden. Jedoch werden diese innerhalb der verschiedenen Generationen auch in Frage gestellt und teilweise brüchig. So lässt sich die gesellschaftliche Realität nicht dadurch beschreiben, dass Traditionen entweder unkritisch weitergeführt oder gänzlich abgelegt werden. Dennoch wird sichtbar, dass innerhalb stark traditioneller Familien weibliche Sinti-Angehörige eher von traditionellen Erwartungen betroffen sind als männliche Sinti-Angehörige. Hier wäre es interessant zu erfahren, wie die Mädchen mit diesen Erwartungen umgehen und wie es um ihr Selbstbestimmungsrecht innerhalb der Familien steht.

Die Kommunikation innerhalb der Familien findet entweder ausschließlich in Romanes oder überwiegend bzw. ausschließlich in deutscher Sprache statt. In fast allen Fällen beherrschen die Eltern die deutsche Sprache in Wort und Schrift. Lediglich in der aus dem Kosovo immigrierten Familie beherrscht der Vater die deutsche Sprache, die Mutter jedoch nur kaum. Für die schulische Situation der Kinder können die geringen Sprachkenntnisse der Eltern besonders problematisch werden, da sie ihre Kinder z. B. in schulischen Angelegenheiten kaum unterstützen können. Schwierigkeiten ergeben sich dann auch in der Kommunikation mit der Schule, wenn hier keine institutionellen Schritte unternommen werden, um die Kommunikation zu gewährleisten, wie etwa durch den Einsatz von entsprechenden Dolmetschern/innen. Insgesamt sollte die Schule ihre Orientierung an der „Mehrheitsbevölkerung" als Maßstab für das eigene Wahrnehmen und Handeln, im Sinne einer interkulturellen Öffnung, in Frage stellen.

Diskriminierungserfahrungen aufgrund der jeweiligen Angehörigkeit lassen sich auch unter den Familienangehörigen finden. So bestehen Erfahrungen als „Zigeuner/innen" oder auch zusätzlich mit negativen Attributen stigmatisiert oder mit klar rassistischen Hintergründen diskriminiert zu werden. Hier wird das Vorhandensein rassistischer Einstellungen innerhalb der Gesellschaft deutlich.

Innerhalb der Familien gibt es Familienangehörige, welche während dem Dritten Reich in Konzentrationslagern interniert waren. Gemachte Erfahrungen mit der Verfolgung im Nationalsozialismus, aber auch danach, werden generationell weitergegeben. Diese Erzählungen werden tendenziell von anderen Familienmitgliedern forciert oder entstehen eher zufällig. Dabei zeigt sich eine starke emotionale Betroffenheit bei den Befragten, welche auch bei anderen Familienmitgliedern zu finden ist. Es wird auch deutlich, dass diese starke emotionale Betroffenheit das gegenwärtige Verhältnis zur „Mehrheitsgesellschaft" negativ beeinflussen kann.

Innerhalb der Familien wird in vielen Fällen ausschließlich der Begriff „Sinti" oder „Roma" als Selbstbeschreibung genutzt, in anderen Fällen jedoch auch der Begriff „Zigeuner/in".

Bezüglich der Wohnsituation innerhalb der Sinti-Siedlung kann durch die Interviews festgestellt werden, dass unterschiedliche Einstellungen innerhalb der Bewohnerschaft vorzufinden sind, etwa im Umgang mit Traditionen oder dem „auf Reise Gehen" und das hier auch Sinti mit Nicht-Sinti in familiären Beziehungen zusammenleben. Die Befragten weisen unterschiedliche Bezüge zur „Mehrheitsgesellschaft" auf, sodass man hier nicht von einem „Abgeschottet sein" sprechen kann. Auch wenn die Befragten ihre Wohnsituation in der Siedlung positiv bewerten, könnten sich hier dennoch Nachteile für sie ergeben. So rekrutieren sich die Bewohner/innen aus einem ähnlichen sozialen Milieu. Somit können Austritts- und Aufstiegschancen der nächsten Generationen erschwert werden. Darüber hinaus kann es zu einer Stigmatisierung des jeweiligen Stadtteils, oder in diesem Fall der Siedlung, durch die „Mehrheitsgesellschaft" kommen, was wiederum zu Abgrenzung und Übernahme von Fremdbildern der Stigmatisierten führen könnte. Hier wäre es interessant zu erfahren, welche Einstellungen, innerhalb des Stadtteils aber auch innerhalb der „Stadt A", gegenüber der Sinti-Siedlung herrschen.

14 Schlussfolgerungen

Die vielen Familienbeziehungen, die innerhalb der Siedlung festgestellt werden können, könnten sich für die Bewohner/innen auch als Kontrolle auswirken, was deren eigene Identitätsarbeit erschwert. Zudem verweist der Wohnort direkt auf die Sinti-Angehörigkeit bzw. einen Bezug zu Sinti-Angehörigen, was z. B. den Zugang zu Ausbildung und Arbeit erschweren könnte. Weiter stellt sich die Frage, ob Diskriminierung auf dem Wohnungsmarkt für das Zusammenleben auch eine Rolle spielt. Hier besteht Forschungsbedarf, um zu erfahren, welche konkreten Faktoren den Wunsch nach dem Zusammenleben beeinflussen. In anderen Fällen zeigt sich keine Präferenz des familiär übergreifenden Zusammenwohnens mit anderen Sinti oder „Roma". Insgesamt werden keine Konflikte innerhalb der jeweiligen Nachbarschaftsverhältnisse deutlich.

In den Interviews wird deutlich, dass Freundschaftsverhältnisse auch zur „Mehrheitsbevölkerung" gepflegt werden. Unter den Befragten wird eine Orientierung an einer Peergroup sichtbar, wie sie in der Regel allgemein unter Jugendlichen zu finden ist. Freunde und Freizeitpartner/innen sind dabei Mitschüler/innen, Nachbarn/innen, Vereinsmitglieder, Partner/innen aber auch viele Familienmitglieder, wie Brüder, Cousins oder Cousinen. Dabei sind Freunde, welche eine Realschule oder ein Gymnasium besuchen, und auch solche, die selbst keine Sinti und keine „Roma" sind. Weiter werden Vereinstätigkeiten und der Besuch von Jugendzentren bei männlichen sowie weiblichen Befragten sichtbar. Es zeigen sich enge und positive Verhältnisse zu anderen Vereinsmitgliedern, Trainern/innen sowie Sozialpädagogen/innen. Dass quantitativ mehr Freundschaftsverhältnisse bei den befragten Sinti-Angehörigen zu anderen Sinti bestehen, scheint ganz klar aus deren familiären Verhältnissen und dem Zusammenleben zu resultieren. Sie sind damit nicht als Ausdruck einer Abneigung gegenüber der „Mehrheitsgesellschaft" zu sehen.

Es bestehen Fälle, welche Diskriminierungserfahrungen aufgrund der Sinti-Angehörigkeit in ihrer Freizeit gemacht haben, wie etwa aufgrund des Nachnamens, der mit einer Sinti-Angehörigkeit in Verbindung gebracht wird, nicht in Diskotheken hineingelassen zu werden. Es wird zudem eine positive Diskriminierung von Sinti sichtbar, die von den Betroffenen jedoch nicht als solche erkannt wird. Hier besteht die Gefahr, gesellschaftliche Stereotype noch stärker zu reproduzieren bzw. zu verfestigen, da diese Stereotype auch von den Betroffenen weniger hinterfragt werden dürften, als negative Stereotype. Hier zeigt sich ein Bedarf an der Aufklärung der Jugendlichen über verschiedene Arten der Diskriminierung.

Der Umgang mit erfahrener Diskriminierung zeigt sich unterschiedlich. Dieser reicht von einer defensiven Taktik, über eine aktive mit verbalen Mitteln bis hin zu körperlicher Gewalt. Hier scheint es ebenfalls hilfreich, den Umgang mit Konflikten und mit Vorurteilen zu reflektieren und zu konstruktiven Lösungsansätzen zu kommen, damit sich Vorurteile und die Annahme, dass Vorurteile nicht abgebaut werden können, manifestieren. Denn letzteres birgt die Gefahr, dass die Diskriminierten sich nur noch in einer Opferrolle wahrnehmen und Prozesse der Selbstethnisierung befördert werden.

Darüber hinaus zeigt sich, dass die bundesdeutsche Entschädigungspolitik für „Sinti und Roma" als unzureichend empfunden wird, da die Stigmatisierung und Diskriminierung von „Sinti und Roma" in der gegenwärtigen Gesellschaft nicht aufgelöst worden ist. Hier wird deutlich, dass Aufklärung innerhalb der Gesellschaft gefordert wird, die ganz klar von politischer Seite angeregt werden muss.

Unter allen Befragten ist ein offener Umgang mit ihrer jeweiligen Angehörigkeit zu finden, der jedoch eher auf Nachfrage angegeben wird. Es besteht kein Fall, in dem die jeweilige Angehörigkeit verheimlicht wird. Dabei ist die Selbstidentifikation mit der jeweiligen Angehörigkeit unterschiedlich stark ausgeprägt. Es werden jedoch Annahmen „kultureller" Unterschiede zwischen Menschen sichtbar, die auf „ethnischen" und nationalen Abstammungen fußen. Entscheidend ist, wann auf diese „kulturellen" Unterschiede Bezug genommen wird. Dies wäre notwendig aufzuarbeiten, etwa im Rahmen des schulischen Unterrichts, um eine kritische Auseinandersetzung zu befördern.

Eine besondere pädagogische Aufmerksamkeit gegenüber „Sinti und Roma", etwa in Form von speziellen Förderprogrammen, um bestehende Schwierigkeiten in deren Bildungssituation auszugleichen, steht in der Gefahr, ihren Status als „Fremde" oder „Andere" zu bestätigen und vielleicht zu verstärken. Diesbezüglich sollten z. B. Maßnahmen im Unterricht eher an die gesamte Schülerschaft gerichtet sein. Bezüglich des Romanes-Unterrichts besteht jedoch die Schwierigkeit, dass nicht alle Familien die Öffnung der Sprache für Nicht-Sinti befürworten. Hier müsste ein Kompromiss gefunden werden. Noch einmal möchte ich betonen, dass gesellschaftliche Partizipation nicht nur von individuellen Antrieben, Anstrengungen und Fähigkeiten abhängt, sondern in hohem Maße auch von vorzufindenden Strukturen. So bedarf es hier weiterer Forschung hinsichtlich einer „interkulturellen" Öffnung von Bildungsinstitutionen.

Abschließend möchte ich den Blick auf die immerwährende Betonung von Benachteiligung von „Sinti und Roma" lenken, denn sie steht meiner Meinung nach in der Gefahr, Annahmen über individuelle Defizite zu reproduzieren und „Sinti und Roma" in einer Opferrolle festzulegen. Hier braucht es auch eine Aufmerksamkeit auf positive Bildungsbiografien und positiv wahrgenommene Lebensverhältnisse von „Sinti und Roma", die in meiner Arbeit auch aufgezeigt werden konnten.

Literatur

Baumann J, Dietl A, Wippermann W (1999) Blut oder Boden. Doppelpaß, Staatsbürgerrecht und Nationsverständnis. Elefanten, Berlin

Bohnsack R (1993) Rekonstruktive Sozialforschung. Einführung in Methodologie und Praxis qualitativer Forschung. 2. überarb. Aufl. Leske & Budrich, Opladen

Bogdal KM (2011). Europa erfindet die Zigeuner. Eine Geschichte von Faszination und Verachtung. Suhrkamp, Berlin

Bommes M (1999) Migration und nationaler Wohlfahrtsstaat. Ein differenzierungstheoretischer Entwurf. Westdeutscher, Opladen, Wiesbaden

Bortz J, Döring N (2006) Forschungsmethoden und Evaluation. Für Human- und Sozialwissenschaftler. 4. Aufl. Springer Medizin, Heidelberg

Diefenbach H (2009) Der Bildungserfolg von Schülern mit Migrationshintergrund im Vergleich zu Schülern ohne Migrationshintergrund. In: Becker R (Hrsg.) Lehrbuch der Bildungssoziologie. 2 Aufl. VS, Wiesbaden, S 449–473

Djuric R, Becken J, Bengsch B (1996) Ohne Heim – Ohne Grab. Die Geschichte der Sinti und Roma. Aufbau, Berlin

Ermisch H (2000) Minderheitenschutz ins Grundgesetz? Die politische Diskussion über den Schutz ethnischer Minderheiten in der BRD im Rahmen der Beratungen der Gemeinsamen Verfassungskommission von Bundestag und Bundesrat. Lit, Münster

Fürstenau S, Von Redecker M (2010) Hier sind die Leute schon gewöhnt an Roma. Verhältnisse der Anerkennung zwischen Schule und Roma-Familien. In: Mecheril P, Dirim I, Gomolla M, Hornberg S, Stojanov K (Hrsg.) Spannungsverhältnisse. Assimilationsdiskurse und interkulturell-pädagogische Forschung. Waxmann, Münster, S 153–172

Flick U (1995) Stationen des qualitativen Forschungsprozesses. In: Flick U, Von Kardorff E, Keupp H, Von Rosenstiel L, Wolff S (Hrsg.) Handbuch Qualitative Sozialforschung. Grundlagen, Konzepte, Methoden und Anwendungen. 2. Aufl. Beltz, Weinheim, S 147–173

Flick U, Von Kardorff E, Steinke I (2000): Qualitative Forschung. Ein Handbuch. Rowohlt, Hamburg

Frese J (2011) Sinti und Schule. Woran Bildungskarrieren scheitern. Tectum, Marburg

Grimmig M (2006) Einwanderer, Einwanderung. In: Scherr A (Hrsg.) Soziologische Basics. Eine Einführung für Pädagogen und Pädagoginnen. 1. Aufl. VS, Wiesbaden, S 35–41

Gomolla M (2010) Institutionelle Diskriminierung. neue Zugänge zu einem alten Problem. In: Hormel U, Scherr A (Hrsg) Diskriminierung: Grundlagen und Forschungsergebnisse. 1. Aufl. VS, Wiesbaden, S 61–95

Hohmann J (1988) Geschichte der Zigeunerverfolgung in Deutschland. Campus, Frankfurt a. M, New York

Hundsalz A (1982) Soziale Situation der Sinti in der Bundesrepublik Deutschland. Endbericht. Lebensverhältnisse Deutscher Sinti unter besonderer Berücksichtigung der eigenen Aussagen und Meinungen der Betroffenen. Kohlhammer, Berlin, Köln, Main, Stuttgart

Jonuz E (2009) Stigma Ethnizität. Wie zugewanderte Romafamilien der Ethnisierungsfalle begegnen. Opladen, Köln

Kalpaka A (2009) Institutionelle Diskriminierung im Blick – Von der Notwendigkeit Ausblendungen und Verstrickungen in rassismuskritischer Bildungsarbeit zu thematisieren. In: Scharathow W, Leiprecht R (Hrsg.) Rassismuskritik. Rassismuskritische Bildungsarbeit (Bd. 2) Wochenschau, Schwalbach, S 25–40

Kenrick D, Puxon G (1981) Sinti und Roma. Die Vernichtung eines Volkes im NS-Staat Gesellschaft für bedrohte Völker, Göttingen

Kleemann F, Krähnke U, Matuschek I (2009) Interpretative Sozialforschung. Eine praxisorientierte Einführung. 1. Aufl. VS, Wiesbaden

Koch U (2011) Diskriminierung von Roma. Notwendigkeiten einer Perspektivenerweiterung. Sozial Extra, Heft 11/12, S 52–55

Koch U (2005) Herstellung und Reproduktion sozialer Grenzen. Roma in einer westdeutschen Großstadt. 1. Aufl. VS, Wiesbaden

Krause M (1989) Verfolgung durch Erziehung. Eine Untersuchung über die jahrhundertelange Kontinuität staatlicher Erziehungsmaßnahmen im Dienste der Vernichtung kultureller Identität von Rom und Sinti. An der Lottbek, Hamburg

Krokowski H (2000) Die deutschen Sinti und Roma im Nationalsozialismus – Repression, Verfolgung und Völkermord. In: Hornberg S (Hrsg.) Die Schulsituation von Sinti und Roma in Europa, Für interkulturelle Kommunikation, Frankfurt a. M, S 33–58

Kubisch S (2008) Habituelle Konstruktion sozialer Differenz. Eine rekonstruktive Studie am Beispiel von Organisationen der freien Wohlfahrtspflege. 1. Aufl. VS, Wiesbaden

Lehmann-Richter A (2007) Auf der Suche nach den Grenzen der Wiedergutmachung. Die Rechtsprechung zur Entschädigung für Opfer der nationalsozialistischen Verfolgung. Wissenschafts-Verlag, Berlin

Maravakis A, Parsanoglou D (2009) Zur Kulturalisierung sozialer Ungleichheit. In: Sauer KE, Held J (Hrsg.) Wege der Integration in heterogenen Gesellschaften. Vergleichende Studien. 1. Aufl. VS, Wiesbaden, S 41–53

Miebach B (2010) Soziologische Handlungstheorie. Eine Einführung. 3. aktual. Aufl. VS, Wiesbaden

Müller M, Zifonun D (2010) Wissenssoziologische Perspektiven auf ethnische Differenzierung und Migration. Eine Einführung. In: Müller M, Zifonun D (Hrsg.) Ethnowissen. Soziologische Beiträge zu ethnischer Differenzierung und Migration. VS, Wiesbaden, S 9–35

Open Society Institute – EU Accession Monitoring Program (2002) Monitoring des Minderheitenschutzes in der europäischen Union. Die Lage der Sinti und Roma in Deutschland. (o. V.), Göttingen

Przyborski A, Wohlrab-Sahr M (2010) Qualitative Sozialforschung. Ein Arbeitsbuch. 3. korrig. Aufl. Oldenbourg, München

Randjelovic I (2007) Auf vielen Hochzeiten spielen. Strategien und Orte widerständiger Geschichte(n) und Gegenwart(en) in Roma Communities. In: Nghi Ha K, Al-Samarai N, Mysorekar S (Hrsg.) Re/visionen. Postkoloniale Perspektiven von People of Color auf Rassismus, Kulturpolitik und Widerstand in Deutschland. Unrast, Münster, S 265–279

Reemtsma K (1996) Sinti und Roma. Geschichte, Kultur, Gegenwart. Beck, München

Reindes H (2005) Qualitative Interviews mit Jugendlichen führen. Ein Leitfaden. Oldenbourg, München, Wien

Reinhard W (2004) Lebensformen Europas. Eine historische Kulturanthropologie. C.H. Beck, München

Rompel M (2008) Ethnizität und interethnische Beziehungen. In: Willems H (Hrsg.) Lehr(er)buch Soziologie. Für die pädagogischen und soziologischen Studiengänge (Bd. 2). VS, Wiesbaden, S 655–664

Scherf M (2009) Objektive Hermeneutik. In: Kühl S, Strodtholz P, Taffertshofer A (Hrsg.) Handbuch Methoden der Organisationsforschung. Quantitative und Qualitative Methoden. 1. Aufl. VS, Wiesbaden S 300–325

Schopf R (1994) Sinti, Roma und wir anderen. Beiträge zu problembesetzten Beziehungen. Lit, Münster

Schorch G (2007) Studienbuch Grundschulpädagogik. Die Grundschule als Bildungsinstitution und pädagogisches Handlungsfeld. 3. überarb. und erweit. Aufl. Klinkhardt, Bad Heilbrunn

Schuch J (2003) Über einen ausstehenden Dialog: Sinti und Roma in Deutschland. In: Czollek LC, Perko G (Hrsg.) Interkulturelle Dialoge statt „Clash of Civilizations". PapyRossa, Köln, S 93–110

Strasser J, Steber C (2012) Lehrerinnen und Lehrer mit Migrationshintergrund – Eine empirische Reflexion einer bildungspolitischen Forderung. In: Hagedorn J, Schurt V, Steber C, Waburg W (Hrsg.) Ethnizität, Geschlecht, Familie und Schule. Heterogenität als erziehungswissenschaftliche Herausforderung. VS, Wiesbaden, S 97–126

Strauß D (2003) Zur Nachkriegsgeschichte der Sinti und Roma in Deutschland. In: Enbring-Romang, U, Strauß D im Auftrag der Gesellschaft für Antiziganismusforschung e. V. (Hrsg.) Aufklärung und Antiziganismus. Beiträge zur Antiziganismusforschung, Gesellschaft für Antiziganismusforschung. Seeheim, S 140–165

Vogl S (2011) Alter und Methode. Ein Vergleich telefonischer und persönlicher Leitfadeninterviews mit Kindern. VS, Wiesbaden

Wernet A (2009) Einführung in die Interpretationstechnik der objektiven Hermeneutik. 3. Aufl. VS, Wiesbaden

Internetquellen

Amtsblatt der Europäischen Gemeinschaften (2000a) RICHTLINIE 2000/43/EG DES RATES vom 29. Juni 2000 zur Anwendung des Gleichbehandlungsgrundsatzes ohne Unterschied der Rasse oder der ethnischen Herkunft. http://eur-lex.europa.eu/LexUriServ/site/de/oj/2000/l_180/l_18020000719de00220026.pdf. Zugegriffen: 20. Mai 2012

Amtsblatt der Europäischen Gemeinschaften (2000b) RICHTLINIE 2000/78/EG DES RATES vom 27. November 2000 zur Festlegung eines allgemeinen Rahmens für die Verwirklichung der Gleichbehandlung in Beschäftigung und Beruf. http://eur-lex.europa.eu/LexUriServ/site/de/oj/2000/l_303/l_30320001202de00160022.pdf. Zugegriffen: 20. Mai 2012

Amtsblatt der Europäischen Gemeinschaften (2002) RICHTLINIE 2002/73/EG DES EUROPÄISCHEN PARLAMENTS UND DES RATES vom 23. September 2002 zur Änderung der Richtlinie 76/207/EWG des Rates zur Verwirklichung des Grundsatzes der Gleichbehandlung von Männern und Frauen hinsichtlich des Zugangs zur Beschäftigung, zur Berufsbildung und zum beruflichen Aufstieg sowie in Bezug auf die Arbeitsbedingungen. http://eur-lex.europa.eu/LexUriServ/site/de/oj/2002/l_269/l_26920021005de00150020.pdf. Zugegriffen: 20. Mai 2012

Amtsblatt der Europäischen Gemeinschaften (2004) RICHTLINIE 2004/113/EG DES RATES vom 13. Dezember 2004 zur Verwirklichung des Grundsatzes der Gleichbehandlung von Männern und Frauen beim Zugang zu und bei der Versorgung mit Gütern und Dienstleistungen. http://eur-lex.europa.eu/LexUriServ/LexUriServ.do?uri=OJ:L:2004:373:0037:0043%20:DE:PDF. Zugegriffen: 20. Mai 2012

Amtsblatt der Europäischen Union (2010) Mitteilungen und Bekanntmachungen. http://eur-lex.europa.eu/LexUriServ/LexUriServ.do?uri=OJ:C:2010:083:FULL:DE:PDF. Zugegriffen: 20. Mai 2012

Auschuss für die Beseitigung der Rassendiskriminierung (2008) Prüfung der von den Vertragsstaaten nach Artikel 9 des Übereinkommens vorgelegten Berichte. http://www.auswaertiges-amt.de/cae/servlet/contentblob/360842/publicationFile/3634/Schlussbemerkungen16-18Rassendiskriminierung.pdf. Zugegriffen: 07. Mai 2012

Auswertiges Amt (1966a) Internationaler Pakt über bürgerliche und politische Rechte vom 19.Dezember 1966. http://www.auswaertiges-amt.de/cae/servlet/contentblob/ 360794/publicationFile/3613/IntZivilpakt.pdf. Zugegriffen: 20. Mai 2012

Auswertiges Amt (1966b) Internationaler Pakt über wirtschaftliche, soziale und kulturelle Rechte vom 19. Dezember 1966. http://www.auswaertiges-amt.de/cae/servlet/contentblob/360806/publicationFile/3618/IntSozialpakt.pdf. Zugegriffen: 20. Mai 2012

Auswertiges Amt (1966c) Internationales Übereinkommen zur Beseitigung jeder Form von Rassendiskriminierung vom 7. März 1966 (BGBl. 1969 II S. 961). http://www.auswaertiges-amt.de/cae/servlet/contentblob/360838/publicationFile/ 3632/BeseitigungRassendiskr.pdf. Zugegriffen: 20. Mai 2012

Autorengruppe Bildungsberichterstattung (2010) Bildung in Deutschland 2010. http://www.bildungsbericht.de/daten2010/bb_2010.pdf. Zugegriffen: 15. Juni 2012

Bayerischer Flüchtlingsrat (2010) Zur Lage im Kosovo. http://www.hinterlandmagazin.de/pdf/13–04.pdf. Zugegriffen: 04. Juni 2012

Bundesministerium des Inneren (2011a) Nationale Minderheiten in Deutschland. http://www.bmi.bund.de/cae/servlet/contentblob/1249962/publicationFile/93336/ natmin.pdf. Zugegriffen: 02. Juni 2012

Bundesministerium des Inneren (2011b) Bericht der Bundesrepublik Deutschland an die Europäische Kommission. EU-Rahmen für nationale Strategien zur Integration der Roma bis 2020– Integrierte Maßnahmenpakete zur Integration und Teilhabe der Sinti und Roma in Deutschland. http://www.bmi.bund.de/SharedDocs/Downloads/DE/Kurzmeldungen/pstb_roma. pdf?__blob=publicationFile. Zugegriffen: 03. Juni 2012

Bundesministerium des Inneren (2011c) Regional- und Minderheitensprachen in Deutschland. http://www.bmi.bund.de/SharedDocs/Downloads/DE/Broschueren/ 2008/Regional_und_Minderheitensprachen.pdf?__blob=publicationFile. Zugegriffen: 26. April 2012

Bundesministerium des Inneren (1999) Erster Bericht der Bundesrepublik Deutschland gemäß Artikel 25 Absatz 1 des Rahmenübereinkommens des Europarates zum Schutz Nationaler Minderheiten. http://www.bmi.bund.de/SharedDocs/ Downloads/DE/Broschueren/1999/erster_bericht.pdf?__blob=publicationFile. Zugegriffen: 26. April 2012

Bundesministerium des Inneren (2002) Stellungnahme der Bundesrepublik Deutschland. http://www.bmi.bund.de/SharedDocs/Downloads/DE/Themen/MigrationInte -gration/NationaleMinderheiten/Rahmenuebereinkommen_des_Europarates_zum _Id_23218_de.pdf?__blob=publicationFile. Zugegriffen: 07. Mai 2012

Bundesministerium der Justiz (2006) Allgemeines Gleichbehandlungsgesetz (AGG). http://www.gesetze-im-internet.de/agg/BJNR189710006.html. Zugegriffen: 23. Mai 2012

Bundesministerium des Innern (2007) Umsetzung der EU-Antidiskriminierungsrichtlinien. http://www.bmi.bund.de/cae/servlet/contentblob/134774/publicationFile/14308/Rassismus_Info_Brief_Nr_8. Zugegriffen: 20. Mai 2012

Bundeszentrale für politische Bildung (2006) Sinti und Roma als Feindbilder. http://www.bpb.de/wissen/QKCP5E. Zugegriffen: 26. Mai 2012

Deutscher Bundestag (2010) Grundgesetz für die Bundesrepublik Deutschland. http://www.bundestag.de/bundestag/aufgaben/rechtsgrundlagen/grundgesetz/gg.html. Zugegriffen: 20. Mai 2012

Deutsches Institut für Menschenrechte (2008) Datenerhebung zum Erweis ethnischer Diskriminierung. http://www.institut-fuer-menschenrechte.de/fileadmin/user_upload/PDF-Dateien/Protokolle/protokoll_fachgespraech_datenerhebung_zum_erweis_ethnischer_diskriminierung_12_06_2008.pdf. Zugegriffen: 07. Mai 2012

ECRI (Europäische Kommission gegen Rassismus und Intoleranz) (2009) ECRI-BERICHT ÜBER DEUTSCHLAND (vierte Prüfungsrunde). http://www.institut-fuer-menschenrechte.de/fileadmin/user_upload/PDF-Dateien/Europarat_Dokumente/ECRI_Bericht_Deutschland_4_2009_de.pdf. Zugegriffen: 18. Dezember 2012

ECRI (Europäische Kommission gegen Rassismus und Intoleranz) (2004) Dritter Bericht über Deutschland, Straßburg. http://www.institut-fuer-menschenrechte.de/file-admin/user_upload/PDF-Dateien/Europarat_Dokumente/ECRI_Bericht_Deutschland_3_2004_de.pdf. Zugegriffen: 30. Mai 2012

ECRI (Europäische Kommission gegen Rassismus und Intoleranz) (2001) Zweiter Bericht über Deutschland, Straßburg. http://www.institut-fuer-menschenrechte.de/file-admin/user_upload/PDF-Dateien/Europarat_Dokumente/ECRI_Bericht_Deutschland_2_2001_de.pdf. Zugegriffen: 30. Mai 2012

Europäische Kommission (2003) Die Unterstützung der Roma-Gemeinschaften in Mittel- und Osteuropa durch die EU. http://ec.europa.eu/enlargement/pdf/brochure_roma_oct2003_de.pdf. Zugegriffen: 30. Mai 2012

Europäische Kommission (2008) Diskriminierung in der Europäischen Union: Wahrnehmungen, Erfahrungen und Haltungen. http://ec.europa.eu/public_opinion/archives/ebs/ebs_296_de.pdf. Zugegriffen: 30. Mai 2012

Europäische Kommission (2011) EU-Rahmen für nationale Strategien zur Integration der Roma bis 2020. http://eur-lex.europa.eu/LexUriServ/LexUriServ.do?uri=COM:2011:0173:FIN:DE:PDF. Zugegriffen: 30. Mai 2012

Europarat (1992) Europäische Charta der Regional- oder Minderheitensprachen. http://conventions.coe.int/Treaty/ger/Treaties/Html/148.htm. Zugegriffen: 26. Mai 2012

Europarat (o. J.) European Commission against Racism and Intolerance (ECRI). http://www.coe.int/t/dghl/monitoring/ecri/library/publications_en.asp. Zugegriffen: 30. Mai 2012

Europarat (o. J.) Project Education of Roma Children in Europe. http://www.coe.int/t/dg4/education/roma/Source/FS2/6.2_emancipation_german.pdf. Zugegriffen: 04. Mai 2012

Literatur

Europarat (1995) Rahmenübereinkommen zum Schutz nationaler Minderheiten. http://conventions.coe.int/Treaty/ger/Treaties/Html/157.htm. Zugegriffen: 26. April 2012.
Freistaat Sachsen (1992) Verfassung des Freistaates Sachsen. http://www.revosax.sachsen.de/Details.do?sid=697114044374/. Zugegriffen: 29. April 2012
Friedrich-Ebert-Stiftung (2010/2011) Menschenrechtsarbeit in Deutschland. http://handbuchmenschenrechte.fes.de/kapitel.php?kapitel_id=45330&text_id=73541. Zugegriffen: 26. April 2012
Gerichtshof der Europäischen Union (2008) URTEIL DES GERICHTSHOFS (Zweite Kammer) 10. Juli 2008 (*) „Richtlinie 2000/43/EG – Diskriminierende Kriterien für die Auswahl des Personals – Beweislast – Sanktionen", Urteil 25. http://curia.europa.eu/juris/document/document.jsf?text=&docid=67586&pageIndex=0&doclang=de&mode=doc&dir=&occ=first&part=1&cid=1544442. Zugegriffen: 23. Mai 2012
Gesellschaft für bedrohte Völker (1995) Unbekanntes Volk. Sinti und Roma. http://www.gfbv.it/3dossier/sinti-rom/de/rom-de.html#r2. Zugegriffen: 04. Mai 2012
Heinrich Böll Stiftung (2009) Ethnic Monitoring Datenerhebung mit oder über Minderheiten? http://www.migration boell.de/downloads/diversity/Dossier_Ethnic_Monitoring.pdf. Zugegriffen: 05. Juni 2012
Kanzlei des Europäischen Gerichtshofs für Menschenrechte (2010): Europäische Konvention zum Schutze der Menschenrechte und Grundfreiheiten. http://www.echr.coe.int/NR/rdonlyres/F45A65CD-38BE-4FF7-8284-EE6C2BE36FB7/0/CONVENTION_GER_WEB.pdf. Zugegriffen: 20. Mai 2012
Kultusministerkonferenz (2002) Schule in Deutschland. Zahlen, Fakten, Analysen. http://www.kmk.org/fileadmin/veroeffentlichungen_beschluesse/2002/2002_07_01-Schule-in-Deutschland.pdf. Zugegriffen: 16. Juni 2012
Landesregierung Schleswig-Holstein (2011) Verfassung des Landes Schleswig-Holstein. http://www.gesetze-rechtsprechung.sh.juris.de/jportal/portal/t/273z/page/bsshoprod.psml?pid=Dokumentanzeige&showdoccase=1&js_peid=Trefferliste&documentnumber=1&numberofresults=1&fromdoctodoc=yes&doc.id=jlr-VerfSH2008rahmen.&doc.part=X&doc.price=0.0#jlr-VerfSH2008rahmen. Zugegriffen: 29. April 2012
Landeszentrale für politische Bildung (2012) EU Osterweiterung. http://www.lpb-bw.de/eu_osterweiterung.html. Zugegriffen: 04. Juni 2012
Landtag Mecklenburg-Vorpommern (2011) Verfassung des Landes Mecklenburg-Vorpommern. http://www.landtag-mv.de/fileadmin/media/Dokumente/Druckerzeugnisse/LT_Verfassung_01-2012.pdf. Zugegriffen: 29. April 2012
Le Guennec M (o. J.) In der Schule der Roma. Eine Frankfurter Initiative. http://www.schaworalle.de/info/leguennec.htm. Zugegriffen: 15. Mai 2012
Ministerium der Justiz und für Verbraucherschutz Rheinland-Pfalz (2012) Verfassung für Rheinland-Pfalz. http://landesrecht.rlp.de/jportal/portal/t/q6z/page/bsrlpprod.psml?pid=Dokumentanzeige&showdoccase=1&js_peid=Trefferliste&documentnumber=1&numberofresults=1&fromdoctodoc=yes&doc.id=jlr-VerfRPrahmen&doc.part=X&doc.price=0.0#jlr-VerfRPrahmen. Zugegriffen: 29. April 2012

Ministerium für Bildung, Jugend und Sport des Landes Brandenburg (2011) Brandenburgisches Vorschriftensystem (2011). http://www.bravors.brandenburg.de/cms/detail.php?gsid=land_bb_bravors_01.c.23338.de. Zugegriffen: 29. April 2012

Nghi Ha K (2009) ‚People of Color' als Diversity-Ansatz in der antirassistischen Selbstbenennungs- und Identitätspolitik. http://www.migration-boell.de/web/diversity/48_2299.asp. Zugegriffen: 08. Mai 2012

Open Society Foundations (2012) http://www.soros.org/. Zugegriffen: 10. Juni 2012

Sinti Allianz Deutschland e. V. (o. J.) Sinti und Roma. http://www.sintiallianz-deutschland.de/index2.html. Zugegriffen: 05. Mai 2012

Snjka D (2011) Unterricht auf Romanes. http://www.muensterschezeitung.de/lokales/muenster/msno/Melanchthonschule-Kinder-entwickeln-ueber-ihre-Muttersprache-Spass-am-Lesen;art2597,1195089. Zugegriffen: 15. Mai 2012

Strauß D (2011) Studie zur aktuellen Bildungssituation deutscher Sinti und Roma. http://www.romnokher.de/app/download/5784436186/2011_Strauss_Studie_Sinti_Bildung.pdf. Zugegriffen: 06. Mai 2012

Winter N (o. J.) Stellungnahme von Natascha Winter-Sinti Allianz/Deutschland bezüglich der Bildungsstudie und den Anführungen von Herrn Daniel Strauss. http://www.lion-project.info/aktuelles.html. Zugegriffen: 20. Juni 2012

Zentralrat deutscher Sinti und Roma (o. J.) Zentralrat. http://zentralrat.sintiundroma.de/content/index.php?navID=9&aID=13. Zugegriffen: 03. Juni 2012

Zentrum für Antisemitismusforschung der Technischen Universität Berlin (2007) Zur Lage von Kindern aus Roma-Familien in Deutschland. http://kompass.humanrights.ch/cms/upload/pdf/de/Kinder_deutscheRoma.pdf. Zugegriffen: 03. Juni 2012

The manufacturer's authorised representative in the EU is Springer Nature Customer Service Centre GmbH, Europaplatz 3, 69115 Heidelberg, Germany. If you have any concerns regarding our products, please contact ProductSafety@springernature.com

Printed and bound by CPI Group (UK) Ltd, Croydon, CR0 4YY

23/03/2026

02076395-0014